网络营销
完全实战手册
传统企业互联网运营从入门到精通

赵竞 著

团结出版社

图书在版编目（CIP）数据

网络营销完全实战手册：传统企业互联网运营从入门到精通 / 赵竞著. -- 北京：团结出版社，2019.11(2020.4重印)
ISBN 978-7-5126-7235-2

Ⅰ. ①网… Ⅱ. ①赵… Ⅲ. ①互联网络－应用－企业管理－运营管理 Ⅳ. ①F273-39

中国版本图书馆 CIP 数据核字(2019)第 138117 号

出　版：团结出版社
　　　　（北京市东城区东皇城根南街 84 号　邮编：100006）
电　话：(010) 65228880　65244790
网　址：http://www.tjpress.com
E-mail：zb65244790@vip.163.com
经　销：全国新华书店
印　装：三河市腾飞印务有限公司

开　本：170mm×240mm　　16 开
印　张：17
字　数：248 千字
版　次：2019 年 11 月　第 1 版
印　次：2020 年 4 月　第 2 次印刷

书　号：978-7-5126-7235-2
定　价：56.00 元

（版权所属，盗版必究）

自　序

网络营销已经伴随着互联网和移动互联网的全方位渗透，实实在在地包裹住了我们生活中的角角落落。智能手机的普及，以及4G网络的全覆盖也让所有人在不知不觉之间悄然成为构成网络的"节点"。

近几年来，"颠覆"这个词频繁地出现在公众视线，挑动着大众的神经。任何一个朝气蓬勃的创业公司，都被赋予"颠覆者"的光环。然而对于吃瓜群众来说，你颠覆了谁、革了谁的命也许并不会被关心。用户只关心你"颠覆"出来的产品是不是在满足虚荣的同时获得了实惠和便利。而现在，"颠覆"这个词已经很少被提及。虽然人类的智慧是无限的，但革命和颠覆这个事情却不可能天天发生。

这几年，传统企业或深或浅的开始触网。从懵懵懂懂地照葫芦画瓢，到花费巨大代价从平台运营商手中抢夺用户流量。慢慢地我们发现，互联网是有钱人和聪明人的天堂，有钱才有流量，聪明人可以创造流量。而我们这些没钱又不算聪明的人，在面对互联网造富这种持续的诱惑时，该怎么办？

作者身处传统得不能再传统的装饰行业，从2005年开始接触互联网，从PC到移动，从论坛到自媒体。十几年来伴随着企业的成长，对互联网的感悟与敬畏也越来越深。

每天开车到家，总喜欢在车里点上支烟静静地发会儿呆。方向盘的一边是功名利禄，另一边是柴米油盐，偶尔在中间躲躲清净思考人生也是极好的。已到不惑之年，总觉得应该给已经逝去的时光留下点印记，也许或多或少能够帮助到别人，才能不负这些年自认的成长。

这是一本比较"土"的网络营销实操手册。之所以说"土",是因为它并不是专业类的教学书籍,只是将这些年个人色彩浓厚的实战经验总结成文,期望能够帮助到想借助互联网形成销售结果的中小型企业和刚开始接触网络营销的工作者。

目　录

Part 1　传统企业"触网"的尴尬 ···001
　　一、网络营销的"生存乱象" ·······································001
　　二、想尝试网络营销，但是好像找不到头绪，该从哪里开始 ·······003
　　三、这么多的网络渠道，为什么越做越觉得没有信心？ ···············006
　　四、对互联网不算了解，没有专业的运营人员，也不想被忽悠！ ·······008

Part 2　做好网络营销你该具备的基础 ·····································010
　　一、树立正确的网络营销观 ·······································010
　　二、网络营销基本理论常识 ·······································014
　　三、精准引流 ···018
　　四、流量中心点 ···020
　　五、赋能客服 ···024

Part 3　你该有个像样的"官网"了 ·······································026
　　一、什么样的官网才是"好"官网 ·································026
　　二、通过数据分析让官网快速迭代 ·································041
　　三、移动端网站的思考 ···052

Part 4　搜索引擎优化——SEO ···057
　　一、认识一下 SEO ···057
　　二、SEO 入门基础 ···063

三、SEO 升级操作技巧 ··· 071

四、SEO 案例分析 ··· 077

五、附件：SEO 算法（百度搜索） ·································· 080

Part 5　搜索引擎推广——SEM　084

一、SEM 环境分析 ··· 084

二、SEM 竞价快速入门 ·· 087

三、SEM 竞价进阶 ··· 098

Part 6　自媒体矩阵 & 网络渠道平台　103

一、俯下身来，摆正心态 ·· 103

二、微信公众平台的运营技巧 ······································· 105

三、微博的运营技巧 ·· 124

四、头条号运营技巧 ·· 152

五、问答类平台（知乎）运营技巧 ································· 169

六、团购点评类平台（大众点评）运营技巧 ···················· 185

Part 7　信息流 / 原生广告平台的崛起，你的网络销售变"简单"了　201

一、什么是信息流广告（原生广告） ······························ 201

二、信息流广告投放基础常识 ······································· 203

三、信息流平台的优化策略和技巧 ································· 208

Part 8　创造高转化率的落地页　217

一、洞悉用户需求 ··· 217

二、内容的场景化创造 ·· 221

三、落地页的平面呈现和内容、文字提炼 ······················· 224

Part 9　好文案让网络营销事半功倍 ·· 230
　一、好文案从好标题开始 ·· 230
　二、文案的内容创作技巧 ·· 238

Part 10　未来的路 ·· 244
　一、自媒体矩阵前途无量 ·· 244
　二、流量池到用户池的用户价值回归 ······································ 249
　三、用社群盘活存量创造增量 ·· 253
　四、坚持是成功的不二法门 ··· 259

后记 ·· 263

Part 1　传统企业"触网"的尴尬

不少的企业都已经开始尝试网络营销。但在运营过程中总会碰到诸多的问题,毕竟网络营销需要一定的技术功底,对当前、当地的网络环境也需要有一定的理解。人云亦云盲目追求风口的网络推广一定让不少初进入网络营销的从业者和不少中小企业栽了不少跟头,也许还会造成对网络营销的心存恐惧。

一、网络营销的"生存乱象"

对于传统企业来说,"互联网"这三个字总会显得有些神秘。说起网络营销,老板们总是好像说得头头是道,但实际运营起来总感觉力不从心。毕竟隔行如隔山,传统企业的运营和销售体系在互联网端必须经过一系列的改造,才有可能逐渐的与传统企业的特点和流程融合润滑。

传统企业的销售流程和销售平台,基本上是依赖于线下销售体系的打造。经销商和代理商体系的层层传递是传统企业的基本销售流程。在这个流程体系里,核心的竞争点除了产品的差异化外,起决定性作用的是各个层级的价格策略和返利系统。而互联网营销的销售体系,基本上去除了很多的中间销售环节,企业通过各种类型的互联网平台,可以直接面对终端消费群体,实现直接销售的利润收益。对于传统企业来说,网络营销有着天生的成本优势和利润优势。

但作为传统企业来说,"一条腿走路"永远是危险的。网络营销和传统渠道销售的并存将是很长一段时间这些企业需要面临的销售环境。在这样的环境下,"电商爆款"和"专柜同款"成为用户区别企业产品销售渠道的基本标识。也是企业同时维系两条渠道，在线上和线下夹缝中生存的唯一办法。

而更多的中小型企业，仅仅是将原来线下销售的产品，搬到各种网络平台进行销售。无论是定价还是在促销上都没有针对网络渠道和网络平台进行调整和优化，或者被动地参与电商平台的促销活动。不少时候，销量提升了，利润却下降了。

在这里，我们不得不提一下网络营销上的"刷单"现象。自从网络营销兴起之后，各种代运营和刷单公司如雨后春笋般破土而出，企业为了争取更好的曝光率和所谓用户的"从众心理"有意进行刷单，很多电商平台为了更好看的成交数据也要求商户进行刷单，甚至有些电商平台将刷单量与商户的流量导入进行绑定。企业用利润换来的流量，变成网络销售人员唯一的客户来源，随之而来的是对各种流量数据的 KPI 考核和 OKR 考核。基于各种考核体系，对以挣钱为目的的网销人员来说，用户体验和客户需求匹配似乎已经慢慢不重要了，营销变成促销，促销变成各种承诺后的骗销。

这样的网络营销生态，谁都明白是不对的。但这样脆弱的生态为什么反而被众多企业所接受？我觉得根本原因是我们没有弄明白"网络营销"与"网络销售"的区别，或者运营者从根本上将"网络销售"等同于"网络营销"。

网络营销：是企业整体营销战略的一个组成部分，网络营销是为实现企业总体经营目标所进行的，以互联网为基本手段营造网上经营环境的各种活动，是一个广义词，从目前的商业来讲网络营销更宽泛的涵盖网络的产品及投放互联网概念。简单地说，网络营销就是以互联网为主要平台进行的，为达到一定营销目的的全面营销活动。

网络销售：顾名思义，就是通过互联网把产品进行销售，实质就是以互联网为工具进行销售。

从以上的释义可以看出，网络营销侧重的是互联网营销功能，而网络销售只强调互联网的工具功能。那么，我们先借助互联网的营销功能将产品传递到需求客户视线中，再借助互联网平台的工具功能实现销售转化，最后对客户进行后续的黏性绑定，这样才能称之为"生态化"的网络营销。

可悲的是，好多人明明一直是在做网络销售（客服），却还以为自己是在做网络营销。

二、想尝试网络营销，但是好像找不到头绪，该从哪里开始

可以直接获取客户的网络渠道大体分为以下几类：

1. 官网及官网相关

从有互联网开始，网站作为最基础的网络营销渠道，是每一个企业都会首先想到的营销工具。网站大体可以分为门户型、展示型、营销型、交易型、服务型五种类型。对于中小型的传统企业，一般都会将网站定位为营销型网站。营销型网站能够快速并有效地通过设计逻辑将产品与用户形成链接和互动，进而形成一条完整的营销链路。

2. 搜索引擎类

PC端：目前国内搜索引擎占有率最高的是百度搜索，几乎占到整个搜索市场份额的75%。搜狗、360、神马等搜索引擎瓜分剩下的份额。

移动端：安卓系统的手机目前大部分预装360、搜狗等搜索引擎，同时手机厂家在安卓机出厂时往往已经默认启动这些引擎。IOS系统的手机Safari浏览器的默认搜索引擎是谷歌，但Siri的默认搜索引擎是必应。而IOS用户也会使用各种搜索APP进行关键词搜索。从公开数据显示，目前在移动端搜索占有率中，百度占据41%，搜狗占21%，神马占18%，360约占15%。

与PC端搜索相比，移动搜索的最大优势体现在方便和及时性，而PC端则在阅读体验、全面性和信息量方面优势明显，在转化率方面PC端也比移动端高出不少。

3. APP 类

手机应用 APP 伴随着移动终端设备的普及,已经逐渐改变了我们的生活习惯。服务类 APP 让我们足不出户就可以通过移动终端处理各种事情。越来越多"聪明"的 APP 让我们变得越来越懒。

通过 APP 我们可以沉淀大量的精准用户,但对于某些低频行业 APP 无论是在推广还是用户留存上都是个令人头疼的问题。现在,APP 的开发成本越来越低、内容同质化也越来越重、用户激活和转化成本越来越高,通过运营 APP 来进行流量变现对于中小企业来说已经成为"得不偿失"的一件事情。

4. 信息流 / 原生广告平台

广义上说:信息流是空间和时间上向同一方向运动过程中的一组信息,它们有共同的信息源和信息的接收者。某种意义上讲,所有的互联网上的内容,都可以称之为信息流。

我们这里所说的信息流广告平台,指的是通过大数据、算法和逻辑,将有内容的广告分发给具有广告内容相似标签的用户的信息流平台。如:今日头条、广点通、百度 FEED、微信朋友圈广告、UC 头条等等。

2006 年,Facebook 开创信息流广告模式。2012 年,今日头条将信息流广告引入国内,短短几年之内,信息流平台成功地将门户网站拉下神坛,并迅速成为所有互联网媒体竞相追逐的风口。

信息流广告无论是在流量、算法、展现形式、精准定向、用户体验方面,都比传统广告有着天然的优势,再凭借着大数据和 AI 的加持,无论在品牌曝光还是转化效率上都非常令人满意。

5. 自媒体

随着互联网的全面融入生活,网民们已经不再接受主流门户媒体"统一的声音",每个人对于"有价值的信息"的理解不同,这就使得人们更倾向于去寻找能够提供与自己价值观和兴趣点相似的内容提供者。每一个愿意表达并传播自己观点的普通大众,都可以无门槛地成为媒介。

自媒体的兴起,将互联网从"点对面"改变成为"点对点"。每个人都可以从"旁观者"变成"当事人"。而传统媒体需要经过选题、编辑、校验、审核、发布这些流程,自媒体则只需要编辑、发布即可,时效性也大大加强。

目前国内最主要的自媒体平台是"两微一端",即微信公众平台、新浪微博、头条号。

6. 知乎、问答类

贴吧和问答类平台是从十几年前的 PC 互联网时代 BBS 和社区论坛逐渐演变而来的社交平台。有着共同兴趣和需求的用户都可以在一个话题或者版块下分享自己的资源,并且与其他成员进行深度的交流互动。用户在获取知识的同时还可以进行有效的社交互动。目前主流的问答类平台有知乎、百度贴吧、百度知道、百度百科、社区类论坛等。

问答类的平台对运营人员的要求相对较高,需要不断地输出高价值的内容,并需要在长期的运营过程中形成知识体系的构建和沉淀,只有这样才能在这类平台中树立"意见领袖"的地位,为用户提供严谨的理论依据,进而影响用的行为、决策方向。

7. O2O 生活服务类平台

O2O 生活服务类平台着力于帮助企业实现从线上到线下的流量打通。美团点评、饿了么、58 同城等都属于这一类平台。生活服务类平台有着较强的地域属性、行业垂直属性,传统企业借助这些平台可以迅速获取到精准的潜在消费人群。

2011 年 O2O 平台爆发著名的"千团大战",所有的平台不计成本地用补贴来抢夺流量,最终美团、点评、糯米笑到了最后。2015 年在美团与点评合并之后,O2O 正式步入寡头时代。

8. B2C 网上商城

在互联网时代,阿里巴巴 18 罗汉的故事一直激励着众多怀揣情怀与梦想的创业者。谁也没有想到 B2B、B2C 这样的商业模式能够在这么短的时间里改变人们的生活习惯,改变企业的运营场景,创造如此多的就业机会和财富。

对于中小企业而言，网店是非常好的宣传和转化渠道，但随着天猫、淘宝、京东等平台的运营门槛逐步提高，企业的流量转化成本也在不断提升。同时，大企业由于有着充足的运营费用和更高的定价权，在获取优质流量上也有着巨大的优势。对于中小企业来说，网上商城的运营并非易事。

9. 视频、直播类

伴随着移动互联网和互联网技术的不断发展，用户在信息获取的媒介形式上经历了文字→图片→视频/直播这个过程。视频对于与其他媒介来说更加立体、真实、生活化。在这个强调个性的时代，直播平台造就了无数的"草根""网红"，见证了无数普通人从"丑小鸭变天鹅"的过程。

流量在哪里，风口就在哪里。视频和直播类平台是近几年的风口，很多企业也借助视频、直播类平台通过产品视频植入、广告贴片、网红带货等方式进行产品运营也取得了不错的收获。

想借助渠道和平台做好网络营销其实并不是一件困难的事情。了解了平台和渠道的属性，再对应企业的产品特点和用户人群分布，在产品和用户之通过平台做好这两端的内容和服务连接，流量的引导和转化就是水到渠成的事情。

对于中小型企业，建议先从官网和搜索引擎优化（SEO）开始进行，然后扩展到 SEM、信息流广告、O2O 平台，最后再到自媒体、问答类平台。这样一个从基础到推广再到内容沉淀的过程才是生态化的网络营销进化流程。

三、这么多的网络渠道，为什么越做越觉得没有信心？

传统企业的触网，大多是从官方网站或者网上商城开始，随着这几年自媒体开始火爆，企业又跟风地开通自媒体，一些撮合交易类的第三方平台兴起之后，又如潮水般涌入平台。但往往做着做着，运营人员就陷入各种转化数据的考核中，天天在各种数据，各种报表中去分析平台之间的点击率、获客成本、转化效率等。随着时间的推移，我们一定会发现各个渠道的成本都在逐渐上升，效率都在逐渐下降。为什么？

1. **每一个网络渠道对应的用户属性不同**

不同渠道本身的存在就是为了在不同的场景去吸引不同喜好的用户。比如说当你在商场逛完店要选择吃什么的时候，你一定会打开团购或者点评类的APP去比较一下；而当你睡觉前在公众号中看到一篇美食的推荐文章后，有可能决定第二天直接去这个地方品尝一番。由此可见，同一用户在不同的场景下，有可能被不同的渠道引导到同一个地方（产品）。

所以，当你的渠道覆盖越来越多的时候，某个单一渠道的转化效率有可能短时间上升，但整体的转化效率一定是在下降的。有趣的"1+1=1"，不是吗？

2. **互联网的环境是瞬息万变的**

总有人说"风来了，猪也能飞上天！"但是，往往风来得也快，去得也快，"裸泳"的永远是大多数。在这个万众创业的时代，我们见证了太多的快速死亡。而仍在残喘中的不少平台也会为了生存改变平台的初衷，变得唯利是图、变得不再重视用户体验。随之而来的就是用户数量的减少、质量的下降、黏性的消失。

还有一些平台，从诸侯纷争到一家独大之后，往往会迫于投资人的压力和平台自身的利益而改变游戏规则，将更多的成本和损耗强制绑定到广告主身上，或者为了自身的竞争力要求广告主调整产品政策压榨利润。

作为广告主，怎么可能不受到影响？

3. **产品的迭代更新太慢**

互联网时代得用户者得天下。而用户的口味却在时时产生变化，本来就是一张包罗万象、处处精彩的网，你怎么可能要求你的用户永远"从一而终"？

大多数的传统企业经常犯的错误：

（1）产品研发投入不足或根本没有；

（2）管理者的敏锐度不足，对用户需求变化的反应慢；

（3）管理者认为促销即是营销，过于依赖促销而在营销上忽略产品本身；

（4）员工思维僵化，缺乏创新意识；

（5）销售渠道过于单一化；

（6）产品本身门槛较低、成本优势不明显，竞争对手跟进快；

（7）产品过于小众，市场饱和快；

（8）不懂危机公关，任由负面发酵。

这些常见的错误有多少出现在你身上？连市值万亿美元的苹果公司，每年都会推出诸多新品和升级的产品，你的产品多久才能真正迭代一次？请记住，更完美的产品一定是迭代出来的。

用户总会有新的需求。我们一般将用户分为种子用户、主流用户、普通用户，这三类用户对于产品的需求点也不尽相同。在产品迭代时如何满足这些用户的不同需求，以及如何排列这些需求的优先级，也是需要深思熟虑的。

当然，任何的企业都是逐利的，从产品边际成本、运营效率、渠道成本、用户流失、产品更新成本等角度考虑，如何规划好产品迭代的周期才能让企业一直能保持较高的利润，也是摆在我们面前的难题。

别害怕，本书会尝试一一解决这些问题。

四、对互联网不算了解，没有专业的运营人员，也不想被忽悠！

互联网无所不在地融入我们的生活，他在让我们感受到便利的同时改变了我们的生活习惯和消费心理，让我们从潜意识里忽略了互联网的运营门槛。相信大多数人也许根本不明白 PR、DSP、BD、UV、PV、CPC、CPA……到底是什么意思。

作为一个发展中国家，改革开放 40 多年来，随着教育体制的不断改革，高考的录取人数一路飙升，从 1977 年的 27 万增加到 2017 年近 800 万。

但截至2017年已获得本科学历的人数不足我国总人口的3.7%。当然互联网营销并不是只有高学历的人才能涉及的行业，这里仅仅是陈述国情。

互联网诞生于1969年的美国，直到1987年才开始进入中国，经过了10年的准备和起步，1997年才开始在中国飞速发展，而这短短的20年又经历了从以内容门户网站为基础的WEB1.0到以内容社交为代表的WEB2.0，目前我们已经进入移动应用与信息流社交的WEB3.0时代。互联网的变化如此之快，作为被动的使用者，你真的感受到了吗？真的准备好去适应这些改变了吗？

2015年在国务院大力推行"互联网+"概念后，中小型传统企业才开始真正从意识上开始重视系统性的互联网营销，网络营销终于不再是大企业才有的独门秘籍了。

如今，大数据、精准营销、云概念、区块链、物联网、产业互联网等概念层出不穷，但真正的懂互联网技术的人才还是为数不多，而熟悉传统企业运营又具备互联网运营能力的人才更是少之又少。

在人人投身互联网上"淘金"的环境下，作为广告主的你，也许天天接到许多"互联网公司"的招商电话。它们用各种不明觉厉的概念轰炸你，用各种数据撬动你的神经，即使你仍然心存疑惑也难免被诱惑得心痒难耐，开始幻想美好的商业未来，乖乖交出辛苦积累来的钱。不过大多数的情况，我们都可以用四个字来描述——好景不长。

中小型的传统企业想要持续做好网络营销，专业的网络运营人员是必须具备一定的网络运营常识和技能的。但作为中小型企业的网络运营者，我们并不需要去学习高深的网络编程技术，也不需要去创造全新的互联网运行模式。我们只需要理解一些简单的网络常识，学会一些简单的网络操作，再结合对企业和产品的理解，就能顺利地将传统企业带入"互联网+"，为企业创造持续的业绩和利润。网络营销对于中小型传统企业，其实并没有想象中那么难。

Part 2　做好网络营销你该具备的基础

网络营销是传统企业众多新渠道之一，想要这个渠道产生生产力并持续地产生爆发力，首先需要运营者建立适应时代的互联网思维，将思维的改变逐渐深入互联网的技术、渠道和场景中去。要成为具备互联网思维特征的企业，不仅仅要为用户提供更好的产品和服务，更多的是提供以用户为中心的产品解决方案。

一、树立正确的网络营销观

传统企业之所以传统，主要因为企业的创立背景具备鲜明的时代特点和行业特点以及创立者的个人色彩。大多数的企业，无论你市值1000亿元人民币，还是三五人的小作坊，企业的核心诉求都是以更低的成本生产更好的或者更好卖的产品。传统企业不直接接触终端用户，依靠分销网络来实现销售。一些提供居间服务的服务型企业，虽然可以直接接触终端用户，但上游厂家不断提高的成本和下游终端用户无法完全满足的需求，都是传统企业无法主动解决的问题。

掣肘虽多，但无论什么类型的企业，在当下都可以通过网络营销来改变生存和发展的难题。通过对用户需求的了解来生产更有竞争力的产品占有更大的市场份额，通过从"坐商"到"行商"的改变来主动寻找更多的终端用户，甚至通过更优化的成本结构调整来获得更大的利润……借助网络营销，我们可以让传统企业从大规模制造变成规模化的定制和私人定制。

"互联网+"需要我们"+思维""+渠道""+效率""+沟通""-层级"

"-障碍"。传统企业与"互联网+"企业之间往往不是技术层面的差异，而是思维层面的不对称。

互联网的蓬勃发展给了传统企业更大的发展舞台。网络营销相比于传统营销在产品逻辑、渠道结构、成本利润、互动方式、时效性等方面有着显著的差异化。

产品逻辑：

在工业化时代，企业的商业价值在于市场占有率，而好产品的标准是功能、技术、性价比。产品的功能越丰富越好，技术越先进越好，性价比越高越好。受制于信息渠道的集中、单一，企业只能通过高昂的广告成本建立产品认知、推广产品。

互联网时代的商业本质是"人"与"信息"和"服务"之间的关系。既然强调关系，那么情感就成为关系的重要纽带，一个被用户认可的企业，无论是创始人的人格魅力还是企业的愿景，或是产品的独到之处，都必须有血有肉地呈现在用户面前。对于产品，功能已经是用户的普通需求，而情感则是产生与用户联系的核心需求。产品是否满足了用户的情感需求成为产品是否最终被认可的标准。

品牌即情感。有温度、有场景、有人格、有故事的好产品最终一定会被用户接受，让用户心甘情愿地买单。如果你的产品在以上几方面超出了用户的预期，并且带来了更大的惊喜，那么恭喜你，你的产品即将成为"爆品"。

难怪乔布斯说："我们必须首先从用户体验出发，然后再回头考虑技术上的可行性。"

渠道结构：

传统企业的销售渠道一般都是树形结构，枝节繁多。产品从企业到消费者手中需要经过总代、行业代理、一级代理、二级代理……企业对销售渠道除了无情的考核返利手段，几乎没有任何其他的管控能力，产品销售好不好生产企业几乎没有话语权。而渠道商从自身利益考虑，往往并不在意产品的销量而只重视产品的利润。这样的局面往往会造成产品渠道价格体系的混乱。

互联网渠道的结构是分散性的网状结构。产品从企业到消费者手中可以只经过一个快递公司。借助于多种网络渠道的集中统一控制，企业可以很容易地了解产品的实时销售总体情况，也可以完全控制产品的价格体系。

成本结构：

传统企业的产品到用户手中的成本巨大，很大的一部分成本被用在宣传广告、商业推广和销售的中间环节。不做广告就没人知道，不给中间商更多的利润空间，中间商就不主推你的产品。听过不少企业主抱怨"卖的越多亏的越多，就为了点可以周转的现金流活着"。这样的情况多可怕啊。

互联网渠道的产品到用户手中的推广成本可以趋近于零，产品本身就是广告，网络营销替代传统商业推广融入产品的销售体系，某些时候通过网络营销的裂变和口碑效应，单品的广告往往还能带来企业相关其他产品的销售，从而整体摊薄企业的营销成本。企业只需要把费用投入到研发和与用户产生黏性的互动中，就可以牢牢地锁住市场份额，不断地产生销售结果。

互动方式：

传统企业的与用户之间几乎是不互动的，企业习惯性的通过各种方式去提升知名度，然后通过知名度去提升用户的忠诚度。产品到用户之间的信息流动是单向的。企业的产品研发人员不重视用户的需求，只讨好老板的喜好。营销人员除了推销也不会去主动了解用户的使用反馈。

互联网的本质是连接，但连接应该是双向的，任何一方都可以中断连接，信息的流动不再是单向，而是双向或者多向连接。这就使得企业更加需要关注与用户的互动，让用户充分参与到产品的研发中来，让用户设计自己喜爱的产品并推动产品的创新，最后让用户自己传播出去。企业营销人员除了充当销售的角色，还需要成为优秀的客服去解决用户在使用产品前中后期的各种问题，让用户产生对企业和产品的忠诚度。

从某种角度看来，互联网时代企业的价值不在体现在产值、技术和知名度上，忠诚的用户才是企业的真正核心资产。

时效性：

我们常说时间就是金钱，只不过往往停留在嘴上。

不知道大家有没有体会，企业规模越大往往决策行为越慢，审批流程慢、工作节奏慢、产品更新慢、问题解决慢……对于传统企业来说，繁多的中间环节本就会造成各种风险的累积，而为了降低风险又需要更多的时间去梳理和调整。一来二去，时间没了，用户走了，业绩越来越差了。

互联网企业的扁平化管理结构、数据流、云结构都是为了信息能够更加快速地流转，减少企业管理的层级架构来减少决策行为所浪费的时间、去掉渠道中间环节来节省物流时间、利用云平台实时掌握各项数据、用心与终端用户的互动来调整产品的迭代升级，这一切都是在帮助企业节省时间，这些节省出来的时间就是企业的竞争力，就是企业可以先发制人的最大优势。

市场如战场，而市场从来都不是耐心的等待者。以前我们说"大鱼吃小鱼"，而现在则是"快鱼吃慢鱼"。

理解了这些差异化，回头再去审视自己的企业和产品在哪些方面有需要调整思路的地方，应该从哪些方面开始改变，给自己定一个计划吧。

那么到底什么是正确的网络营销观呢？

我们分析了这么多传统企业与"互联网+"企业的差异，其中出现频率最高的一个词就是"用户"。这里，我们大胆地下一个定义：围绕用户体验为中心的运营思维才是正确的网络营销观。

二、网络营销基本理论常识

细节层面的网络营销渠道具体操作，我们会在后面的章节里详细讲解。这里我们还是从整体层面普及一下网络营销的理论知识。

1. 与时俱进的 4R 理论

很长的一段时间里，4P 理论一直是商业营销活动中的最受人推崇的理论。在 20 世纪 60 年代美国营销学学者杰罗姆·麦卡锡教授提出 4P 理论。

```
4P
产品 Product
价格 Price
渠道 Place
推广 Promotion
```

4P 理论是建立在传统商业模式中以产品为中心的商业流程。所有的营销活动围绕着产品展开。通过上一节的学习，你应该会发现这个理论是不符合正确的网络营销观的。那么符合正确网络营销观的理论是什么？

美国学者唐·舒尔茨在 4C 营销理论的基础上提出了 4R 理论。他认为随着市场的发展，企业需要从更高层次上以更有效的方式与顾客建立有别于传统的新型主动性关系。

```
4R
关联 Relevancy
反应 Reaction
关系 Relation
回报 Reward
```

可以看出，4R 理论是建立在互联网思维下的以用户关系为中心的营销流程，更加符合目前的商业环境和商业本质。

（1）企业应该更重视与用户的关系连接，通过这种连接强化用户与企业的长期关系，减少用户的流失，提升忠诚度；

（2）企业应该建立以用户反应为基础的营销策略，通过用户对产品的需求反馈和数据分析，调整产品的迭代方向、市场策略；

（3）互动可以让企业主动建立在用户心中的市场形象，有温度的企业形象会使得用户愿意与企业互动，有效的双向互动能够有效地建立彼此之间稳定的依赖关系；

（4）只有双赢的局面才可以创造持续的回报，企业通过用户的忠诚度获得持续的利润回报，而用户通过不断地反馈沟通让企业生产出更符合自己需求的产品。

我们不断强调，互联网的本质是连接，而且是双向连接。双向的连接需要互动来维持，互动的结果是这个连接的两端在彼此适应的同时彼此改变，通过这种改变让双方都感觉舒服，从而形成更加紧密的连接然后一直这样循环下去。这才是良性的生态关系。

从产品出发，以用户为中心，以良性的关系建立和保持为目的，企业持续调整产品的网络营销策略和渠道，让产品始终能够黏住用户，让用户愿意帮助企业变成更好的"人"。这样才是生态化的网络营销。

2. 长板理论

在分析这个理论之前，我们不得不先提一下曾经长期统治经管界的"木桶理论"。木桶理论指的是一只水桶能装多少水取决于它最短的那块木板，也称之为短板效应。

木桶理论是一个非常容易理解且看似正确的理论。一个企业无论是从组织、部门、小组、员工来说往往都是良莠不齐的，而我们总是把精力和时间放在对于"短板"或者"劣势"的提升上，力求创造出来完美的团队和完美的员工。但结果大家也都很清楚，并不是所有的人和事都会朝着你想要的方向发展，短板依旧是短板，木桶依旧只能装那么多水。

而长板理论的场景是：当你把木桶倾斜，这时木桶能装多少水则取决于你的长板。我们可以把这个长板理解为"核心竞争力"。

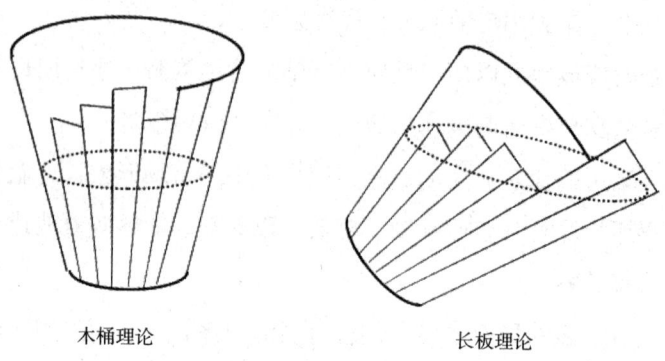

木桶理论　　　　　　　　长板理论

作为传统企业，诸多的因素造成我们并不容易补齐所有短板。而很多时候短板未必需要自己补齐，我们可以通过合作的形式将更长的板引进来。

你没听说过麦当劳养鸡，没听说过苹果自己组装手机，但并不做太多产品研发的富士康接单都接不过来，老板还成了首富。《西游记》里的团队并不完美，但你记住了唐僧的坚定、记住了孙悟空的七十二变、记住了猪八戒的插科打诨、记住了沙和尚的任劳任怨。最终这个团队完成了任务取得了大乘佛法的经书；小米通过极致性价比和米粉的支持迅速崛起；苹果手机的信号一直被人们诟病，但苹果一直坚持创新让众多厂家只能无奈跟随。

互联网时代，专业领域的细分让我们无法补齐所有短板，与其花费精力来治疗"顽疾"，不如用同样的精力来放大自己的优势，加长自己的长板并引进更多的"长板"。达成目标并不需要把自己变得无比完美，而是需要将自己的优势变成光环，吸引更多能弥补你的短板的"长板"与你同行。

合作、共赢，才是这个时代的商业主旋律。

对于网络营销来说也是一样。我们不需要全能的领导，也不需要所有的员工都是大神，我们只需要坚持营销优势点，借助一些强大网络渠道或平台，就可以逐渐形成符合企业特色的网络营销体系。

3. SURE 理论

SURE 理论是一个系统化的网络营销推广模型。

> 口碑扩散 Spreading
> 关系融合 Unification
> 路径营销 Route
> 精准营销 Exactness

口碑扩散：企业和用户都可以通过各种互联网的社交媒体、工具迅速传播内容。这种传播往往能够如病毒裂变一样迅速扩散并覆盖整个网络媒体。一个重视用户体验的企业，可以毫不费力地形成正向的口碑扩散，零成本的让用户主动为你做广告。

关系融合：前文中我们提到过，企业因为传统销售渠道的限制常常是不直接接触终端用户的，也就是说企业与用户之间是处于"失联状态"。但在网络营销中，企业可以通过各种网络营销渠道便捷的与用户建立起来双向连接和互动。这种互动又能够使得企业和用户都能够通过产品为媒介最终达成共识和一致。企业与用户之间不再是单纯的买卖关系，而是合作开发、共同营销、彼此受益的融合体。

路径营销：营销必须是有对象的，企业洞悉了用户的需求创造出来了产品，还需要主动去找到具有这种需求的用户。找到这些用户的过程就是路径。路径不一而足，互联网上各种成熟的路径和创新出来的路径都能帮助企业非常方便地找到用户。

精准营销：不同网络渠道上的用户的消费习惯和对产品的认知心理是不一样的，这就需要企业在对不同路径上的用户进行更加精准的场景化营销设计。千万别把同一种营销方式用于所有的路径上，否则，你只是在做广告轰炸而不是在做网络营销。

SURE 理论准确地把握住了网络营销在推广过程中的要点，企业既要重视品牌文化建设，又要注重与用户的真诚互动，还要努力寻找有效用户聚集的渠道，还得对不同口味的用户投其所好。看似复杂烦琐，但这才是一幅完美的网络营销生态场景图。

三、精准引流

互联网时代，每一个人或者每一条信息都是网络的一个节点，每一个在某处停留的节点都可以称之为流量。比如我们进入天猫的某一个店铺看衣服，我们就成为这个店铺的流量；我们专注地看"今日头条"中的某篇文章，我们就成了这篇文章的流量；我们点击了朋友圈中某位朋友分享的优惠券，我们就成了这张优惠券的流量。

整个互联网就是一个巨大的流量池，如果你具备了一定的网络营销技能，你会发现获取流量其实比想象中容易得多。无论什么样的内容和产品，都会引起"流量"的关注，区别只是关注量和关注程度的高低而已。

企业做网络营销的目的就是为了去吸引互联网流量池中"流量"的注意力，而通过精准引流则可以将具备某种特质的流量源源不断地引导到可以为企业产生价值的地方。

精准引流能否实现，一方面在于企业能否通过营销内容在流量池中的精准分发来有效触达目标流量，另一方面在于被触达的流量是否被营销的内容引导最终产生有效的互动。

从精准引流的过程中我们提炼出以下四个关键词进行说明：1. 内容；2. 分发；3. 引导；4. 互动。

内容：

这里的内容是一个广义上的定义。网络新闻平台上企业品牌宣传的文案、信息流广告中某个节日促销事件、朋友圈分享的一篇鸡汤文、网上商城中一件衣服的产品宣传页都可以称为内容。

内容与营销的结合才会产生精准的可能。

企业品牌宣传文案中可以强调企业的愿景和使命，让用户感受到企业鲜明的人格特点。

产品促销广告中加入这个产品最具代表性的一些差异化特点，让用户在记住这个特点的同时还能获得购买优惠。

鸡汤文中加入一些能够让读者感同身受的场景。

衣服的宣传页中加入一些破坏性试验的数据（比如拉链可以使用1万次）。

……

打开思维，你能将无数个营销点添加到原本平淡无奇的内容中，产生无数个具有不同特点的营销内容，创造出更多场景化的精准营销内容。

分发：

互联网有众多的流量渠道，而我们又有许多不同方向、维度的营销内容。那么精准分发就需要将这些不同的营销内容送往最适合的渠道中去。

传统的分发机制是将一篇内容广而告之的散布到所有的渠道中去，企业只看重内容的传播量和传播广度。但互联网的趋势是垂直、细分，更垂直、更细分。很明显，传统的做法是越来越行不通的。试想：你写了一篇汽车的试驾体验报告，是应该发布在新闻网站，官网的新闻页，汽车论坛，还是自媒体的公众号？如果你写的是一篇某型号汽车的厂家降价促销信息呢，那么又应该发布在哪里？

引导：

用户被你的内容营销打动，但因为内容分发渠道本身的限制，或者你的内容仅仅就是内容并没有为运营增加一个有效的出口，许多用户是不知道在这个场景里的下一步是应该做什么的。

那么在你的内容中软性的植入引导用户的"下一步"就是转化的关键所在了。

你可以修改微信公众号底部的菜单，让菜单内容与你新推送信息的内容营销点一致，方便客户通过点击菜单进入到"下一步"；

你也可以在网站的产品页或者促销页面上通过简单的程序设置一键分享的按钮，方便用户将他感兴趣的内容分享给自己的朋友；

你还可以将订阅号中不久前点击量很高的文章链接加入到一篇新推送文章的末端，让用户能够进一步的进行更深层次的阅读。

……

互动：

你成功地将用户引导进入了"下一步"，剩下的唯一动作就是互动了。互动是形成转化的基础，而互动质量的高低则完全取决于内容、分发、引导的深度。当然，在互动发生前一刻对用户的再次引导也是促进互动产生的关键。

通过不同渠道和营销方式被引导来的流量，在促进互动发生时最好再加入一个能够征服用户的理由。这个理由可以简单到如"仅限前100户""报名再享500元优惠""抢购仅剩3小时"这样的时效性利益诱惑，也可以复杂到用一个精心设计的场景故事页面，让用户感同身受地产生倾诉的欲望。

精准引流是每一个想要做好网络营销的企业和个人都应该仔细琢磨的概念。只有在内容的设计上多花时间去研究用户需求和痛点，在营销设计上不要沉迷于"大而全"，尽量去追求"小而美"，才有可能顺利产生精准流量的有效互动，最终实现更加高效的营销转化。

四、流量中心点

我们已经将网络营销基本的渠道在上一章节简单罗列。对于中小型传统企业来说，这些渠道未必需要全部应用，同时由于人员编制、素质以及渠道本身属性等原因，每一个网络渠道运营效果也会有巨大的差异。

鸡蛋不能放在一个篮子里。企业将全部精力放在单一渠道去做网络营销是不对的，而将所有渠道都展开去做所谓的全网营销也是不对的。其中道理，相信大家简单想想就能明了。

对于中小型的传统企业，在网络营销的实际操作过程中，我们建设性的提出一个"流量中心点"的概念。

流量中心点：将所有渠道的精准流量，通过场景化的内容引导，汇集到转化率最高的一个渠道上，这个渠道就称之为流量中心点。这个点，可以是线上的，也可以是线下的。

"你知道有一半的广告是浪费的，但你不知道是那一半。"这是我们做运营的人心中永远的痛。我们会对每一条广告添加追踪代码，并且花费大量精力去统计各项数据，然后去调整投放策略，但很多时候你会发现不断地调整也未必带来多大的效率提升。为什么？

其实对于单个渠道的投放策略调整是对的也是必需的。但是每一个网络渠道都不可能因为你提升了一倍的投入而带来多一倍的转化，因为每一个渠道上沉淀的有效用户数量是有限的，同时某一些渠道本身的转化效果可能非常好，但引流、转化成本却可能非常高。为了整体上更高的转化效率以及更容易形成规模化的营销效果，我们需要将各个渠道分散的流量想办法去引导到一个流量中心点上去。

商业规律中的"二八法则"其实也同样适用于网络营销。我们可以用80%的渠道去做曝光和引流，这样我们就不用纠结于这些渠道本身的直接转化效果，而在剩下20%的渠道集中精力去多渠道引流带来流量的集中转化。这样的运营方式，可以让符合曝光属性的渠道与符合转化属性的渠道实现流量生态上的管道打通，进一步提升最终的转化效果。

其实我们做网络营销，不是要解决流量从哪里来的问题，而是要解决流量到哪里去的结果。而中心点的存在，可以让我们抛弃许多杂念，专心地去做"唯一"。

成功构建一个企业的"流量中心点"需要通过以下几个步骤。

1. 精准分析

在你制定一次营销活动的整体策略前，你一定会去罗列出许多的可推广渠道。我们可以简单地将这些渠道先划分为曝光引流类和效果转化类。这里，请牢牢记住"二八法则"，如果效果转化类的渠道太多，一定要做减法。舍不得或者不敢做减法的结果，一定会让你陷入多个渠道的数字游戏中去。

比如我们在策划一款爆款产品的营销活动，将企业天猫商城的旗舰店定位为流量中心点，那么官网、公众平台、信息流广告、微博、广播……这些渠道都应该不计得失地将流量往天猫商城的旗舰店去做引导。

2. 内容、策略引导

因为网络渠道本身的某些限制和渠道之间存在的竞争关系，想要简单地通过链接分享去做中心点的流量引导并不是想象中那么简单。比如你在朋友圈就无法通过直接分享商品链接而将流量引导到天猫商城。

那么，在我们制定流量中心点的引流策略时就应该充分考虑到各个渠道本身的属性，在不同渠道的内容营销上去做适当的修改和调整，还应该在不同渠道的营销策略上去做一些改变。

比如我们还是将天猫商城旗舰店作为流量中心点，那么公众平台的内容营销上可以着重宣传爆款产品的细节特点、用户评价、促销时限等内容，用这样的内容引起用户的购买欲望，引导用户在打开天猫 APP 时主动能够搜索相关的关键词，从而直接进入产品页；官网新闻页面可以在活动页中直接添加商品的跳转链接；微博平台则可以直接分享链接或者加入代金券抽奖等活动增加对中心点的引流支持。

引流的内容和方法不一而足，最关键的，你是否从心理上敢于放弃零散的流量转化，而专注于中心点的流量引导。静心想想，那么多的大企业每年不计成本的参与"6·18""双十一"是不是这个道理？

3. 中心点的流量转化

进入中心点的流量，大多是已经被你的内容营销打动的用户。这些通过各个引流渠道引导来的用户在进入中心点后，第一反应一定是去寻找是否存在说服他进入中心点的内容。

比如用户是通过微博抽奖的优惠券进入你的旗舰店,用户一定会关注这个优惠券是否可用,是否与其他优惠可以同时享受。如果你在微博这个渠道承诺了可以同时享受,那么这个"特权"一定会使用户的转化概率高很多。

所以,中心点的界面设计和引流渠道营销层面的"呼应"就显得尤为关键。我们当然不能给所有的引流渠道都同时赋予同样的可叠加特权,但我们可以通过制定不同渠道的分时段推广策略,在相应的渠道引流高峰段,对位于中心点的转化页面内容进行调整。或者通过 AI 实现不同渠道流量的个性化页面呈现。这样,你至少可以让 80% 的不同渠道用户,在进入中心点时都能感受到自己真正获得了渠道"特权",从而增加对营销内容的认同度,进而产生更高效的转化结果。

4. 裂变传播

流量转化了就结束了?

当然不是。你还需要引导已转化的用户进行主动分享,从而实现裂变传播。

在裂变传播这个概念中,K 因子是我们必须关注的指标。

K =(每个用户向他的朋友们发出的邀请的数量)×(接收到邀请的人转化为新用户的转化率)。

假设平均每个用户会向 15 个朋友发出邀请,而平均的转化率为 10% 的话,K =15×10%=1.5。当 K>1 时,用户群就会像滚雪球一样增大,转化效率会进一步提升。如果 K<1 的话,那么用户群到某个规模时就会停止通过裂变传播而增长。

因为 80% 的流量在进入中心点并完成转化时,都是经过了"两次肯定"的。第一次"肯定"是认同了你的渠道中的营销内容,第二次"肯定"是对你中心点营销内容肯定才主动地完成了转化。那么这些已经认可你"两次"的用户,80% 的概率是可以被你再次营销,最终主动帮你完成更有说服力的裂变传播或辅助成交的。

这些已经转化的用户通过我们的再次营销，完全可以使得我们用最小的成本实现转化率的进一步提升。因为用户的主动传播分享所带来的效率比我们的主动营销要高得多。

我们常见的好评返现是利用已转化用户做"辅助成交"的手段。拼团、分享砍价也是利用已转化用户做裂变传播的例子。

通过多年的网络营销总结，在尝试了遍地撒网的全网营销、多场景化内容引导、高曝光集中转化、全渠道 ROI 考核等营销策略之后，我们发现"流量中心点"才是传统中小型企业可以在节省推广费用的同时提高转化效率的最有效方法。

五、赋能客服

流量的转化流程虽然并不复杂，但对于传统企业来说，不可避免地会有线上与线下两个环节。这两个环节一旦出现运营上的交叉，就会对我们的网络营销提出新的问题和考验。

线上转化强调的是内容引导，而线下转化强调的是用户体验。一个成功的营销活动需要线上、线下的营销融合，兼顾内容与体验，并在线下着力打造场景化的服务体验。

不论是在线上还是在线下的流程中，有一个关键的点——客服，这是往往容易被我们忽略掉的。客服是直接连接产品和用户的通道，并且在很多时候产品的转化效率是由客服来决定的。这里所说的"客服"，可以是负责销售的线上销售服务人员，也可以是线下真正负责解决用户投诉的后端客服人员。

在开始策划营销活动时，企业往往将所有的注意力集中于客户需求、产品设计、营销逻辑、流程动作、氛围营造、场景布置等策略性的问题上。一群华发早生的营销精英关在办公室里头脑风暴，策划出感动自己的产品故事。我们总认为，完美的营销方案一定会带来完美的转化效果。是的，你打动了用户，但你的客服人员呢？一旦用户碰到一个并不会讲故事的冷冰冰的"机器客服"，之前所有的努力都可能在这个环节化为泡影；

而当用户的诉求不被后端客服人员重视，因为各种原因一拖再拖不被解决时，用户的负面情绪一旦发酵，负面信息的传播往往对整个营销活动的打击是巨大的。

在互联网时代，企业赋予客服人员的职能已经发生了改变，客服人员除了了解企业、了解流程、了解产品，还需要懂得营销。客服系统在营销体系中起到最关键的承上启下作用。客服不仅应该给用户讲故事，强化产品印象，提升转化效率；还能传递企业温度，提升用户体验，辅助营销裂变；最关键的，客服是用户与企业和产品互动的最直接桥梁，也是最了解用户真实需求的一线人员，他们理应受到企业的重视。

你的企业重视客服吗？客服部在你的企业是不是最不受重视的部门？客服岗的流失率是不是企业里最大的？客服参与过产品设计吗？也许有的产品经理会说："我们会对客服部门进行培训，将产品、流程、促销、话术都传递给他们，并且还会进行考试，合格才能上岗。"可是，培训了、合格了，就OK了？

客服人员到底具备多少营销能力？能否在不同的渠道向用户描述场景化的营销内容？能否快速洞悉用户需求进行针对性的产品营销？能否耐心地倾听并承诺解决用户遇到的问题？能否主动总结用户的痛点帮助企业进行产品迭代？

品牌即情感，产品即内容，而最关键的是"互动传递温度"。千万不要让一个冰冷的客服去传递温度。千万不要让一个不会讲故事的客服去营销内容，千万不要让一个不负责任的客服去传递品牌情感。这个结果想想都后怕。

你需要赋能客服，你需要能够给用户带来超出预期体验感的客服，需要用心传递企业品牌温度的客服。

所以，请务必重视你的客服团队。赋予他们更大的职能，给予他们更大的激励，让他们成为营销活动中必不可少的重要环节。

至此，整个营销流程终于完美闭环。

Part 3　你该有个像样的"官网"了

网站一直以来都是企业通往互联网的第一站。相比于其他的网络渠道，网站在品牌文化传递、产品内容展示、视觉效果传达、营销效果分析、快速迭代方面都有着得天独厚的优势。一个好的网站能够让用户快速寻找到解决方案，进而形成对企业的信任感与忠诚度。

一、什么样的官网才是"好"官网

官方网站不应该只注重企业的营销目的，应该本着从用户体验出发，让用户快速有效地找到有价值的信息。所以我们将"好"官网定义为"基于用户体验的内容集合"。内容是网站的血肉，而经过精心设计的网站架构能够让用户更方便的寻找到内容，二者的结合才能让网站的体验达到极致。

网站的类型多种多样，如：品牌宣传型、平台门户型、电子商务型、产品营销型等等。这里我们只针对中小型企业常用的营销型网站进行讲述。

对于中小型企业来说，没必要自己招聘专业技术人员进行网站开发，完全可以用外包的形式委托专业网站制作公司来开发，但若只关心报价和开发时间，而不是在了解一些基础的网站常识后去对制作公司提出要求并进行比较、选择，相信后期网站维护的各种"烂摊子"会让你头疼不已。

也许你很早之前就已经有了自己的网站，但我相信你的网站已经早就不符合现在的互联网环境，或者网站也并没有经常地迭代去适应用户口味的变化和企业运营方向的调整。通过对本章节的学习，相信你对网站的认知一定会焕然一新。

下面我们逐步来分解网站的建站关键点：

1. 网站开发语言

目前流行的网站所使用的编程语言一般为 PHP、JSP、ASP.NET。数据库一般使用 MySQL、SQLSERVER。

对于中小型企业的网站，推荐使用 PHP+MySQL。相对于其他几种语言，PHP 是一种开源的网络编程语言，易开发、成本低、维护方便。而 MySQL 是一个小型的开源代码的免费数据库，在 Windows、Linux 上都常用。用这种组合进行网站开发无论是在开发成本和后期维护都有非常大的优势。

2. 网站域名（URL）

域名对于网站后期的运营起着至关重要的作用，但这点往往被我们忽略，很多人认为互联网时代用户只会通过搜索引擎去搜索内容而不会记住网站的域名。我只能说这个观点只说对了一半。一个好的域名不仅能够让用户更加快速地记住你，还能让搜索引擎更容易地收录你的网站。

首先，越短的域名越好，既方便用户记忆，也会更容易被搜索引擎收录。当然现在短域名大部分已经被注册了，我们可以去阿里云—万网去查询心仪的域名，并可以联系购买已经注册的域名。

其次，如果短域名没有了，想要的又太贵，那么长一点的域名不是不可以，但是建议域名中加入与企业产品或者行业相关的关键词。比如企业是做图书出版的，域名中可以加入 book；如果是做美容的，域名中可以加入 beauty。这样更便于搜索引擎对网站进行收录和排名。

最后，域名的后缀也很关键。如果已经注册了一个 .com 的域名后缀，那么建议将 .com.cn、.cn、.net 一并注册。这样可以防止竞争对手购买其他的域名后缀后，利用搜索引擎将本应属于我们的流量引导到其他的网站。

3. 网站结构

网站的结构是需要我们精心策划的。网站的结构分为物理结构和逻辑结构两部分。

物理结构：

网站物理结构指的是网站目录及所包含文件所存储的真实位置所表现出来的结构，物理结构一般包含两种不同的表现形式：扁平式物理结构和树形物理结构。

扁平式的物理结构是将网站的所有页面都存放在根目录下。网络爬虫（搜索引擎蜘蛛）只需要一次遍历访问就可以将整个站点结构收录进搜索引擎。但如果将所有的文件页面都存在根目录下，维护起来非常麻烦。这里只建议微型网站使用这种结构。

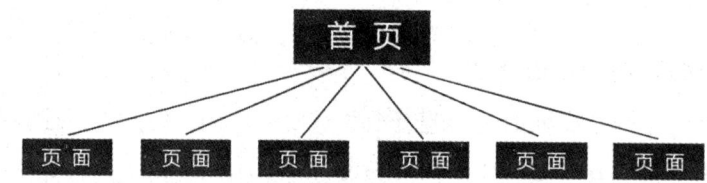

树形物理结构是依照网站频道设置将每个频道的页面和内容都单独存储在根目录下的一个或多个文件夹中，并根据网站的频道层级建立多层子目录。这样的目录结构虽然不太利于蜘蛛的抓取，但是在网站后期的管理和维护上相对容易很多。目前，大多数网站是采取树形物理结构。

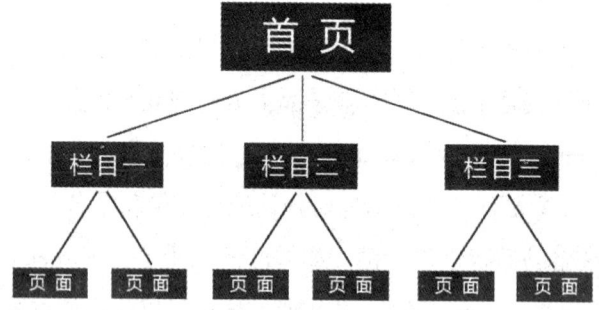

逻辑结构：

网站的逻辑结构也称为链接结构，指的是所有网页内部链接所形成的逻辑结构。逻辑结构和物理结构的区别在于，逻辑结构由网站页面的相互连接关系决定，而物理结构由网站页面的物理存放地址决定。

网站逻辑结构通常也采用树形逻辑结构。我们用"链接深度"来描述页面之间的逻辑关系。"链接深度"指从源页面到达目标页面所经过的路径数量，比如你的网站中 A 页面中存在一个指向 B 页面的链接，那么从 A 页面到 B 页面的链接深度就是 1。如果 B 页面中存在一个指向 C 页面的链接，那么从 A 页面到 C 页面的链接深度就是 2。

4. 网站首页及频道策划

（1）首页：

网站首页的重要性不言而喻。用户点击了网站链接，在等待页面打开的这几秒钟里，用户对网站的期望值会越来越高，一旦打开的首页不能达到用户的预期，或者用户无法快速地通过首页直达他感兴趣的内容页，那么结果一定是关闭掉网站页面，也就是我们常说的"跳出"。所以，我们一直强调基于用户体验的内容集合才是网站的核心方向。

但商业社会中的企业都是逐利的。那么，如何兼顾产品宣传和用户体验就成了网站首页策划中需要重点琢磨的问题了。

结合着企业的产品，什么样的网站才能在打开的时候后让用户眼前一亮？

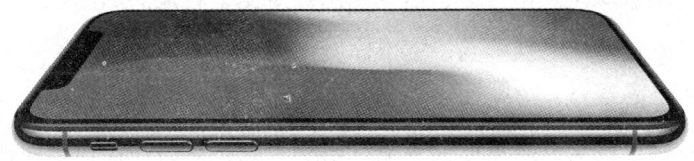

这是苹果官网的首页，首页第一屏你只能看见一个元素，这就是 iPhone X。

这是最近比较火的白酒新品牌——江小白的官网。

一个注重用户体验的网站，不需要太烦琐的内容在首页上平铺，越多越杂的内容，反而会让用户无所适从，在不知道如何选择的时候，用户一旦感觉有一半的内容并不是他想了解的，就很可能重新回到搜索引擎继续去寻找别的网站。

快节奏的社会，用户的需求其实很简单，企业不需要考虑得太复杂，首页能够引起客户的兴趣，能否让用户在审美上第一时间对企业的逼格产生相应的定位，如果首页看起来很LOW，即使你的产品再好，用户的体验感也会降低很多，进而对产品失去兴趣。网站的设计上要遵循少即是多的原则，首页未必一定要多长，未必一定要把企业的所有业务都在首页展示，可以用首页轮播的形式展示多个产品，但每个产品是否具有冲击力就成为是否会被用户点击的关键。

极致的产品就是让永不不用去思考产品是否适合他，而是让客户觉得，"我想拥有它"。所以，首页的核心就是简单，简单到用户不用去做任何判断就知道应该点击什么；简单到用户对比了其他的网站后，一看到你的首页，就觉得你与众不同，觉得你就是那个对的人。

（2）导航菜单：

导航菜单作为网站重要的分流、引导工具，可以让用户快速地找到所需并清晰地了解网站的结构框架。常规的网站导航形式一般分为：

（a）顶部导航

顶部导航是目前大多数网站采取的形式，也是最符合用户习惯的一种导航方式。顶部导航的设计形式虽然相对保守，但是目的性很强、辨识度很高。唯一的缺点就是多屏首页在用户浏览页面下方内容的时候，顶部导航会随着首页的向下滚动而被隐藏，用户想要点击导航的时候只能再将页面滚动到顶部才能进行导航点击操作。不过我们可以通过简单的代码实现导航栏的浏览器顶部固定，就像Excel的窗口冻结一样。这样就可以完美解决这种尴尬。

注：本节中苹果官网的导航就是采用顶部导航的形式。

（b）侧边导航

侧边导航的设计形式比较多样，非常个性化。但侧边导航一般只适合于单屏首页。对于多屏首页来说，即使你将侧边导航进行浏览器固定，但因为导航栏的存在，用户在滚动首页的时候总会感觉有部分内容被遮挡，严重地影响了用户的浏览体验。

侧边导航在导航栏的宽度设置上是要非常注意的，导航栏过宽或者导航栏中的字体过大、过多，都会影响到整体页面的美感。常规办法是将侧边导航添加鼠标经过事件，在鼠标经过侧边导航的时候，导航栏进行放大或导航文字显示，同时弹出二级导航目录。

注：本节中江小白官网的导航就是采用侧边导航的形式。

（c）底部导航

底部导航在PC端官网中被使用的不多，更多的是出现在移动端的官方中。对于结构复杂有多级导航的网站来说底部导航对于用户来说简直就是一场灾难。这里不建议企业使用底部导航。

（d）首页元素化导航

元素化导航是在移动端网站比较流行的导航方式，近些年来在一些架构不太复杂的PC网站上也逐渐开始被采用。这样的导航菜单多使用扁平化的图片或者鼠标经过的动态效果，对于用户来说更加的一目了然、设计感更强。但是首页中可被蜘蛛抓取的内容不多，会影响搜索引擎的收录。

（e）全页面导航

借助 H5 技术实现的垂直或者水平滚动导航，在网站的首页中，用户用鼠标每点击或者滚动一下，页面自行切换到下一个页面。这种导航方式要求每个页面视觉内容必须非常突出，同时页面传递的信息必须简单准确，但是页面开发需要的精力和成本相对较高。对于用户来说，第一感觉也许很好、很炫，但在整体的浏览体验和交互上会不太习惯，所以不建议采用这样的导航方式。

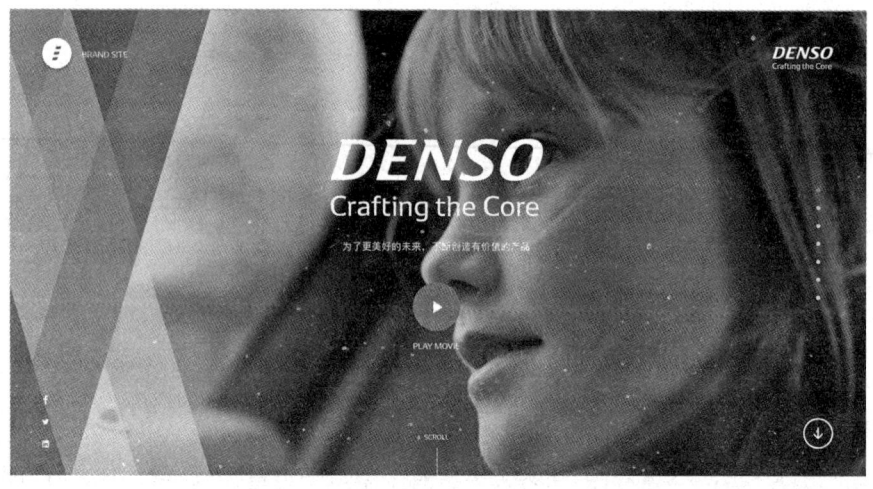

对于中小型企业来说，无论从用户浏览习惯还是开发成本、搜索引擎

抓取率来说，都建议采用顶部导航的方式。

在导航菜单的样式和内容设计上，应该提前做好规划，适当做一些取舍，不要将所有的内容都放到导航菜单中，过多的内容往往会让用户无所适从、不知道该如何选择。

好的导航菜单设计应该遵循以下几个关键点：

- 用户体验是第一位的；
- 精简导航内容做适当取舍；
- 导航内容清晰明确，用户可以一目了然地明白点击进入的下一个页面是什么；
- 导航样式遵从网站整体风格；
- 导航内容的排序需要认真规划好优先级。

5. 栏目页

网站的栏目页也称频道页。如果说首页是一本书的目录，那么频道页就是书的内容，内容的好坏将直接影响到读者对这本书继续阅读的兴趣，也就是我们一直强调的用户体验。栏目页是用户深入了解企业或者产品的页面。好的栏目页除了对于内容的认真总结和规划，还要考虑到与用户的交互。

对于中小型企业来说，栏目页大多是产品集合的列表页或者产品的详情页，也可能是促销活动页面。这部分页面的呈现和页面底层逻辑的注意事项我们将在"Part8 创造高转化率的落地页"中详细讲解。

6. 功能需求分析

网站的具体功能需求根据企业的特色和产品的特点差异很大，但以下10个网站功能是每一个网站都应该具备的。

（1）用户管理

网站的后期管理和维护更新一般是由不同的人员负责，而且网站管理后台中的一些敏感数据是不应该让所有可以登录后台的人都能接触到的，同时我们的网站经过不断地迭代，还有可能会继续增加新的功能模块。这就要求在后台用户管理权限中必须建立和分配不同使用者相应权限的功能。

（2）检索功能

很多的网站忽略掉了检索功能，除非你的网站简单到只有企业介绍等几个简单页面，否则内容检索功能是一定要在建站的时候实现。

试想，面对一个陌生的网站，在用户还不能特别清晰地了解点击哪里可以直接到达他想要的页面，或者因为网站的内容太多太杂的时候，如果你是用户，你看见了网站页面上的一个站内搜索框，你会不会直接去输入你想了解的内容关键字直接通过搜索来查看内容？

同时，用户在搜索框输入的内容，通过后台的记录，还能够直观地展示用户在网站的兴趣行为，为我们的下一次网站迭代提供最直接的用户体验依据。

（3）新闻功能

很多企业都只重视网站的产品内容更新，对于企业的新闻事件不太关心。虽然网站有新闻功能，但是往往不会在意文章的质量和更新的数量。

网站内的文章，是用户可以通过深度阅读了解企业和产品的最好途径。一篇有温度的文章，能够让用户更加具体地形成对企业的印象。同时文章的不断更新也能够增加搜索引擎蜘蛛"光顾"你网站的机会，提升网站的自然排名。

（4）产品发布功能

产品发布作为网站的常规功能，不论是产品型网站还是 B2C 的营销型网站或者纯展示型的企业门户网站，这个功能模块的本质是一样的，只是在后台数据库中的字段和前台页面的展示不同罢了。

产品发布功能中，需要注意的是产品在前台页面展示时的排序，常规的网站制作公司会在每个产品的后台管理页面添加一个"排序"字段，通常这个字段是需要你手动填入数字的，一般数字越大排序越靠前。如果你的产品库里的产品太多，手动修改排序会让你烦躁到怀疑人生。

所以在设计产品发布这个功能的时候，一定要考虑添加根据点击量、展示量、上传时间、首页显示、二级页显示、推荐展示、移动端展示等附加功能需求。

(5) 首页轮播、专题页发布功能

目前几乎所有的网站在首页第一屏都被设计成专题页轮播模块。首页轮播图作为用户进入网站第一时间的视线焦点,重要性不言而喻。

首页轮播功能模块实现比较简单。但应考虑到轮播图尺寸的适配问题,避免不同浏览器和不同分辨率下的变形。同时还应考虑到在轮播图模块中加入编辑专题页面统计代码的功能,便于我们对页面的转化效率进行更加深入的分析。

(6) 视频功能

视频作为互联网的下一个风口,未来可以给企业带来的流量无法想象。不少企业有企业宣传片或者产品单独的宣传视频,这些都可以放到网站上让用户更加直观、生动地了解企业和产品。

视频功能的开发虽然并不复杂,但是视频对于流量和服务器的资源占用是非常大的。如果网站配置了视频功能,那么在网站的服务器和带宽就必须进行升级配置。

(7) 在线咨询功能

互联网在逐渐改变人们的交流习惯,许多用户已经习惯在购物前直接与在线客服进行交流。网站的在线咨询功能能够方便地实现这样的交互。

这个功能模块没有必要自己开发,目前比较成熟的有软件"乐语OMS""网易七鱼""53快服"等。这些软件不仅可以实现网站的各种渠道对话的接入,还可以在软件后台进行多种实时统计操作,便于企业管理和分析互动用户的相关数据,同时这类软件一般都是根据用户需要的客服端口数量收费,使用成本很低,稳定性非常好。

但在使用在线咨询功能的时候,不少企业为了"不浪费"用户资源,往往会设置主动弹出客服对话窗口。这样看似通过主动发起对话降低了用户的流失,不过在用户浏览网站的过程中却会造成非常不好的体验。假如你正在浏览一个网站,每隔几十秒就频繁弹出一个客服请求对话的窗口,想象一下,你烦不烦?

（8）SEO、SEM 支持组件

做网站的目的是为了让用户看见，那么能否让搜索引擎理解你的网站就是网站在引流能力上竞争力的最直接体现了。

在网站的后台管理功能中加入对于 SEO 的功能组件，可以是关键词超链接的设置，可以是主要图片的 ALT 标签设置，也可以是页面关键词和 TDK 描述等。此外，如果增加对于 SEM 的关键词追踪功能，都能大大地提升网站的引流效率。这一点我们在下一章节详细讲解。

（9）站点统计代码添加组件

通常情况下，统计代码都是直接通过程序员手动添加在网站中的。但现在的网站结构越来越复杂，功能越来越多，需要统计的数据也越来越多。而不同的统计软件之间的统计数据也会有差异。

增加一个统计代码添加的组件，能够有效提升网站管理人员的统计效率，并且可以非常方便地针对多个需要统计数据的页面或者多个网络渠道进行更加精准的统计。

（10）网站日志

日志文件不仅能够让我们了解网站的访问情况和用户的行为轨迹、属性，最重要的是，网站日志文件能够让我们分析出网络蜘蛛抓取网站页面的有效性。通过日志分析蜘蛛返回的状态码能及时发现网站中是否存在错误或者蜘蛛无法爬取的页面，排查网站页面中存在的 404 错误页面、500 服务器错误等错误页面，便于我们对网站页面的调整。

7. 网站 UI 设计

UI，是 User Interface（用户界面）的缩写，是指对软件的人机交互、操作逻辑、界面美观的整体设计。是由用户与界面两个部分组成的，还包括用户与界面之间的交互关系，进而让用户简便获取主要信息，满足用户需求的目的。

网站的视觉效果通常由 UI 设计师来完成，好的 UI 设计能让用户从第一眼对网站产生美感，然后逐渐对网站产生好感。当然，美感这个东西是猜不透摸不着的，因为用户的个性化喜好不同，也很难用准确的文字表达出来。这里我们只简单总结一下网站 UI 设计的两个重要原则。

- 视觉效果统一

（1）布局风格

网站的首页、二级页、列表页、详情页应该分别采用相对统一的布局风格。所有页面在布局上都应该采用相同的导航样式。

而在页面的布局上，应该注重突出导航和重要的产品内容，不仅要追求页面背景整体的协调性，还要保证网站其他页面风格的一致性。布局风格统一的网站，能够降低用户的学习成本。相反，一致性差的网站，会打断用户的浏览节奏，让用户无所适从。

（2）色彩搭配

网站的整体色调应尽量选择同色系的配色，页面内除了图片外，颜色尽量不要超过 4 种。当然，除了同色系的使用，渐变色、对比色应用也较为普遍，但在对比色的使用上，色彩的协调性需要更严格的把握。

每个网站都有不同的行业特征、市场定位，自然也会演变出不同风格特征，我们的网站应该用更加合理的色彩搭配来彰显行业特征，从而到达准确传递信息效果。

（3）字体、字号

为了保证浏览器的正确识别，网站使用的字体应尽量使用系统字体，为了展示效果的个性化字体应使用矢量格式的图片替代。

在同一页面中，字体不要超过三种，避免过多的字体造成页面杂乱无章的感觉，对于需要突出显示的地方，我们只通过对字体的字号或颜色的调整来强调效果即可。统一的字体风格能让网站的视觉效果更加简洁有力，更有视觉感染力。

（4）动态效果

为了更好地吸引用户的关注，越来越多的动态效果被应用到网站页面之中。好的动态效果能让网站页面看起来与众不同、更有吸引力，还会有助于增强用户对于产品的认知和用户情绪带入，让用户记忆深刻。

但是，动态效果在精而不在多，动态效果容易吸引用户的目光，但是过多的动态效果不仅会影响网页的加载时间，还会占用系统资源；还可能扰乱用户的视觉焦点，分散用户注意力的同时弱化页面内容。

- 化繁为简

（1）图片替代文字

在网页中，尤其是产品详情页中，很多时候为了把一件事情说清楚，会使用大量的文字来解释。但如果可以用一张具有创意的图片就能够引起用户联想，并通过联想迅速理解我们的卖点的时候，一定要用图片替代烦琐的文字。这样不仅在页面美观度上会有较大提升，还能够更符合用户的浏览习惯，让用户在极短的时间内就可以 get 到你的内容点。

（2）减少弹出窗口

许多的网站，为了引起用户的注意，会在页面中设置非常多的弹出窗口。不论是通知式的弹出窗口，还是聊天式的弹出窗口，或者用户点击行为触发的弹出窗口，都会打断用户的正常浏览和视觉停留。所以，一定要尽量减少弹出窗口的数量。

如果必须要使用弹窗，也要注意弹窗出现的位置和出现频率，避免太频繁产生干扰，也不要让弹出窗口出现在页面焦点位置遮挡用户视线。

8. 互动入口设计

能引起用户互动欲望的网站，才是好网站。我们着力于提升网站的互动，从根本上来说是为了提高用户的体验，为用户提供更好的服务，从而增加网站对于用户的黏性。想要提升网站与用户的互动，可以从以下几个方面入手：

（1）在线咨询工具

在上一章节网站功能需求分析中，我们详细地分析了在线咨询工具的使用和注意事项，这里不再赘述。

（2）互动数据展示

为了让用户感觉到网站互动的诚意以及互动的效果，在网站的产品列表页、文章列表页或者其他有可能引起用户互动的页面中，添加诸如"点赞""阅读量""热度"等功能。用户一次简单的点击行为累积起来，就能让后进入的访客感觉网站是"活的"。

还有最重要的一点，在用户进行点击互动行为的时候，一定要给用户的这次点击行为加入一个酷炫的动态效果。这种动态效果本身就是网站给予用户的一次互动激励，能够让用户互动的时候有更好的心理满足。

（3）一键分享功能

优质的内容是能够引起用户共鸣的，对于这些能让用户感同身受的内容，用户都会愿意分享转发到自己的自媒体或者朋友圈中。在网站页面或者产品页中加入一键分享功能会让网站的传播和引流变得更加简单。

（4）评论功能

现在的用户越来越愿意也善于表达自己的意见，无论好的还是坏的评论，都能够引起其他用户更多的关注。很多的运营人员由于害怕负面的评论对网站的伤害，干脆关闭了评论功能，这无异于掩耳盗铃。

现在的网络环境，你是永远也堵不住用户的嘴的。你这里不让评论，用户可以在100个其他的地方去吐槽。害怕用户评论的企业一定是不重视用户体验的企业。所以，大胆地开放评论功能，让用户自由地抒发自己的观点，我们不仅能从用户的评论中找到让企业变得更好的途径，也能激励着自己更好地服务于用户。

实际上，企业有时候真的需要负面口碑才能激发粉丝群体的正面拥护。企业如果没有正面拥护和负面拥护中的任何一方，在新用户看来都会显得无聊并且缺乏参与性。

（5）会员中心

对于一些复购率比较高的企业，在网站设计的时候可以加入会员中心功能。通过定期的推送内容、推送优惠券，或者当用户在网站购买产品或进行其他互动后，给予用户一些虚拟或者实物的奖励以进一步增强用户的互动体验感。

(6) 内容维护

网站系统的整体内容维护不仅有利于用户进入网站后第一时间获取最新、最有价值的信息，还能持续地提升网站在搜索引擎中的权重，让更多的用户能够通过搜索引擎找到你，提升网站关键词的长尾流量。网站的内容维护，必须做到以下几点：

(a) 定时、定量

网站的内容更新，包括站内文章、新闻、轮播图片和链接、产品图片和产品内容更新等等。所有这些内容的更新，都应该尽量定时更新，定时更新内容的好处就是，你可以培养网络蜘蛛定时来你的网站抓取内容的"习惯"，让你的网站内容更及时地被搜索引擎收录。

关于更新的数量，因为搜索引擎对新内容检索的优先级是高于其他的，所以建议每周至少更新2篇站内文章，其他的内容更新可以按需进行，但至少半个月也应该进行一下全面的内容更新。

(b) 内容质量度高

文章质量是一个似是而非的问题，到底什么样的文章质量度高，其实没有一个非常准确的定义。我们通常说一篇好的文章，应该能引起读者的共鸣并让人记忆深刻。那么，故事化、情景化的场景再造就是文章质量高低的标准了，一个好的文案写手，不一定是行业专家，但一定是个会讲故事的高手。

其次，专业的具备权威性的数据也是能够让用户感觉到踏实、信服的关键。文章里适当添加一些这样的数据，也能让用户记忆深刻。

最后，同理心也是我们文章内容的关键点，企业不能只站在自己的角度去做营销，应该站在用户的角度去阐述产品到底为用户解决了什么问题，带来了什么好处。

(c) 原创文章

无论是对于搜索引擎，还是对于自媒体平台，原创都是考核质量度的最重要标准。当然，原创内容是非常困难的一件事情，尤其对于一些文字能力稍差的编辑人员来说，他们总是喜欢通过"伪原创"的手段来进行创作。但搜索引擎会搜索全网中与你文章主题、内容近似的文章来进行对比，如果相似的地方太多，你的文章就会被判定为"伪原创"或者旧闻，就不会被推荐或者收录，同时还会影响到你的网站的排名。

其实"原创"这个概念并不要求你的文笔有多么的流畅、意境有多么的优美，只要是自己用心写出来的文字，再加上一点点的运营技巧，就是一篇优秀的原创文章。

（d）内容关键字布局

一篇好的文章，主题应该是非常清晰的，我们暂且把这个"主题"称为关键字。文章的内容一定要围绕这个关键字来展开。

比如你文章的主题是说"环保装修"，那么内容就应该围绕着环保装修的标准、现在的行业情况是怎么样的、你怎么做到环保的、这些对用户有什么样的好处等来写。

但是需要注意的一点是，关键字不能在文章里大量堆积。大量堆积关键词会造成关键词密度过高，直接影响搜索引擎的收录和对网站的信任度。一般比较合适的关键词密度在2%～8%之间。我们可以通过一些关键词密度查询工具来对文章进行调整。

二、通过数据分析让官网快速迭代

网站建立之后，每天都会有访客进入，很多人认为建立完网站开始推广就万事大吉了。可过了一段时间后，发现每天打开后台系统却没有什么互动，网站到底吸引了多少用户？搜索引擎推广到底给网站带来了多少流量？用户进入网站后都干了什么？对这些一无所知。

建站只是第一步，接下来就要通过网站了解你的用户了。

1. 站长统计工具

CNZZ的站长工具和百度统计是目前比较常用的网站数据统计工具，功能非常强大，能够实时地监控和统计网站的情况。这里我们以CNZZ为例来说明如何用好统计工具。

如何注册、添加统计代码？

进入网址（https://www.umeng.com/），点击屏幕右上方登录。

注册页面：

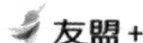

请确认您的邮箱，只差一步，您的注册就成功了！（请在48小时内完成）：

填写短信验证码后，进入邮箱会有一封"友盟+"激活账号的邮件，点击"完成注册"。

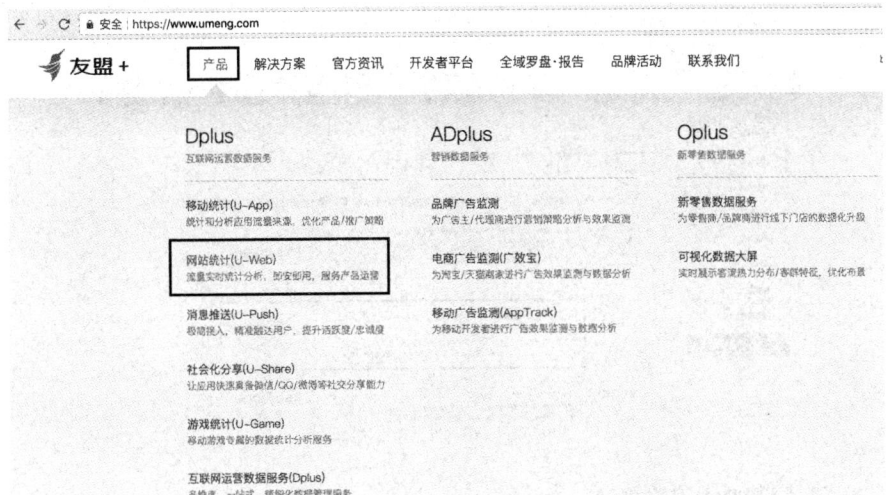

用新注册的账号登录。在产品—网站统计—新弹出页面点击"立即使用"。

输入相应站点信息——"确认添加站点"。

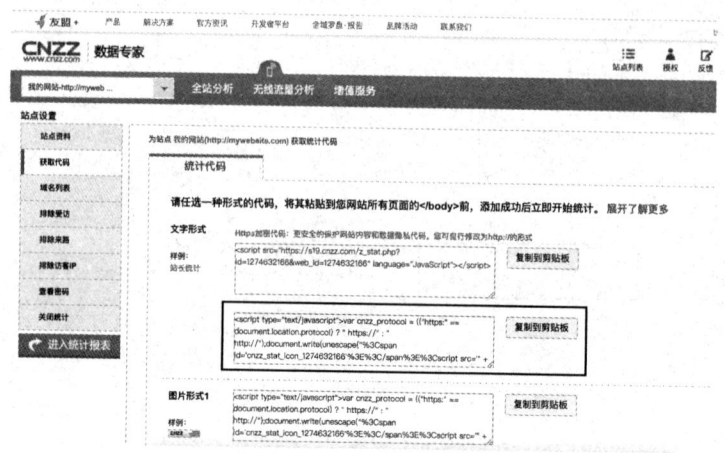

进入获取代码页面：

复制任意一种形式的代码，将其粘贴到网页所有页面的 </body> 前，添加成功后立即开始统计。如果网站的 top 页面采用统一模板形式，直接添加到 TOP.html 中 </body> 前就可以实现全站统计。

你也可以要求网站程序员在你的网站后台管理软件中加入添加统计代码的组件，这样你直接在网站后台将代码粘贴就可以了。

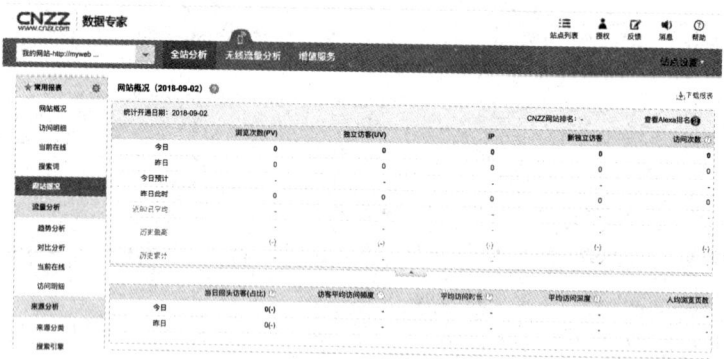

添加完代码后登录 CNZZ，点击"全站分析"。一段时间以后，各项数据都会实时统计出来。

2. 自定义网站概况页

CNZZ 的统计功能非常强大，我们可以通过页面左边的菜单了解各种网站的统计数据，通过这些数据全面了解网站的访客情况。

这里我们只简单地讲解一下CNZZ中各个菜单的简单功能和代表的意思，不做深入的讲解。大家多花时间每天去看这些数据的变化，逐渐就能找到规律。

网站概况页面支持自定义概况页，点击"网站概况"页面右下角的"自定义概况页"按钮，在弹出的窗口中勾选希望出现在概况页的统计组件即可，如下图所示。

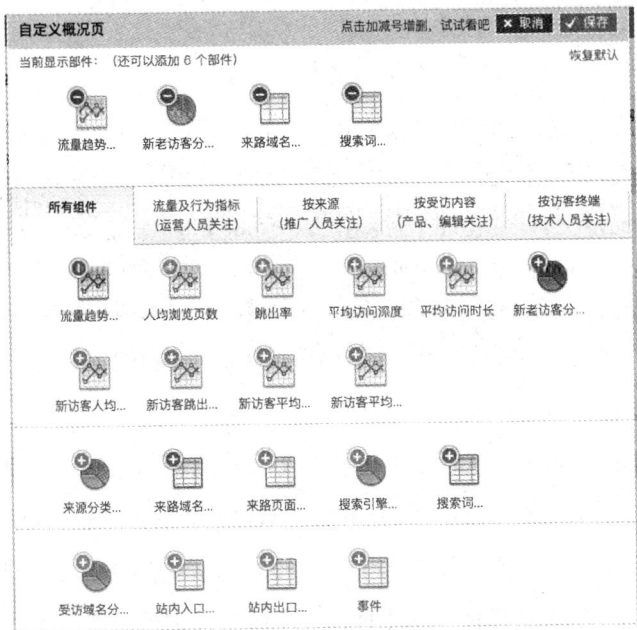

自定义"网站概况"可以将你认为最重要的一些指标添加到这个页面，方便我们快速地掌握网站的整体数据情况。

3. 网站分析的几个重要指标

CNZZ站长工具的功能足够强大，对于初学者来说一些是要花一些时间去慢慢了解才可以熟练掌握的。通过页面右上角的"帮助中心"，我们一步步地了解各种指标的定义和用途。这里不再赘述，这里我们只挑选几个重要指标来告诉大家应该如何去通过数据分析网站出现的问题。

（1）平均访问时长（可在网站概况中查看）

	当日回头访客(占比)	访客平均访问频度	平均访问时长	平均访问深度	人均浏览页数
今日	745(38.52%)	1.82	2分1秒	1.85	3.38
昨日	295(16.15%)	1.71	2分22秒	1.92	3.3

一个周期内访客平均每次访问网站停留的时间。通俗来说就是一个用户在你的网站待了多长时间。平均访问时间越长，说明网站或页面对用户的吸引力越强，能带给用户有价值的信息越多，用户体验越高。访问时间太短，说明网站对用户的吸引力差，网站没有什么用户愿意了解的内容，这个网站需要去做一些调整了。

（2）平均访问深度（可在流量分析中查看）

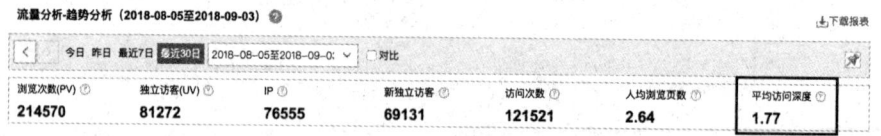

浏览次数(PV)	独立访客(UV)	IP	新独立访客	访问次数	人均浏览页数	平均访问深度
214570	81272	76555	69131	121521	2.64	1.77

访客平均每次访问网站产生的浏览次数。平均访问深度 = 浏览次数 / 访问次数。我们往往会盯着统计指标中的UV数和PV数，却往往忽略掉了访问深度这个指标。

单独来看访问深度这个指标，它其实反映出了一个访客在你的网站不同层级结构页面上的点击次数。如果访问深度大于1，则说明平均每一个访客都通过你首页中的链接进入了下一级页面。如果访问深度大于2，则说明访客通过首页进入下一级页面后，又通过点击这一级页面中的链接进入了再下一个页面。

所以,平均访问深度这个指标其实反映出了你的网站的树形逻辑架构是否被用户认同,也反映出用户是否被你的内容吸引而愿意进行更深层次的阅读。

(3)跳出率(可在来源分析中查看)

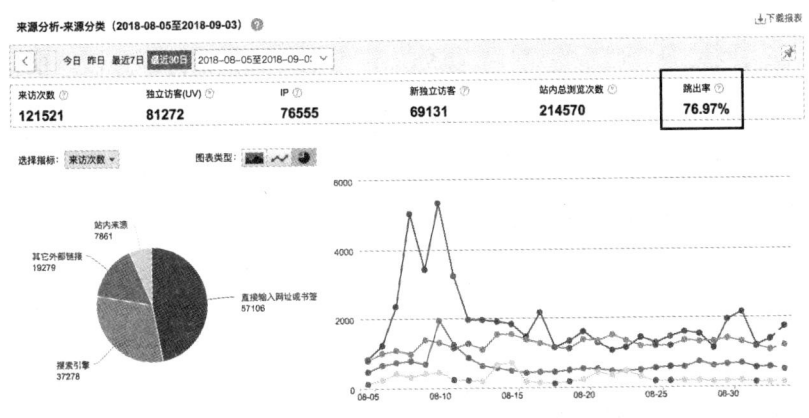

近30日所有来源跳出率

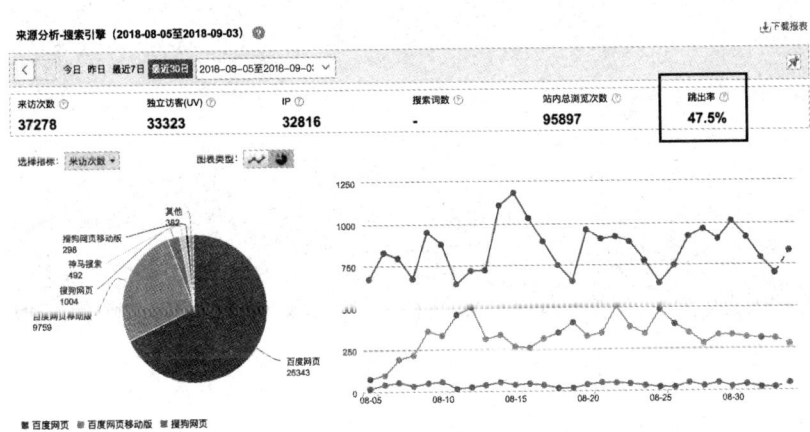

近30日搜索引擎来源跳出率

跳出率是指访客进入网站后,没有点击页面内的任何链接,直接选择了关闭网页。跳出率越高,说明网站内容对访客的吸引力越低,用户的体验越不好。影响网站跳出率的几个因素如下:

（a）站内链接不合理，尤其是一些详情页如新闻页面中没有设置可以返回上一级的"面包屑导航"或其他引导链接，导致访客在浏览完新闻页后无法进入其他页面，只能关闭页面。

（b）页面的关键字描述与页面内容严重不符。访客通过从搜索引擎搜索某个关键字进入页面后，发现页面内容与关键字内容不符，这个页面的内容并不是访客想要了解的。

（c）网站服务器不稳定导致页面加载失败或者页面打开过慢。根据统计，一个页面的打开时间如果超过8秒，访客就会非常容易失去耐心而直接关闭页面。

（d）网站太久没有更新，内容陈旧导致访客进入后对网站失去兴趣，不愿意进一步阅读。

（4）热点图

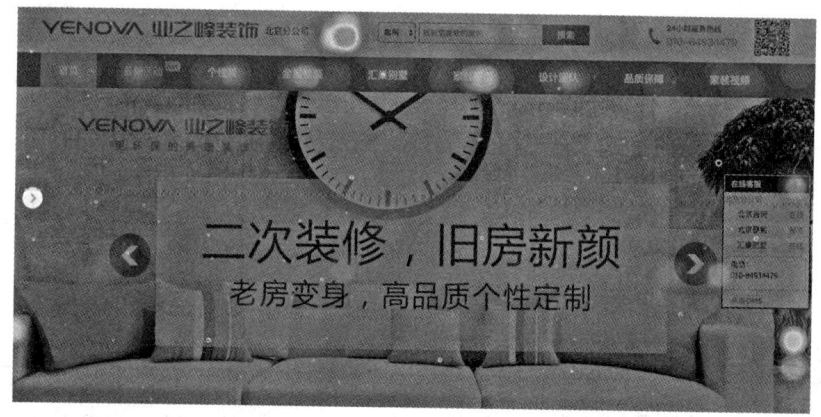

热点图需要在"热点图板块"手动添加页面链接信息才能启用。添加热点图后，我们可以非常直观地看到热点图上通过记录访客鼠标点击行为形成的有颜色区分的"热点"。

通过对这些区域的点击次数的统计，结合鼠标的点击位置，我们就能大致清楚访客进入网站后到底对网站的哪些内容感兴趣，同时也能反映出哪些内容是我们自己主观地认为访客会喜欢，但其实访客并不感兴趣。

4. 网站迭代

我们已经通过统计工具的数据发现了网站的不足之处。接下来要做的就是去将数据对应到前台页面的各种细节，从用户体验的角度去思考如何提升网站体验。

- 迭代前的数据分析

通过一段时间的网站数据监控，我们会发现很多问题。我们拿跳出率来说，一般企业网站合理的跳出率范围应该是在 40%-70%。如果你的网站整体跳出率超过 70%，可能是由以下几种情况造成的：

（1）检查"来源分析"—"来源分类"中不同来源的流量的跳出率，是哪些来源的跳出率过高。

来源形式	来访次数	独立访客(UV)	IP	新独立访客	站内总浏览次数	跳出率
全站总计	121093	80589	75838	68483	212692	77.17%
搜索引擎	37363	33378	32885	29197	95591	48.17%
其它外部链接	19007	15667	15498	13338	32724	83.42%
直接输入网址或书签	57025	30154	27821	24625	67516	95.12%
站内来源	7697	6485	-	5051	16853	69.49%

（2）检查"来源分析"—"来路页面"中通过不同页面引流入网站的流量的跳出率。

来路页面	来访次数	独立访客(UV)	IP	新独立访客	站内总浏览次数	跳出率
全站总计	121179	80659	75906	68542	212897	77.15%
http://bjhd2.yzf.com.cn/s2017/prnbj2?ck=bdwk-pdgj-tblb2	1676	1676	1676	1672	1676	100%
http://www.yzf.com.cn/index	680	574	569	362	2946	36.18%
http://www.so.com/link?m=axZnP5DuMVBl02g1/48A9RHAncBNNRqtJ5g...	536	446	439	282	2000	44.96%
http://bjhd2.yzf.com.cn/s2017/qgkjby0901?ck=bdwk-pdgj-tblb1	283	283	283	281	283	100%
http://nativeapp.toutiao.com/	278	238	239	160	278	100%
https://contents.internet.apps.samsung.com/	274	250	250	180	274	100%
http://mobads.baidu.com/com.cleanmaster.mguard_cn	260	207	206	188	260	100%

（3）检查"受访分析"—"受访页面"中是否网站流量都集中进入了某一个页面，再看看这个页面的热点图，如果这个页面的用户体验不好，

大量的流量进入这个页面直接跳出就会造成整个网站的跳出率偏高。

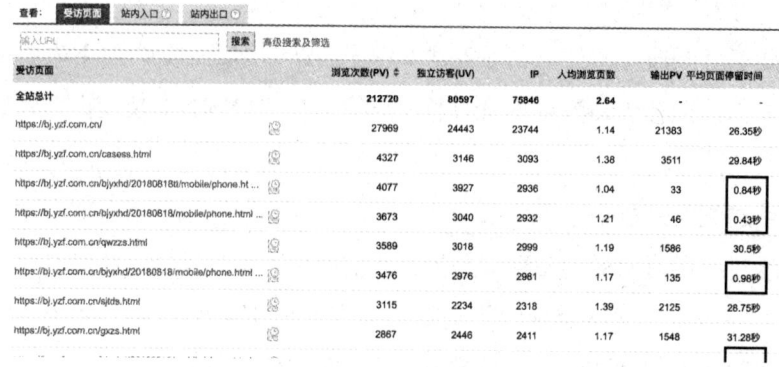

（4）点击"受访分析"—"受访页面"中流量最大的几个页面链接后的"测速"按钮，检查是否因为页面加载时间过长导致用户跳出。

（5）检查"来源分析"—"搜索词"中跳出率最高的关键词，网站中的页面内容与搜索词的匹配度是否太低。

（6）其他原因

试着自己分析一下吧。

当我们逐渐熟悉了 CNZZ 统计的分析通能，你就可以通过各种数据的细节差异自己分析出导致网站体验不佳的原因。从而找到网站迭代的方向。这个真的不难。

请记住，我们在分析网站数据的时候，重要的不是数据本身，而是作为运营者是否站在用户体验的基础上来看待这个数据指标的高低。我们往往会不自觉地用自己的经验来臆想我们的产品有哪些竞争点会吸引客户，还会沉醉于网站页面中某些令我们自己动容的华丽辞藻。大多数人的思维模式是把自己当成用户，相信能感动自己的东西一定能感动用户，可往往是，用户想要鱼，而你却给了苹果。

所以，数据分析的重点就是，抛弃对数据主观的判断，客观的、多维度的、长短周期结合的分析数据，你才有可能得到用户行为的真实路径。

需要注意的是，网站的每一次迭代，每次的调整方式应该只针对一个目标数据的调整。不要试图通过一次迭代调整多组数据。而且某一项指标的调整，很可能会引起其他指标的意外改变，所以先找到最应该被调整的指标，调整后同时继续观察其他指标的变化情况，然后再对其他指标进行调整，这才是正确的迭代思维。

- 大迭代和小迭代

所谓大迭代就是对网站整体架构上的迭代或者网站功能模块的迭代，大迭代的前提往往是我们所处的企业发生了架构上的调整或者整体营销策略的改变。这样的情况也许一年才会有一次。

而小迭代只是针对页面内容或者页面结构的调整。互联网本身就是喜新厌旧的，长时间不更新迭代的网站，用户每次打开都是一直没有改变的内容和页面，不光用户不会喜欢，相信你自己都会觉得没有新鲜感。

页面内容的小迭代理论上一个月至少进行一到两次，而页面结构的小迭代至少三个月要进行一次，即使这三个月你的企业没有任何新的产品推出,也没有任何新的营销活动。作为网站运营者,你也应该至少每个月根据对热点图的分析,将你的产品或营销活动的落地页重新设计一下,至少要更换一下网站首页的轮播图。

简单来说,你可以把热点图上用户不经常点击的图片更换成更加符合网站用户体验的图片。把用户点击量最高的位置上的内容修改得更加精确、更加美观。

通过不断地迭代,让老用户感觉到你越来越了解他了,让新用户眼前一亮的认为这就是他想要的。就如我们不断地学习一样,我们每天学习新的知识,不是为了赚钱,而是为了让我们自己变得更好、更有竞争力。

有一点需要注意的是,我们说的是迭代,而并不是"颠覆"。千万不要将整个网站一次性推倒重来,千万不要在某一次迭代时把网站的所有结构、配色方案等完全改变,太剧烈的迭代会让用户一下子难以接受,甚至认为进错了网站。只有在你的网站在经过了多次迭代后,流量、转化效果仍未有任何起色,你才可以怀疑是否因为在网站建立时出了重大的失误,在这种情况下才应该谨慎地考虑是否整体重新策划建立网站。即使这样,在新站上线前,也应该进行至少两周左右时长的 A/B 测试,再根据测试结果确定是否新站整体上线。

三、移动端网站的思考

1. 移动端网站的现状

身处移动互联时代,流量池中移动端的流量是远远大于 PC 端的,这点我们很容易从网站的数据统计中发现。但当我们仔细研究移动端的数据,总是会发现移动端网站的跳出率比 PC 端高很多,而转化效率或线索数总会比 PC 端低很多。什么原因?我们来总结一下。

(1)移动端网站的适配问题

目前移动端网站流行的是自适应(响应式)。也就是说通过代码实现 PC 端的网站在其他移动设备上的屏幕适配问题。这样企业只用建立 PC 端的网站,用户在使用移动设备浏览网站的时候,在网站加载的过程中,页面会按照移动设备的分辨率自动调整成适合设备的页面样式。

但我们也知道,网站的类型、导航样式、布局格式都是多种多样的,最重要的,PC是横屏,而移动设备大多是竖屏。所以你可以想象一下,响应式只是解决了PC端网站页面在移动端的屏幕适配问题,当你认真地去看你的移动端的网站时,再回忆一下你在使用手机时的一些习惯,就会发现,移动端的这个网站好像感觉上总会有那么点别扭。

(2)移动端的体验方式不符合习惯

用户在使用移动设备的时候,适应的是APP方式的界面操作。一个优秀的APP,用户在下载完成后就能无障碍地熟练使用。为什么?因为APP的开发者在开发APP的时候就会充分地考虑到用户的体验,而目前APP都有基本成熟的UI风格和UE流程体验,用户使用APP的学习成本几乎为零。

我们说,互联网已经从PC互联时代进入了移动互联时代。时代的变迁是以人类的总体行为方式的改变为标准的。那么你觉得把PC端的网站缩小一点、再压扁一点,它就成了符合移动互联时代用户体验的网站了吗?答案不言自明。

也许你会说,那么我再花钱做一个APP不就完了吗?但是开发一个APP不仅费用会吓你一跳,最关键的是APP在建立用户黏性和推广手段上比你想象的还要复杂得多。但我们如果仅仅只需要改变一下思维,重新设计一个符合移动互联时代的移动端网站,就可以瞬间盘活本来就存在的移动端流量,这是不是一件更值得去做的事情呢?

(3)移动端网站优化的尴尬

我们都认同已经进入移动互联网时代,但在移动端的搜索引擎技术开发上,国内的各大搜索引擎服务商似乎并没有给出太好的答案。我们在移动端搜索这个场景下,并没有太好的用户体验。因为目前大多数的网站在移动端都是以自适应(响应式)方式展现,导致许多SEOer在对网站进行优化的时候还是习惯性地沿袭PC的优化思路。

但我们很清楚地知道移动端无论是在文字输入方式、基于LBS的本地化特点、用户浏览习惯特点、关键字精准度等方面都存在很大的不同。既然存在这么多的不同,那么在移动端网站的推广上必然应该有另一套独立的系统理论。只不过,这套系统理论也许还需要很长的时间才可以被完善地总结出来。

2. 移动端的网站应该是什么样子

在目前看来,好的移动端网站应该是区别于自适应移动端网站的。我们会在一个手机的 APP 中停留很久,却很少在一个移动端的网站中停留太长时间。为什么?除了内容量上的差异,我想更多的是因为我们移动端网站的体验并没有达到用户的预期,或者说移动端的网站不符合用户在手机上的浏览习惯。

在这里,我们大胆地提出一个概念——移动端网站界面 APP 化:

(1)首页极简、扁平化、图标化

在 APP 的首页里,我们看不到那些花里胡哨的内容,清新、简洁的界面让我们非常清楚应该点击哪里来获得我们想要了解的信息。

那么,移动端的网站首页应该比 PC 端更加简洁、更加扁平化,PC 端文字化的导航都应该替换成为辨识度高的图标化 ICON。同时,PC 端的首页轮播页在移动端的展示上,无论是轮播页的尺寸还是平面设计上都应该重新设计。

(2)底部菜单的重要性

所有的 APP 在底部都有"便捷菜单",这些菜单往往是通过大数据筛选出来的最能引起关注的内容,或者是最能形成转化的某项功能。这也就说明,移动端网站不应该是完全的树形结构,而应该是"有梯子"的树形结构。

(3)网站深度尽量短

不同于 PC 端的用户体验,使用 APP 的用户目的性都很强,他们讨厌在 APP 里漫无目的地点来点去。这也就要求移动端的网站深度应该尽可能的短,我们可以重新架构移动端网站逻辑,目标是让用户到达产品页或者最终详情页的点击次数不超过 3 次。

（4）强化搜索功能

基于移动端强大的用户行为收集功能，我们需要在网站后台建立更多的产品和页面标签。让用户习惯通过搜索来找到想要的内容，而企业则可以通过对用户搜索行为的记录和分析，更加精准地调整移动端网站热点内容的展示位置，方便用户更加高效地获取信息。

（5）互动便捷

移动端的使用场景是最容易形成裂变传播的。在移动端网站的功能需求上，更加应该注重一键分享和基于地理位置（LBS）相关的便捷服务功能。

（6）第三方平台功能利用

微信、大众点评等许多第三方平台都开通了卡包功能，我们可以通过简单的设置，引导用户将会员卡券存入卡包中。或者将移动端网站的商品、产品直接链接到网上商城中。将移动端的流量直接引导到更加容易形成消费场景的渠道中，从而更直接地提升转化效果。

互联网上永远不缺少先知先觉的践行者，我们来对比几个移动端的网站，你可以用心来感受一下什么样的网站才是你认为好的移动端网站。

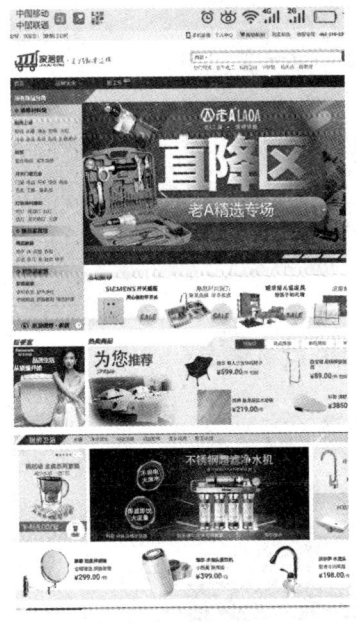

Part 4　搜索引擎优化——SEO

搜索引擎优化，顾名思义，就是根据搜索引擎的规则来优化我们的网站，通过站内和站外的优化，让网站能够在搜索引擎中获得更高的自然排名，从而获得更多的免费流量。

传统企业的商业逻辑中，大家习惯于花钱去做推广、习惯于用更多的钱去获取更多的流量。如果你傲慢地认为有钱就能决定流量和流向，而忽略掉技术在互联网中的作用，迟早有一天，你会被一些先知先觉的企业"降维打击"。

时代的每一次变革都是由技术的变革而推动的。技术迭代产生的生产力会远远大于我们习以为常的规模效应。当你明白通过不花钱的 SEO（除了优化专员的工资）就能为你带来大量的精准流量，这样无本万利的买卖，做吗？

SEO 的工作专业性非常强，本章将 SEO 的工作简单罗列，看完这些内容并不能让你成为一个合格的 SEOer。但当你认真看完这章，再返回看第三章中关于官网的那些内容时，你一定会对企业官网的架构以及关键词这个概念有更高层次的感悟，思维的改变就在其中。

一、认识一下 SEO

1. SEO 的定义

SEO（Search Engine Optimization），汉译为"搜索引擎优化"。简单来说，就是通过自然搜索排名使网站获得流量的技术和过程。

严格来说，SEO 是指在了解搜索引擎自然排名的基础上，对网站进行内部及外部的调整优化，提升网站在搜索引擎中的关键词自然排名，获得更多免费流量，从而达成网站销售及品牌建设的目标。

目前国内，我们常用的中国搜索引擎有百度、搜狗、360、神马等，国外的有谷歌（香港）、微软必应等。

国内众多的搜索引擎中，百度无疑是绝对的老大，综合占比达到70%，而搜狗、360、神马等综合占比不到30%。不过值得一提的是，在全球搜索引擎市场中，作为中国搜索引擎老大的百度却仅仅只占到全球搜索引擎市场的1.5%，而谷歌则占到91%，甚至连全球排名第二的Bing的份额都超过3%。

中国搜索引擎要走的路还很长，但这也是机会所在。

2. SEO的发展历程

第一阶段（1991-2001）：网站及搜索引擎的诞生。

1990年，加拿大蒙特利尔的麦吉尔大学（McGill University）的三位学生Alan Emtage、Peter Deutsch、Bill Wheelan发明了Archie，可以自动索引Internet上匿名的免费FTP文件信息，并提供一种根据文件名称查询文件所在FTP地址的方法。因此，Archie被称为现代搜索引擎的祖先。

1991年8月6日，蒂姆·伯纳斯·李搭建的网站（http://info.cern.ch/）正式上线，世界上第一个网站诞生。

1993年，包括Excite等搜索平台简便信息检索方式，提供关键词、词组、自然语言等多种方式检索。

1994年和1997年雅虎和谷歌依次加入了搜索战场，再次简化了数据的索引和传送，提高了搜索效率。

2000年，搜索引擎已经能从一个存在的网站上发现新网站的链接来访问并收录，SEOer开始知道收录的重要性。

2000年1月1日，李彦宏创建百度，目前是全球最大的中文搜索引擎、最大的中文网站。

第一阶段关键词：起源、免费搜索。

第二阶段（2002-2005）：垃圾 SEO 泛滥，主流搜索引擎开始建立规则。

从 2002 年开始，国内开始涉足 SEO 领域，搜索引擎市场混乱无序、违规操作、恶性竞争的状态，甚至靠修正标题、标签优化、关键字堆积加粗、页面互连就能获取排名。

从 2003 年起，谷歌陆续更新了搜索引擎算法，改进了惩罚机制，加大了对隐藏文字、关键词堆积、链接农场、垃圾外链、隐藏外链等作弊手段的打击力度。

第二阶段关键词：规则、用户体验。

第三阶段（2006-2011）：SEO 开始系统化，付费 SEO 服务出现。

2008 年，谷歌发布了 Google Suggest，即搜索关键词建议系统，结合关键词研究工具、Google Trends、Google Analytics 等工具，并通过用户搜索历史、搜索趋势等帮助用户自动完成搜索单词、搜索热门艺人音乐、查找手机型号等等。提高了内容的可用性，给用户推荐了更多的相关内容。

在此期间，部分公司推出了按效果付费的 SEO 服务项目，从网站建设，到关键词定位，到搜索引擎优化全方位服务，整体 SEM 网络营销方案的推出和实施。

第三阶段关键词：系统化、付费搜索。

第四阶段（2012 年至今）：各类搜索引擎算法的持续更新。

2012 年 2 月 15 日，在百度搜索 SEO 相关词汇时，百度进行风险提示。"百度提示您：不要轻信 SEO 公司的说辞和案例，不正当的 SEO 可能会给您的站点造成风险。建议广大站长对站点进行 SEO 之前，参考阅读百度的官方网站优化指南。"此举被认为是百度打击 SEO 的一个重要举措。

2012 年 5 月，百度推出百度站长平台，站长平台发布《Web2.0 反垃圾详细攻略》和《知名站点 SEO 注意事项》，对站点的合理优化、远离作弊提出了一些有价值的建议。

2013年2月19日，百度绿萝算法正式上线，影响了10W+低质站点。随后，百度石榴算法、冰桶算法、天网算法、蓝天算法、烽火算法、飓风算法、清风算法、闪电算法、惊雷算法、细雨算法等陆续上线，针对国内的SEO市场进行规范和引导。

2017年8月30日，百度蜘蛛升级https抓取，升级了对HTTPS数据的抓取力度。

第四阶段关键词：规则细化、算法更新。

3. SEO当前环境

随着国内百度等各大搜索引擎对用户体验的逐渐重视，优化指南及一系列算法的产生，不断地引导着国内SEO市场的逐步完善。同时，在搜索引擎推广成本逐渐增高的情况下，国内网站运营者也不得不越来越重视对搜索引擎的优化，专业的SEO人员成为大型企业的标配。

但是结合目前国内的搜索市场来看，搜索引擎优化发展的现状依旧迷惘，SEO领域仍存在着诸多的盲点：

（1）优化效果不稳定

在不断变化的算法和规则之下，搜索引擎的优化难度逐渐加大，自然搜索排名有着很多的不确定性，很难保证稳定的排名。

（2）搜索结果首页排名的局限性

搜索引擎搜索结果页面所能展现的自然搜索排名的位置是有限的，一般也就10个位置。所有的SEOer要竞争的就是这10位置。但是具体来说，比如百度自身产品要占到1-3个位置，也就剩下7-8个位置。而所有的人都想要自己出现在搜索结果的首页，而位置就这么几个，这个难度可想而知。

（3）时刻面临着惩罚

随着算法的逐步更新，网站环境越来越规范，审核相对也越来越严格。网站优化操作不当就面临被搜索引擎惩罚的局面。而每一次的算法更新,都会造成许多按照以前算法优化好的内容被新的算法审核,如果你的网站不符合新算法要求,同样有可能面临被惩罚。

(4) SEO 的双重考验

各大搜索引擎的算法更新是一种规则引导。规则越细致,SEOer 可操作空间也就越来越局限,优化也不再是简单的事情。遵循算法的优化越来越难,但是不遵循算法极有可能导致被 K 掉。

而就目前来说,SEO 行业在经过了之前的快速发展,达到了一定的饱和,形成现在暂时稳定的局面。SEO 本身的技术性越来越低,对相关从业人员的综合能力和技术的依赖程度越来越高。

4. SEO 的优劣势

- 优势:

(1) 成本低

我们都熟知搜索引擎的盈利模式是靠关键词的排名按点击付费的,而目前国内的商业环境中同质化的竞争越来越无序,为了提升排名不计成本地提高点击单价成为企业从搜索引擎抢夺流量的唯一手段,这也造成了企业在搜搜引擎推广费用上的居高不下。

而对于 SEO 来说,一旦通过优化实现了关键词搜索的自然排名展现,点击多少次都是不用收费的,成本为零。

(2) 适用广

SEO 是根据各大搜索引擎的排名规则,针对网站站内及站外进行优化,不仅仅是针对百度适用,对于其他搜索引擎如 360、神马、搜狗等都适用。正常来说,在百度有收录有排名,在其他搜索引擎也可能得到展现,可谓一劳多得。

(3) 排名稳

网站关键词优化一旦获得自然排名,只要优化手段正规且持续做 SEO 维护,关键词排名一般情况下都是比较稳定的。同时随着时间的推移,网站有效收录内容越多越符合用户需求,获得的关键词排名就会越稳定。

而付费的搜索引擎推广（SEM）只有通过调整关键词的出价才能获取排名，一旦企业停止费用投入，竞价排名也就停止了，再搜索关键词也很难找到等你的网站了。

（4）用户体验好

SEO想要有好的排名，不仅需要考虑搜索引擎的喜好、规则，还要通过判断用户行为来提升网站的质量、提高用户黏性，最终达到提升用户体验的目的。

- SEO劣势：

（1）见效慢

SEO优化是个慢工出细活的技术岗。真正见效一般在三个月，竞争激烈的行业可能需要半年以上，急于求成是不可能的。优化不仅要考虑关键词指数、竞价数、收录页面数、搜索结果数等，还要面对搜索引擎规则的不断更新，诸多的不确定因素造成优化效果需要很长的时间才能显现出来。

（2）方向难

做SEO优化，不太会有非常明确的标准，往往需要深入地去研究才行，且随着搜索引擎算法的逐渐精进，之前的某些努力往往会被削弱。

现在的网络环境越来越重视内容的原创度，想要有好的优化结果，不仅仅需要SEO的技术，还要求对行业有深入的了解，提供更多的用户需要的优质性内容。

（3）顾虑多

做搜索引擎优化，光考虑关键词的布局是绝对不够的，还要考虑到站内、站外、标题、内链、外链、友链、图片、内容等方面，各方面都注意到并且持续调整，才有可能有好的排名。

（4）关键词有限

一个网站首页，适宜布局的关键词通常在2-4个，我们所能获得的排名词也是有限的，大量堆积关键词去做排名的时代已经不存在了。

试想一下，一个行业的主要关键词可能就那么几个，而行业里的企业可能有几百万家，优化的难度可想而知。

（5）引擎自身产品的倾斜

包括百度、搜狗、神马在内的各大搜索引擎，对于自己产品的好感度和信任度都是远远大于企业的，用户通过关键词搜索这些产品时，往往搜索引擎会将自己的产品排在其他企业之前。不信？搜索一下"网盘"试试。

二、SEO 入门基础

1. SEO 的白帽与黑帽

SEO 的优化行为分为两类：

白帽 SEO（White hat）：以用户体验和吸引搜索引擎为目的，遵循用户需求和引擎收录规范，来获得更多流量的 SEO 手段。是一种长远可行的优化方法。搜索引擎鼓励和支持"白帽 SEO"。

白帽手段包括并不局限于网站结构优化中的 TDK 描写、关键词选择及布局、友情链接交换、站内内链布置、站外友链布局、站外内容维护、原创内容发布、301 页面、404 页面、页面伪静态等一系列方法。

黑帽 SEO（Black hat）：相对白帽 SEO 而言，以伤害用户体验、蒙蔽搜索引擎为前提，利用搜索引擎漏洞和其他作弊手段来迅速提升排名和流量的行为。

黑帽虽然能快速获得相应的流量，通过不会太长久，网站排名也会受到一定的惩罚。相应的，面对黑帽 SEO 行为，搜索引擎会通过一些算法和规则进行打击，例如搜索引擎的 N 多算法。

黑帽手段主要有，如关键词堆砌、垃圾链接、隐藏页面、重定向、域名轰炸、虚假关键字、偷换网页、站群、快排等。

随着百度算法以及各大搜索引擎的打击，黑帽算法在搜索中存在的时间也越来越短，搜索引擎也通过越来越智能的打击方式来抑制黑帽的应用。

灰帽 SEO（Grey hat）：介于白帽和黑帽 SEO 之间，由于搜索引擎公布的资粮规范和准则还不足以全面覆盖所有操作，不能明确被分类，游离于两者之间的优化手法。

2. 网站域名与服务器

- 域名选择规范：

（1）域名尽量简短，域名越短越方便用户记忆。

（2）选择容易联想、方便好记，便于输入，方便用户推荐。

域名尽量和网站主题或网站名称相呼应，让人看到域名就能联想到网站内容，比如使用公司名称、商标、网站名称或者公司产品等信息来选择域名。

（3）选择常见域名后缀，更容易被收录和点击。

搜索引擎不偏好某一类型网站，但是选择 .com、.cn、.net 等常见的域名后缀，更容易记忆也更容易被收录展现。

（4）域名不要包含奇怪字符，例如"-"，不方便用户输入。

（5）域名使用的年限越长越受搜索引擎信赖。

- 服务器空间选用规范

服务器空间的速度和稳定性直接影响网站的用户体验，也会影响搜索引擎的抓取。一定要选择服务稳定、速度快的服务器或者云空间。

（1）保证用户的访问速度和稳定性

根据网站规模和要提供的服务来决定选择购买何种服务器空间。一般分为租用空间和自架服务器。

通常租用的服务器空间都会有流量、连接数以及功能上的限制，因为是多个网站共用一台服务器，稳定性会受到影响，但价格便宜、技术维护成本低。

企业自己架设服务器的话，各种限制较少，可以更自主地管理，但价格较贵，维护成本相对高昂。

（2）选择有实力的正规空间商

服务器和空间的稳定性需要一定的技术实力来保障，一些没有实力的空间商，可能无力提供良好的服务，服务的稳定性无法保证。甚至有空间商为了节省资源，故意屏蔽掉网络蜘蛛的抓取，导致网站无法被百度网页搜索收录。

（3）根据用户分布来选择接入商

由于互通问题的存在，选择接入商也很重要，如果用户群主要在联通，就尽量选择联通访问较好的接入商。如果用户群主要在电信，则选电信访问较好的接入商。如果用户群在全国，那就选择一家互通处理的比较好的接入商。购买之前，可以先找一两个空间商现有的客户网站，亲自测试一下访问页面的打开情况如何。

选择服务器时，一定要考虑服务器的稳定性，频繁崩溃、打不开、反应慢的网站，不仅用户体验不好，各大搜索蜘蛛也不喜欢，不利于收录。针对移动站的打开速度，百度也发布了《闪电算法》。

网站的打开速度到底有多重要？针对移动站的打开速度，百度就曾发布《闪电算法》，对加载速度过慢的网站进行打压。

关于百度上线"闪电算法"的公告

发布日期：2017-10-19

2017年10月初，"闪电算法"上线，移动搜索页面首屏加载时间将影响搜索排名。移动网页首屏在2秒之内完成打开的，在移动搜索下将获得提升页面评价优待，获得流量倾斜；同时，在移动搜索页面首屏加载非常慢（3秒及以上）的网页将会被打压。广大站长优化页面首屏加载时间，优化的技术建议包括但不限于：

资源加载：
1. 将同类型资源在服务器端压缩合并，减少网络请求次数和资源体积。
2. 引用通用资源，充分利用浏览器缓存。
3. 使用CDN加速，将用户的请求定向到最合适的缓存服务器上。
4. 非首屏图片懒加载，将网络带宽留给首屏请求。

页面渲染：
1. 将CSS样式写在头部样式表中，减少由CSS文件网络请求造成的渲染阻塞。
2. 将JavaScript放到文档末尾，或使用async方式加载，避免JS执行阻塞渲染。
3. 对非文字元素（如图片、视频）指定宽高，避免浏览器重排重绘。

希望广大站长持续关注页面加载速度体验。视网站自身情况，参照建议自行优化页面，或使用通用的加速解决方案（如MIP），不断优化页面首屏加载时间。

公告解读，请参考学院文章《闪电算法深度解读》。

3. SEO的建站规则

面向搜索引擎的网站建设，主要分为三部分：如何更好地让搜索引擎收录网站中的内容、如何在搜索引擎中获得良好的排名、如何让用户从众多的搜索结果中点击你的网站。简单来说,就是收录、排序、展现。

网站建设要注意哪些问题?

(1)让网站具有搜索引擎可读性

搜索引擎用来爬行和访问页面的程序被称为蜘蛛(spider),也称为机器人(bot)。

目前搜索引擎的抓取还是以文字内容为基础,对于Flash、图片、Javascript等识别困难,因此对于一些重要的内容或者链接建议还是以文字为主,对于重要图片可添加ALT标签。

(2)让网站结构更合理

网站结构建议采用树型结构,树型结构通常分为以下三个层次:首页——栏目页——内容页。理想的网站结构应该从首页到内容页的层次不要太多,三次点击足以,且主次分明,这样搜索引擎处理起来会更简单。

另外,网站应该有简明、清晰的导航,为每个页面都加上导航栏,让用户可以方便地返回栏目页、首页,也可以让搜索引擎方便的定位网页在网站结构中的层次。

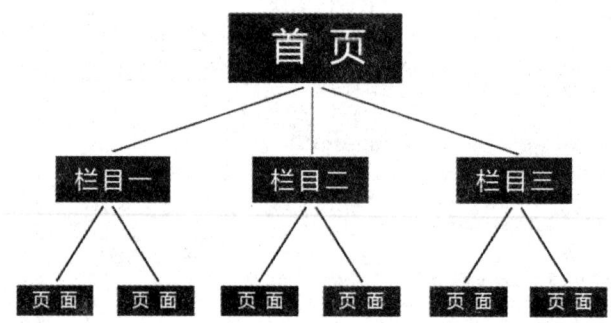

(3)代码精简,避免冗余

何为冗余代码?就是指删除后不会影响页面正常显示的非必要代码。这些代码会增加搜索引擎分析数据的时间,甚至拖累页面的打开速度。

页面代码的精简包括四大环节:清理垃圾代码、HTML标签转换、CSS优化、JavaScript优化以及表格优化。其中,清理垃圾代码又是精简代码中最重要、最基础的。

比如页面中使用了 DIV+CSS 进行布局，定义了文字字体、颜色、尺寸、排版等方面，就不要使用 style 或 font 再次定义了，防止代码冗余。

（4）确保 URL 的唯一性

一个网页对应一个 URL 地址，例如网站首页可能有 www.xxx.com、xxx.com、www.xxx.com/index.html 三个网址，网址可能会被重复收录，权重被分散。

所以，一定要尽量保证每个页面 URL 地址的唯一性，对已经出现的不必要的 URL 做跳转或者通过 robots 文件禁止抓取。

（5）进行 301 重定向、404 页面设置

301 页面主要针对网站改版或者网站内重要页面链接发生变动时，应该将改版前的页面 301 永久重定向到改版后的对应的页面，避免权重浪费、分散。

网站域名被解析到服务器上时，会自动解析两个域名（一个是带 www 前缀，一个不带 www），相对的首页权重就会分散到两个域名上，不利于权重集中。所以设置 301 重定向就很有必要了。从用户角度看，建议把不带 www 的域名重定向到带 www 的域名上。

404 页面，如果一个网站的死链接过多，这样对搜索引擎和访问用户来说都是很不友好的。404 页面就是将站内不存在的或错误的网址都指向这个页面，并通过这个页面将流量重新引导或跳转到其他页面中，避免访客流失。

需要注意的是，如果网站临时关闭或某些页面暂未上线，不要设置成为返回 404 状态。建议使用 503 状态。503 会告知搜索引擎蜘蛛该页面临时不可访问，请过段时间再重试。

（6）全站内链结构

为了抓取网站上尽量多的页面，蜘蛛会跟踪页面上的链接，从一个页面爬到下一个页面，好的内链布局对网站可扩展性以及蜘蛛抓取效率会有很大帮助。尤其对新网站来说，合理的内链结构可以大大地缩减页面收录时间。

内链包括各类导航、相关性链接（Tag 标签）、锚文本链接及图片链接等。

主导航：LOGO 指向首页，布局清晰明确，尽量使用锚文本文字来做导航。

次导航：面包屑导航能让访客知道自己目前所在的位置。面包屑导航的格式：网站首页—栏目页面—文章页面。

首页链接：把重要栏目或者页面放在首页中，方便用户点击。

内页链接：内链建设注意主次，首页＞栏目＞内容。

可以在文章内容的周围及文章中布局内链。比如文章左右及下方的推荐位，文章内部的锚文本链接、页面底部类友情链接等。

同一个页面链接过多，每个链接获得的权重就越少，站内页面堆砌太多内链，也可能会被处理。另外，避免同一关键指向不同页面的情况。

注意：

- 确保网站每个页面都可以通过至少一个文本链接到达。
- 重要的内容应该能从首页或者网站结构中比较浅的层次访问到。

文章内链 / 下方推荐位

死链接检查：检查网站有没有死链接或无效链接，这种链接太多会影响用户体验度，导致搜索引擎权重难以提高，我们可采用 Xenu- 死链接检测工具。

（7）robots.txt 文件

所谓 robots.txt 文件，是 Robots 协议（也称为爬虫协议、机器人协议等），是搜索引擎爬行网页要查看的第一个文件，你可以告诉搜索引擎哪些文件可以被查看，哪些禁止查看，还可以通过这个文件直接禁止蜘蛛的访问。对此，涉及网站后台或者资金方面不想被搜索引擎抓取的页面就可以进行屏蔽蜘蛛设置。

robots.txt 用法：

User-agent：* 这里的 * 代表的所有的搜索引擎种类，* 是一个通配符。

Disallow：要拦截的网址，不允许机器人访问。

Allow：允许访问的网址。

Disallow：/*?* 禁止访问网站中所有包含问号（？）的网址。

Disallow：/ab/adc.html 禁止爬取 ab 文件夹下面的 adc.html 文件。

Allow：.gif$ 允许抓取网页和 gif 格式图片。

Sitemap：网站地图网址——告诉爬虫这个页面是网站地图。

（8）网站地图

网站地图顾名思义主要为了把站内主要的页面直接呈现给搜索引擎，让搜索引擎可以通过这个地图了解网站的页面关系。

网站地图主要两种形式，XML 版和 HTML 版，当然还有 txt 版，目前谷歌、百度、微软、雅虎支持 XML 版网站地图，而 HTML 版网站地图更适合给用户看。

示例：

<?xml version="1.0" encoding="UTF-8"?> ------ 字符集：您所输入网站的字符集

<urlset xmlns="http://www.sitemaps.org/schemas/sitemap/0.9">------"xmlns" 是 XHTML namespace 的缩写，叫作"名字空间"声明。

<url>

<loc>http://www.example.com/</loc>------ 域名输入项：需要输入 www

<lastmod>2005-01-01</lastmod>------ 最近更新时间：所抓取网站页面的最后更新时间，一般将取今天的日期。

```
<changefreq>monthly</changefreq>------ 页面网站的更新频率
<priority>0.8</priority>------ 优先级：所抓取页面在你网站的重要性
</url>
</urlset>
```

（9）友情链接

友情链接：分别在自己网站上放置对方网站 logo 图片或文字名称，并设置对方网站的超链接，使得用户可以从合作网站中发现自己的网站，达到互相推广的目的，这是具有一定资源互补优势的网站之间的简单合作形式。友情链接有 3 个重要意义，即提高流量、增加外部链接、提高关键词排名。

友情链接交换规则：

（a）友情链接网站的导出链接数量不宜过多，30 左右即可，链出越多权重越分散；

（b）友情链接时请注意链接方的网站质量、收录、更新、排名等数据；

（c）友情链接及时清理删除不稳定链接、被删除链接、对方降权或打不开的链接；

（d）为减少蜘蛛对垃圾链接的爬行和传递权重，可采用 nofollow 标签。

（10）网站统计代码，百度统计和 CNZZ 统计代码安装

网站数据统计分析能够为 Web 系统管理者提供权威、准确、实时的流量质量和访客行为分析，助力日常指标监控，为系统优化、提升投资回报率等目标提供指导。

百度统计：百度官方平台为站长提供的一款流量统计工具，它基于百度强大的技术支持，通过各种流量统计数据收集，以及可视化的图形展现，同时配置操作简单，是新手站长必选的流量统计工具。

cnzz 统计：从事互联网数据监控统计分析多年，统计代码配置简单，协助站长实时了解网站的各项运营指标，是一款比较有历史的统计代码，被众多站长使用。

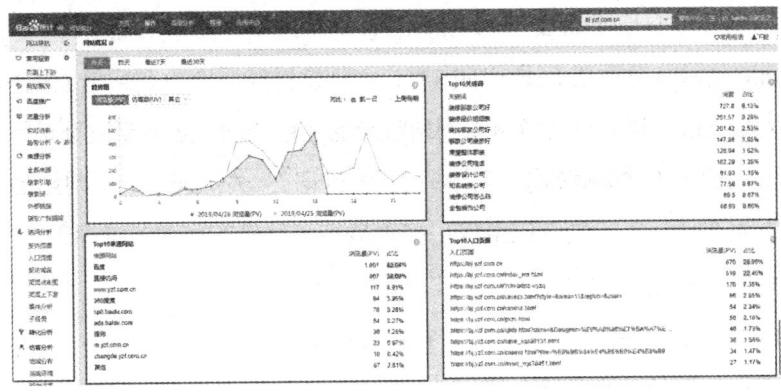

百度统计分析界面

三、SEO 升级操作技巧

SEO 曾经是相当简单的技术操作。建一个网站，弄几个外链，只要保证满足搜索引擎的质量指导标准就能获得不错的排名。而现在，SEO 受更多因素影响，站内、站外的优化都需要花费大量精力去处理，网站的自然排名也越来越难做上去了。

这里我们总结了站内、外优化的六个方面的一些操作技巧供大家参考。

1. 网站 TDK 设置：

TDK 是 TItle、Description、Keyword 的简称，分别代表网页标题、关键词、描述。TDK 是页面三要素，对页面的影响性：TItle>Description>Keyword。

```
<meta http-equiv="X-UA-Compatible" content="IE=edge">
<title>更环保的高端装饰,22年品牌装修设计-业之峰装饰北京分公司</title>
<meta name="description" content="业之峰装饰公司, 22年京城home装品牌, 行业五星级服务认证, CCTV2《交换空间》合作装修商,专注北京别墅装修、新旧房装修,
标,全额息款。">
<meta name="keywords" content="业之峰装饰,北京业之峰,北京装修公司,北京装修公司,北京别墅装修,环保装修,室内装潢,装修设计"/>
```

- **TItle 标题（页面标题）**

title 设置应该包含用户的需求点同时还要具有吸引力，且长度要合理，title 包含的关键词不宜太多且拒绝堆砌，太多容易导致权重分散，不利于排名。

网站 title 一般不超过 80 个字符，百度对网站标题索引是 28 个字。

title 是网站页面极为重要的内容，一旦设置好后就不要频繁大幅修改。一旦大幅修改，很有可能会带来网站收录的大幅波动，必须要慎重对待。

常用的 Title 标题形式：关键词 1_ 关键词 2_ 关键词 3 ——网站品牌。

首页 TItle：3-4 关键词组成，权重最高，尽量布局主关键词。

频道 TItle：频道关键词，可以布局长尾词。

内容 TItle：页面的实际标题 + 网站品牌词。

Title 标题的注意事项：

（1）标题作弊：不要为了吸引访客而使用禁用广告语或者故意使用关键词堆砌等行为。

（2）标题内容虚假：标题所描述的内容需要与网页的内容相符，否则会被搜索引擎认定有欺骗用户的嫌疑。

- Description 描述（整个页面的总结）：

描述标签尽量简明扼要地概述网页想突出表达的内容，不要重复、啰唆。在描述内容中的关键词的插入尽量自然，不要强硬堆砌关键词，要考虑用户体验。

同时，对于关键词放置的位置和数量，最好可以围绕 title 标签重点推广的关键词来设置。通常控制 3-4 个以内，而且一定要跟核心推广的关键词高度相关。

根据经验，关键词放在句首和句尾比较好些。

优化建议：一般不超过 100 个字符，百度对描述标签排名索引是 64 个字。

- Keyword 关键词（页面所要体现的词）：

目前搜索引擎已经快要完全忽略这个标签。关键词选取标准一定要跟网站内容高度相匹配，不要进行关键词堆砌，用半角逗号相连。

2. 网站关键词布局：

关键词优化是为了让网站目标关键词在某个搜索引擎上得到更好的

排名，让更多的用户都能快速查找到自己的网站。在 SEO 中，根据常用类型对关键词可分为目标关键词、品牌关键词、热门关键词、长尾关键词等。

网站关键词密度对于搜索引擎专区有一定的影响，对于网站排名特别是长尾词都有很大影响。关键词密度如果太高会被搜索引擎视为关键词堆砌，直接影响优化结果，所以一个网站的关键词密度应该合理的控制在 2%-8% 这个区间。

关键词网站部署要点：

（a）观察百度指数。

（b）观察百度的收录数量。

（c）观察百度竞价或网站数量。

（d）观察竞争网站权重。

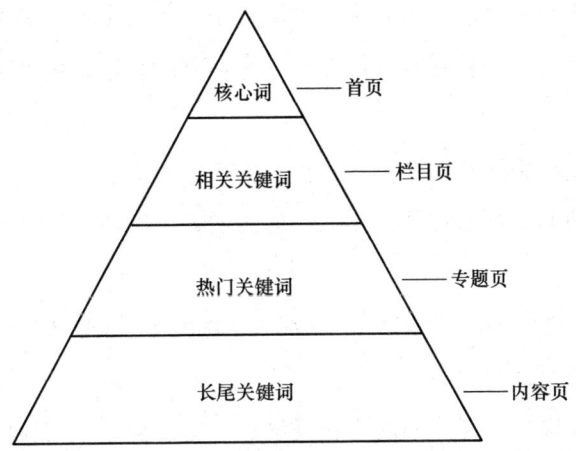

关键字标签"Keywords"，曾经是搜索引擎排名中很重要的因素，但现在已经被忽略很多了。加上这个标签对网页的综合表现没有坏处，不过如果使用不恰当的话，对网页非但没有好处，还有欺诈的嫌疑。

在使用"Keywords"标签时，要注意以下几点：

（a）关键字要与网页核心内容相关，确信关键词出现在网页文本中。

（b）便于用户通过搜索引擎检索的关键字，过于生僻的词汇不太适合。

（c）不要重复使用及堆砌关键词，否则可能会被搜索引擎惩罚。

（d）关键词标签里最多包含 3-5 个重要关键词，不要超过 5 个。

（e）每个网页的关键词避免完全一致。

3. 网站内容优化：

网站内容是我们一再强调的。好的内容不仅能让用户体验变得更好，还更容易被搜索引擎收录。那么什么样的内容更容易被收录？

（1）高质量的内容

高质量并非只指原创，随着内容的形式越来越复杂，原创与非原创的界限变得越来越模糊，搜索引擎判断原创和保护原创，但并非只偏好原创，《百度搜索引擎网页质量白皮书》中没有提及"原创"，而是更关注页面内容的质量。

当然，不严格要求原创并不是可以抄袭了，一定要注重页面的可读性和用户体验。特别是新建立的站点，千万不要简单地使用复制、粘贴来创作内容。

（2）合理利用标签属性

合理使用 H1、strong 等标签，让搜索引擎可以清晰识别出内容段落孰重孰轻。

比如：H1 通常是文章标题，它强调这是这篇文章最重要的内容。

（3）标题包含关键词

文章标题尽量包含关键词，并且尽量将关键词放在标题最左端。通常我们会建议标题的长度控制在 32 个字符左右。

（4）内容关键词布局

关键词优化基于关键词的深度研究，需要把它自然地融合在上下文之中，但不能为了关键词而放弃内容质量，过度的填充关键词往往适得其反。

（5）内链与外链

做好内链和外链是为内容增加入口，方便蜘蛛爬行和收录。

内部链接：有利于网站内部权重的传递，特别是在某些不经常更新的目录和分类下面，这里的页面很容易被收录进排名。是解决关键词排名停滞不前的有效手段。

外部链接：高质量外链经常是驱动内容页面排名的源泉，同时它也会引入大量蜘蛛爬行并抓取这个页面。

（6）关注用户体验

需要关注页面用户体验，比如：内容页的图像优化和内容的相关性，以及 ALT 标签的使用。只要注重页面跳出率、页面停留时间、点击率的改变，搜索引擎会逐步调整该内容页的排名。

4. 网站收录提升：

好的内容，高权重平台，会有更好更快捷的收录。除了在上一节说的，做好原创和标签布局，以及适当的内链外链布局，还能怎么实现收录提升？

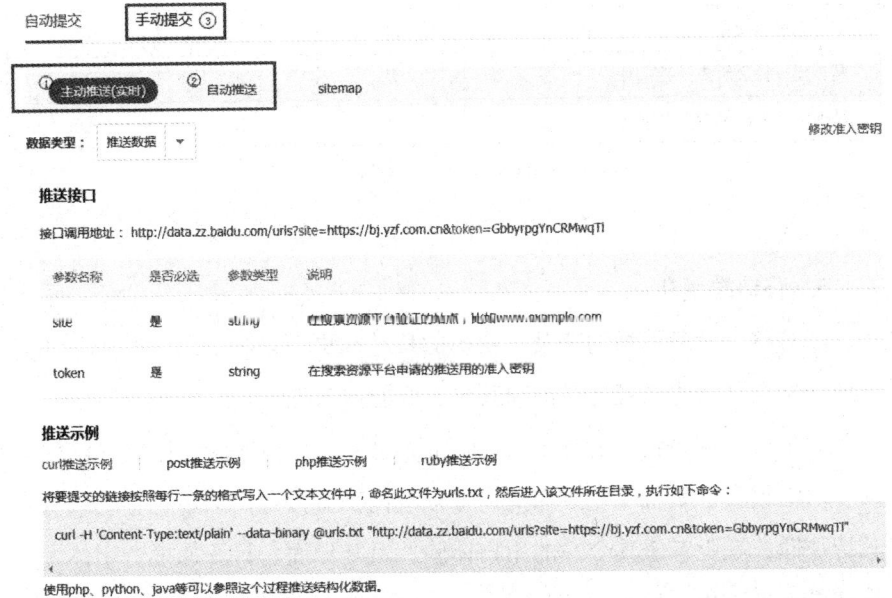

内容提交的三种方式

搜索引擎主动提交四种方式：

（1）主动推送：是最快速的提交方式，建议将站点当天新产出链接及时通过此方式推送给百度，以保证新链接可以及时被百度收录。

（2）sitemap：可以定期将网站链接放到 Sitemap 中，然后将 Sitemap 提交给百度。百度会周期性的抓取检查 Sitemap，并对其中的链接进行处理，但收录速度慢于主动推送。

（3）手动提交：如果你不想通过程序提交，那么可以采用此种方式，手动将链接提交给百度，这也是最简单的方式。

（4）自动推送：使用轻量级链接提交组件，将自动推送的 JS 代码放置在站点每一个页面源代码中。当页面被访问时，页面链接会自动推送给百度，有利于新页面更快被百度发现。

方式	手动提交	Sitemap	主动推送	自动推送
速度	——	——	最快	——
开发成本	不需开发	中	高	低
可提交量	低	高	低	高
是否建议提交历史链接	是	是	否	是
和其他提交方法是否有冲突	无	无	无	无

四种提交方式对比

5. 移动端优化：

随着移动设备不断的普及，快捷的移动端更受青睐，那么在当下如何保证网站在移动化来袭之时依旧获得良好的排名呢？

对于移动端来说，有些 PC 端页面优化技巧是相通的，比例如网站架构、URL 设计、页面关键词布局、导航及内部链接等。只不过移动端有着其特殊性，需要考虑其个性的用户体验，对其界面、打开速度、字体大小等需要更加注意。

目前的移动搜索排名，就是 PC 搜索排名加上移动因素进行一些调整，换言之，你的 PC 排名很好，且移动端体验也很好，排名也会不错。

基于移动端的特殊性，SEO 优化应注意：

（1）用户浏览、操作便捷

移动端屏幕小，和 PC 端的显示存在很大的区别，视觉上很容易会觉得界面混乱，所以不管是在字体设置、图片显示、表单提交上，都尽可能的简化操作。用户应可以直达目标页面和功能，操作简洁，没有阻碍。

（2）页面打开速度快

移动端对页面的打开速度有很高的要求，特别是百度"闪电算法"上线之后：移动搜索页面首屏加载时间将影响搜索排名。移动网页首屏在 2 秒之内完成打开的，在移动搜索下将获得提升页面评价优待，获得流量倾斜；同时，在移动搜索页面首屏加载非常慢（3 秒及以上）的网页将会被打压。

（3）非主体内容精简

不管是顶部导航、面包屑和侧栏导航，广告、页脚、相关文章、Tag 链接等 PC 页面上常见的内容，在移动端应该能少则少，另外要注意删除、缩小、压缩图片，提高打开速度。需要注意的是，文章内容页或信息详情页，从页面顶端到正文内容结束前，不要插入任何形式的广告。

移动端页面布局要求

四、SEO 案例分析

案例分析："爱福窝"的 SEO 分析（www.fuwo.com）

爱福窝为装修类平台，搜索"装修"一词时，排名在收缩结果首页，且排名靠前。

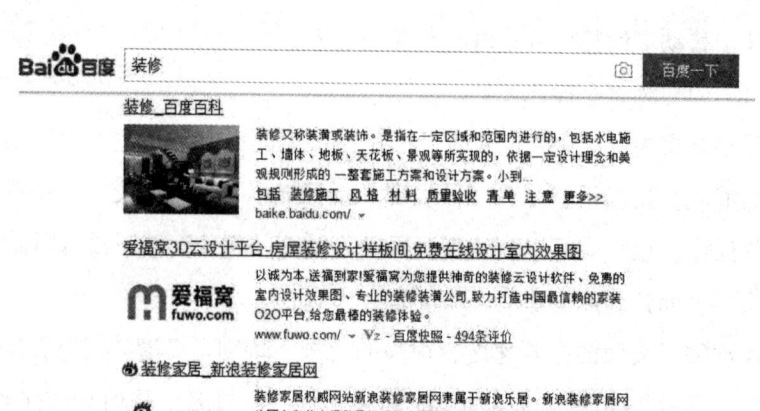

百度搜索"装修"

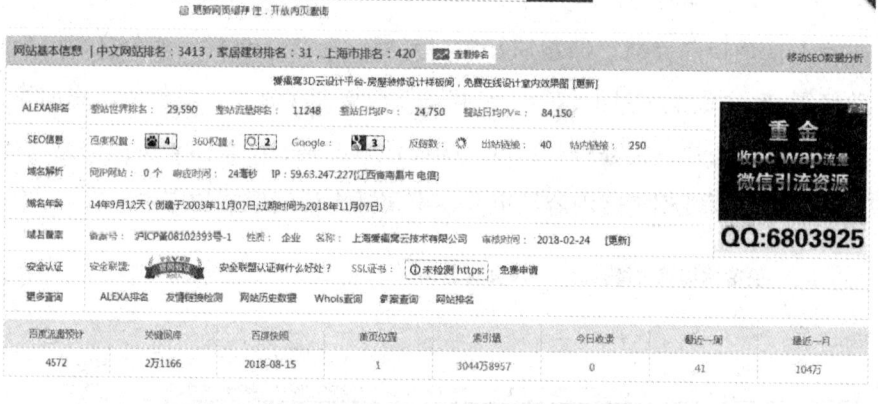

"爱福窝"Alexa排名

网站基本情况：

标题：爱福窝3D云设计平台—房屋装修设计样板间，免费在线设计室内效果图

描述：以诚为本，送福到家！爱福窝为您提供神奇的装修云设计软件、免费的室内设计效果图、专业的装修装潢公司，致力打造中国最信赖的家装O2O平台，给您最棒的装修体验。

关键词：装修网，家装网站，室内设计，装修效果图，装修设计，房屋装潢公司，装饰装修。

"爱福窝"网站首页

优势分析：

1. 网站首页布局条理清晰，主次分明，页面整洁干净，用户体验感好。

2. TDK 描写合理且长短合适，在搜索引擎都能显示完整。

3. 域名年龄 14 年 9 月 12 天（创建于 2003 年 11 月 7 日），域名时间长运行良好，权重 4 或 5。

4. Site：www.fuwo.com 索引量，该网站被百度收录 30538713 个网页，被 360 搜索收录约 36600000 个网页，被搜狗收录 18376624 条结果。

5. 页面对首页 301 设置，404、500 错误页面以及 robots.txt 文档均有设置。

改进建议：

1. 关键词在首页的出现密度并不高，仅在 0.1%~0.8%。

2. 网站站外获得链接很少，站外推广需要加强。

3. http：//www.fuwo.com/designer/designers 设计师栏目下采用动态网址，此栏目收录不理想。

4. 网站未设置可供用户查看的 HTML 网站地图。

5. 网站 PC 端排名较移动端更稳定一些，移动端首页排名词主要是非装修相关关键词为主，排名和流量稳定性不高。

目录（大约收录）	关键字	排名	PC搜索量	收录量	网页标题
/	爱福窝	第1页 第1位	300	8,450,000	爱福窝3D云设计平台-房屋装修设计样板间...上海爱福窝云...
community	爱窝网	第1页 第1位	<10	4,380,000	爱福窝3D云设计平台-房屋装修设计样板间...上海爱福窝云技术...
a	myhome3d	第1页 第1位	<10	504,000	爱福窝3D云设计平台-房屋装修设计样板间,免费在线设计室内...
ask	房屋设计	第1页 第2位	168	22,700,000	爱福窝3D云设计平台-房屋装修设计样板间,免费在线设计室内...
article	室内装修设计软件	第1页 第2位	107	767,000	爱福窝3D云设计平台-房屋装修设计样板间,免费在线设计室内...
zixun	房屋装修设计软件	第1页 第2位	82	2,960,000	爱福窝3D云设计平台-房屋装修设计样板间,免费在线设计室内...
question	免费装修设计	第1页 第2位	65	1,220,000	爱福窝3D云设计平台-房屋装修设计样板间,免费在线设计室内...
about	免费家装设计	第1页 第2位	34	483,000	爱福窝3D云设计平台-房屋装修设计样板间,免费在线设计室内...
	室内装潢软件	第1页 第2位	26	7,860,000	爱福窝3D云设计平台-房屋装修设计样板间,免费在线设计室内...
	房屋装潢	第1页 第3位	64	3,750,000	爱福窝3D云设计平台-房屋装修设计样板间...上海爱福窝云技术...
	设计室	第1页 第3位	54	14,400,000	爱福窝3D云设计平台-房屋装修设计样板间,免费在线设计室内...

五、附件：SEO 算法（百度搜索）

近几年以来，百度对用户体验等越来越重视，所以出了很多的算法来维护用户体验度。以下就是近年来百度算法总结，详情可参照百度官方文件：

绿萝算法（2013 年 2 月 19 日上线）

绿萝算法——打击买卖链接的行为，包括超链中介、出卖及购买链接的网站。

石榴算法（2013 年 5 月 17 日上线）

石榴算法——打击大量妨碍用户正常浏览的恶劣广告的页面。

绿萝算法 2.0（2013 年 7 月 1 日上线）

绿萝算法 2.0——加大力度过滤软文中的外链及惩罚发软文的站点。

然后，2015 年，外链的作用力下降！

冰桶算法（2014 年 8 月 30 日上线）

听说那一年百度移动新算法泼出的冰，"冻"哭了 10W 相关移动站。

冰桶算法——打击强行弹窗 App 下载、大面积广告等影响用户正常浏览体验的页面。

冰桶算法 2.0（2014 年 11 月 18 日上线）

冰桶算法 2.0——打击全屏下载、在狭小的手机页面布设大面积广告遮挡主体内容、强制用户登录的行为。

冰桶算法 3.0（2016 年 7 月 7 日公布，7 月 15 日上线）

冰桶算法 3.0——严厉打击在百度移动搜索中，打断用户完整搜索路径的调起行为。

天网算法（2016 年 8 月 10 日上线）

天网算法——打击盗取用户隐私的行为，行为主要表现为网页嵌恶意代码，用于盗取网民的 QQ 号、手机号。被检测处罚的网站经过整改，达到标准，会解除处罚。

冰桶算法 4.0（2016 年 9 月 19 日公布）

打击对象：广告过多、影响用户体验的移动页面。

SEO 需要优化页面广告布局，控制每屏广告的比例，保障用户浏览体验，以免被算法策略命中，影响网站排名和流量。

冰桶算法 4.5（2016 年 10 月 26 日公布）

打击对象：发布恶劣诱导类广告的页面。

所谓恶劣诱导类广告，指的是通过色情动图、色情导航、露骨文本、赌博等吸引眼球的形态诱导用户点击非法广告。

就目前为止，这种页面依然很多，但排名能保持的很少。

蓝天算法（2016年11月22日上线）

旨在严厉打击新闻源售卖软文、目录行为，还用户一片搜索蓝天。

烽火计划（2017年2月23日公布）

打击对象：百度移动搜索页面劫持。

所谓移动搜索页面劫持，指的是用户浏览完这类作弊页面后返回搜索结果时，没有返回到真正的百度搜索结果页面，而是进入一个假的百度移动搜索结果页，该页面模拟了百度搜索结果首页，但实际上是一个虚假的高风险站点，用户访问存在极大的安全隐患。

飓风算法（2017年7月7日上线）

打击对象：采集类网站，单类型企业站容易受伤。

飓风算法，旨在严厉打击以恶劣采集为内容主要来源的网站，同时百度搜索将从索引库中彻底清除恶劣采集链接，给优质原创内容提供更多展示机会，促进搜索生态良性发展，与之相关的出台过一个百度原创星火计划。

百度蜘蛛升级https抓取（2017年8月30日公布）

主要影响：升级了对HTTPS数据抓取力度，HTTPS内容将更快被Spider抓取。

除了抓取，百度表示过，https页面在权重上也有加分，百度的原话是"网站评价高、落地页评价高、搜索展示等收益优待"。Google几年前就开始对https页面提权。

百度清风算法（2017年9月14日）

打击对象：针对页面标题作弊，欺骗用户获得点击的行为。

标题作弊主要指标题内容虚假（诸如标题党、假官方网站、假下载页面、假在线观看等），或在标题中故意堆砌关键词等行为。

百度闪电算法（2017年10月19日）

主要影响：移动页面首屏加载时间将影响搜索排名。

移动网页首屏在2秒内完成打开的，在移动搜索排名中获得一定提权和流量倾斜，移动页面首屏加载非常慢（3秒及以上），将会被降权。2-3秒之间的，不升不降。

百度惊雷算法（2017年11月20日）

打击对象：通过刷点击提高百度排名的行为，也就是近两年颇为流行的百度快速排名，简称快排。

惊雷算法会例行产出惩罚数据，对存在点击流量作弊的行为进行惩罚，另对有判罚记录的网站加以严惩，严重者将长期封禁。既然是刷排名，就可以给竞争对手刷，为了防止别人陷害，惊雷算法会综合考虑网站质量、历史数据等多维度特征，不可能仅仅看点击数据，不然太容易陷害竞争对手了。

百度细雨算法（2018年6月28日）

打击对象：页面标题作弊，包含冒充官网、title堆砌关键词等情况；商家的各种低质受益行为，如受益方式变形、穿插受益等保留联系方式行为。

Part 5　搜索引擎推广——SEM

通过搜索引擎进行关键词的搜索找到目标内容，已经成为网民们最为习惯和接受的信息获取方式。而目前基于搜索引擎巨大的流量沉淀，也使得越来越多的企业开始依赖于通过搜索引擎的推广（关键词竞价）来获取目标客户。

一、SEM 环境分析

1. 正确认识 SEM

SEM 的英文是：Search Engine Marketing，简称"SEM"。是利用用户在搜索引擎平台上检索信息时，尽可能将营销广告传递给目标用户。是一种基于搜索引擎平台竞价排名，按效果付费的网络营销方式。简单来说 SEM 就是以最小的投入在搜索引擎平台中获取最大的访问量并产生最大的商业价值的一种营销方式。

中国的搜索引擎平台一直是百度一家独大，我们要真正做好搜索引擎营销，首先要分析百度平台目前的大环境。

2. 百度竞价环境分析

（1）其他搜索引擎的竞争

搜索引擎平台有谷歌、百度、360 搜索、搜狗、神马；谷歌 2010 退出中国，百度成为国内最大的中文搜索引擎，成为用户获取信息的最主要的入口。但随着 PC 互联网的发展，360 搜索凭借其安全浏览器以及整合资源成为 PC 搜索引擎第二，占据一定市场份额。而随着移动互联网的发展，搜狗凭借搜狗输入法、搜狗高速浏览器等在移动搜索领域占据了一定市场份额。近些年，神马搜索与 UC 浏览器的天然结合，使其成为中国四大搜索引擎之一。这种竞争格局，逐渐打破了百度一家独大的局面。

（2）百度首页广告位缩减

2016 年"魏则西事件"以后，百度首页左侧广告位减少一半，PC 由 10 个广告位减少至 5 个，移动首页目前只有 4 个广告位，这使得百度竞价水涨船高，获客成本急剧增加。再加上很多企业没有专业的运营人员，百度竞价让企业既爱又恨。

（3）展示类广告的迅速发展

2016 年以后随着移动互联网的发展和用户时间碎片化以后，以今日头条为首的展示类、根据人群画像个性化推荐类广告迅速增长，流量分散，这使得百度搜索广告一度受到很大冲击。由于展示类广告获客成本远低于搜索引擎，很多企业从投放百度竞价广告转向投放信息流广告。

3. 搜索引擎竞价相对精准

不能否认搜索引擎营销相对于其他广告有它独特的竞争优势，搜索引擎是基于用户检索关键词描述需求主动搜索的行为，因此精准度还是要高于其他类型的广告，对于大多数行业来讲搜索营销依然是不可或缺的。

（1）搜索引擎营销基于用户检索关键词描述需求，主动寻找信息，目标人群定位更加精准一些。

（2）搜索引擎营销见效快，短时间内通过购买关键词就能精准的获取目标客户，形成转化，在短时间内使企业达到销售目的。

（3）搜索引擎营销是一种效果可衡量的营销方式，投资回报率（ROI）可以通过数据清晰、方便地计算出来。

4. 百度紧跟互联网发展趋势

随着移动互联网的迅速发展，百度顺应趋势创新改变，百度网页搜索由 PC 向移动的转型，由链接人与信息扩展到链接人与服务，用户可以在 PC、Pad、手机上访问百度主页，通过文字、语音、图像多种交互方式瞬间找到需要的信息和服务。

（1）手机百度 APP

依托百度网页搜索、百度百科、百度地图、百度音乐、百度视频等专业垂直搜索频道，方便用户随时随地使用百度搜索服务。百度 APP 支持语音识别、头像识别、机器翻译等智能技术。

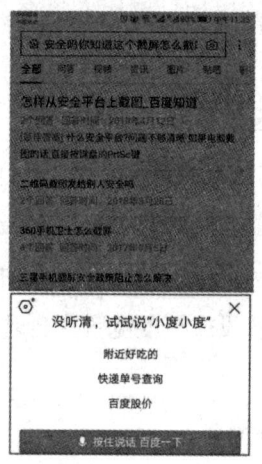

（2）百度原生（feed）广告与搜索相结合

百度原生（feed）迎合互联网趋势，在百度 APP、百度首页、贴吧、百度手机浏览器等平台的资讯流中穿插展现，可以与搜索相结合，流量沉淀的效果不错。

（3）百度糯米直通车在移动搜索端竞价，推荐商户店铺汇集美食、电影、酒店、休闲娱乐、旅游、到家服务等众多本地化生活服务，并接入百度外卖、去哪网资源，一站式解决吃喝玩乐，逐渐完善了百度糯米O2O生态布局。

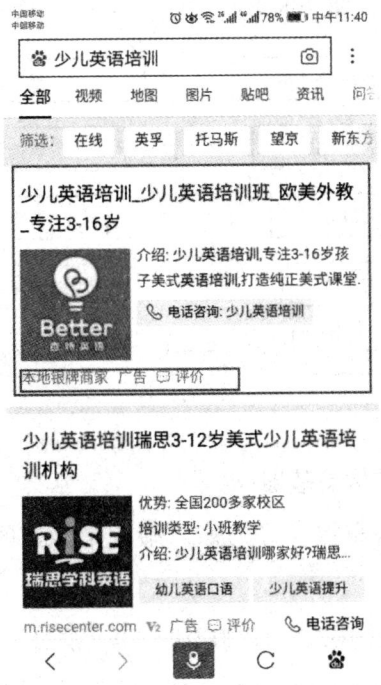

二、SEM竞价快速入门

做好SEM是一个循序渐进的过程，一个可以持续稳定形成转化的推广账户需要经过持续地优化才可以形成的。对于SEM的推广，虽然是慢工出细活，但仍然需要SEMer通过不断地对用户行为和账户数据的分析来一步一步地优化推广账户。

1. 搜索引擎推广逻辑

用户产生需求→通过关键词描述需求→搜索引擎分析词组并将结果反馈给用户→用户发现符合自己内在需求的创意→点击创意描述进入网页深

入了解→网页内容符合客户预期产生转化行为 / 预期不符关闭离开。

也就是说我们所购买的关键词和该关键词触发的创意以及点击创意进入的网页内容一致性越高，转化就会越好，即展现—点击—访问网页—咨询互动—留下线索。

这个过程完全符合漏斗模型。

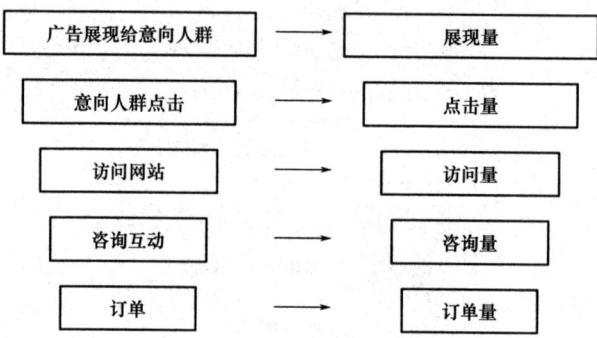

2. 完善的账户结构是基础

推广账户结构很重要，好的账户结构是保证账户能够持续优化的基础。

账户结构包括三个层级，计划层级、单元层级、关键词层级。账户结构搭建的原则就是：计划和单元的划分要便于对关键词调价，同时便于对每一个单元统一撰写创意，方便关键词质量度的优化。

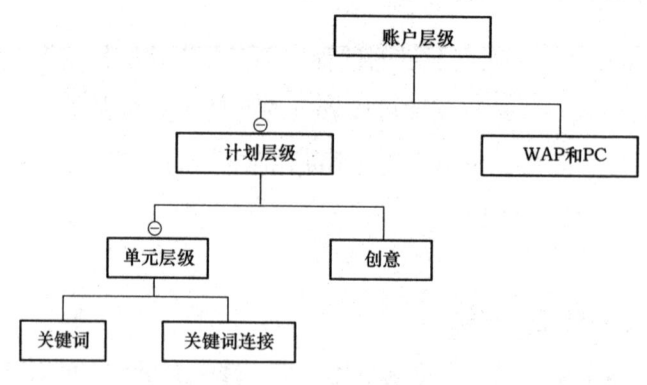

账户结构划分方式：

（1）搭建账户结构的思路和选择关键词的思路要一致

一般情况下，按照目标客户、意向客户、潜在客户的覆盖对关键词分类，即按照品牌词—公司词—价格词—产品词—通用词—人群词划分计划，再根据行业不同具体做增删。

例如：装修行业需要在账户中增加设计词、效果图案例词、设计风格词、重点目标用户小区词等。

（2）将同一计划里面结构相同且词义相近的关键词划分单元

词义相近指的是：关键词表达的搜索意图相一致。

结构相同指的是：疑问词放一起、陈述词放一起，字数相当的词放一起。

例如："装修一般多少钱"和"装修报价"虽然词义相近，但是一个是疑问词，一个是陈述词，不要放到同一个单元。

例如："装修公司报价"和"装修公司口碑"虽然结构相同，但是前者关心的是价格，后者关心的是口碑，也不要放在一起。

例如："装修一般多少钱"和"装修一平方米多少钱"这两个词都是疑问词，也都是询问价格的词，应该放到一个单元里。

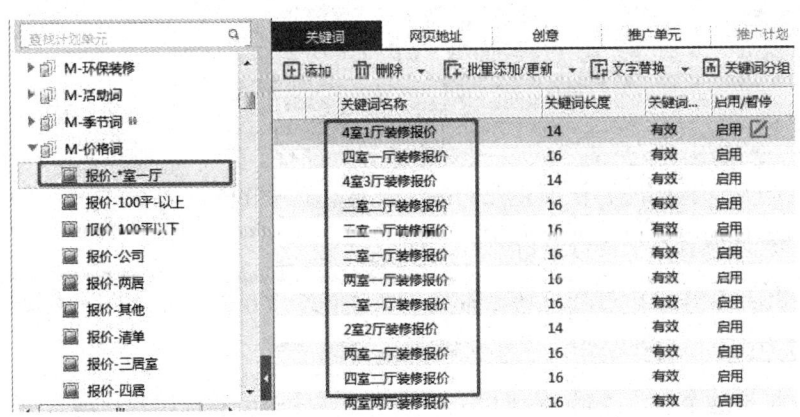

3. 关键词是推广账户的核心

百度凤巢推广系统里的关键词指的是能够描述用户需求的词语，不同关键词描述用户的不同需求。一般关键词越长，需求描述得就越清晰。

需要特别说明的是：由于匹配方式的存在，凤巢账户里的关键词不一定等于用户的搜索词，所有的搜索词都是通过关键词匹配出来的。搜索引擎会通过技术层面的算法去解读用户搜索词所代表的意图，然后通过关键词的匹配算法去呈现最终的搜索结果。

例如：在账户所有的关键词中，"地域+产品+公司"类的词一般被认为是高转化核心词，例如"北京××装修公司好不好"这样的关键词。但实际情况是，这类词匹配出来的流量大多是"北京××家装公司怎么样"等竞品词，转化效果会衰减很多。所以在我们选择关键词、出价和给出匹配时，要对所有不同类型的关键词做一个简单的规律思考，哪些词会匹配到垃圾流量，哪些词不会。然后调整不同类型关键词并给出最合适的匹配和出价，同时还要做好否词工作，这样才能获得高质量的流量，带来更好的转化。

M-公司词	公司词-十大-品牌	北京装饰公司十强	装修公司10强	已添加
M-公司词	公司词-排名	北京的装修公司排名	北京装饰公司排名	已添加
M-公司词	公司词-排名	北京装饰公司的排名	北京哪家装修公司比较靠谱	未添加
M-公司词	公司词-排名	北京装饰公司的排名	北京装修公司排名	已添加
M-公司词	公司词-排名	北京排名装修公司	北京装修公司排名	已添加
M-公司词	公司词-排名	装修公司排名	装修公司排名	已添加
M-公司词	公司词-最好	哪个装修公司最好	装修公司最好	已添加
M-公司词	公司词-好不好	北京家装公司好不好	北京梵克家装公司怎么样	未添加
M-公司词	公司词-哪家-比较好	装饰公司哪家比较好	装饰公司哪家好	已添加
M-公司词	公司词-哪家-比较好	装修公司哪家比较好	装修公司哪家好	已添加
M-公司词	公司词-哪家-比较好	装饰公司哪家最好	哪家装饰公司最好	已添加
M-公司词	公司词-哪家-比较好	哪家装饰公司最好	哪家装饰公司最好	已添加

同时，我们还要根据企业产品/业务定位来分析目标客户群体，从用户搜索行为原理来进行分析。

用户购买决策过程：确定需求→收集信息→方案评价→购买决策→购后行为。

根据这个行为逻辑，我们可以将搜索用户分为：目标用户→意向用户→潜在用户，然后根据以上分析划分关键词不同类型，核心词→意向词→潜在词。

顺着这个逻辑，对应目标用户的关键词可以包括（品牌词、竞品词、公司词、价格词、活动词），对应意向用户的关键词（行业词、人群词），对应潜在用户的词则可以是（知识词、疑问词）。这样，关键词的拓词方向就不容易出错，账户结构也很容易成型。

例如：如果用户搜索"业之峰装饰""北京靠谱装修公司""北京装修一平方米多少钱"这样的关键词，说明用户很可能处于购买决策阶段，属于精准目标人群；

用户搜索"老房装修注意什么""毛坯房怎么装修比较好"这类词的话，用户则处于有装修需求，但是对装修并不了太解，想通过搜索知识类的信息了解装修防止上当。那么用户属于潜在用户。

一个好的SEMer在账户优化上需要付出大量的精力与时间。账户关键词的覆盖面要尽量全面，不能天真认为只做几个词就够了。尤其是在这种竞争激烈的大环境下，竞争对手账户里的词肯定比你想象得更多、做得更细。

在关键词的覆盖上，需要注意以下几点：

（1）重点词的长尾覆盖

覆盖精准目标用户的词是重点词。一般包括：品牌词、竞品词、公司词、价格词、活动词。

对于长尾词，不要单纯地理解为字数相对多的词就是长尾词。要理解长尾词我们先解释一下"词根"的概念。

词根就是最能表示某个关键词的基本语素。

例如："业之峰装饰""业之峰装饰怎么样""业之峰装修报价""业之峰公司电话"这些品牌词的词根都是"业之峰"这三个字；

而"装修需要多少钱""装修一平方米多少钱""100平方米装修多少钱"这些词的词根提取出来就是"装修多少钱"；

"装修公司""北京好的装修公司""装修公司哪家好"等，词根提取出来就是"装修公司"；

"北京装修""100平方米房子装修""老房装修""毛坯房装修"，词根提取出来则是"装修"。

我们把"业之峰""装修多少钱""装修公司""装修"这些词称作词根。

SEM 行业有时候将词根也称作"大词"。通过词根拓展出来的关键词我们都称作是长尾词。

成千上万的长尾词都是通过词根拓展出来的。在分析凤巢账户的时候会发现一个规律，大词的流量非常大，但用户搜索意向描述并不明确，相对不精准。而长尾词的流量相对较少，但是搜索意向描述相对明确精准。

所以在做凤巢账户的时候我们先找出重点词的词根，根据重点词词根尽可能多地拓展其长尾词。

（2）用户不同搜索意图的覆盖

用心了解用户的搜索意图对于关键词的拓展也是非常重要的。一方面是对重点词的再补充。另一方面，对于潜在用户的意图分析能让我们更完善地做好关键词覆盖。

以装修行业为例，有的用户会直接搜索企业电话、地址、装修最佳时间、环保装修、装修贷款、重点小区等这类有明显意图倾向的关键词。

例如：知识疑问类如"老房如何装修"；装修时间类，如"装修需要多长时间"；风格类，如"新中式装修风格"；效果图案例类，如"新中式装修效果图""新中式装修案例"。

（3）通过关键词报告和搜索词报告来调整关键词

每天下载搜索词报告和关键词报告，将用户搜索的有价值的搜索词添加到账户中。同时筛选出和主营业务无关的搜索词，然后找到词根做短语否定，或者直接将整个词做精确否定，只有这样我们的账户流量质量才会持续得到提升。

PC-品牌词	业之峰-网站	北京业之峰家装官方官网	北京最靠谱家装修公司	未添加
M-公司词	公司词-口碑	装修公司的口碑	曲靖口碑好的装修公司	未添加
M-竞品词	竞品-装修	爱空间装修	爱空间家装	未添加
M-价格词	多少钱-装修-一般	家装多少钱一个平方	一平米多大	未添加
M-竞品词	公司词-装修-哪些	都有哪些装修公司	亦庄装修公司都有哪些	未添加
M-竞品词	竞品-家装	北京龙发装饰	龙发装饰logo	未添加
M-品牌词	业之峰-网站	业之峰装修网	装修装修网	未添加
M-竞品词	竞品-装修	爱空间装修	爱空间家装	未添加
PC-竞品词	竞品-装修	万科链家装饰	链家有装修吗	未添加
M-办公室	办公室-设计	办公室装修装饰设计	办公室装修效果图	未添加
M-竞品词	公司词-靠谱-哪家	装修公司哪家靠谱	仁寿哪家装修公司靠谱	未添加
M-联系词	公司词-网站	装饰公司网站	装饰类网站	未添加

短语否定：只要否定了某一类词的词根，那么这类词都不会被触发广告。例如："装修攻略""别墅装修攻略""老房装修攻略"这一类词我们都不想要，那么只要否定了词根"攻略"，所有带"攻略"的这类词都被直接屏蔽。

精确否定：只否定关键词本身，而非某一类关键词。例如："30平方米小户型装修"，将这个词本身加到账户否定结构里，那么用户在搜索这个词的时候，我们的广告不会被展现。

（4）关键词匹配遵循原则：低价宽匹，高价精确

例如："北京装修公司"这个词，如果策略是抢排名，这个词的出价会很高，在匹配上就必须要精确匹配，否则会引来大量垃圾流量。而如果策略是要通过这个词来拓展流量，那么低价宽匹也可以。

对于SEMer来说，优化项目前，一定要先分析目标用户的属性定位，根据目标用户属性来选择关键词，就不会偏离大方向。

例如：对于个性化装修项目，定位的目标属性是"品质"，那在选词时要选"北京品质装修公司"。而像"北京便宜的装修公司"虽然也是和装修需求相关，但不是我们的目标定位，那么这类词低价宽匹就可以。

4. 关键词质量度影响广告排名

关键词质量度是搜索引擎为了增强自身平台用户体验而设置的指标。是衡量广告主广告优劣的指标，通俗一点讲就是用来衡量广告主投放广告好坏程度的指标。

百度给出的排名规则是：出价 × 质量度，也就是同样的出价质量度越高排名越靠前。影响质量度的因素有以下三个：

关键词名称	关键词长度	关键词	启用/暂停	标签 ②	出价	计算机推...	计算机质量度	移动质量度
业之峰装修报价	14	有效	启用	<未设置>	32.99	买吗	8	10
北京业之峰装修报价	18	有效	启用	<未设置>	32.99	-	8	9
业之峰全屋大包二居多少钱	24	有效	启用	<未设置>	32.99	-	8	10
北京业之峰装修	18	有效	启用	<未设置>	32.99	-	7	9
业之峰装修公司价格	18	有效	启用	<未设置>	32.99	-	7	9
业之峰装修价格	14	有效	启用	<未设置>	32.99	-	8	10
业之峰装饰公司价格	18	有效	启用	<未设置>	32.99	-	7	9
业之峰装修公司	14	有效	启用	<未设置>	32.99	-	8	9
业之峰装修报价2018	18	有效	启用	<未设置>	32.99	-	8	9
业之峰80装修价格	16	有效	启用	<未设置>	32.99	-	6	6
业之峰半包价格	14	有效	启用	<未设置>	32.99	-	6	6
业之峰 北京 报价	16	有效	启用	<未设置>	32.99	-	6	8

（1）账户结构健康程度

按照第 2 节讲到的"完善账户结构"的方法去搭建账户，词意相近结构相同的词放在一个单元里面统一撰写创意，创意描述和对应关键词相关度越高越好。

（2）广告点击率

点击率体现广告主的广告受网名的青睐程度。点击率是影响关键词质量度最重要的因素。

（3）点击率和创意的吸引度有关

影响创意吸引度的主要因素包括：创意的飘红，创意卖点的描述，创意样式的选取，创意和关键词的相关度。

5. 创意决定广告是否有吸引力

创意的点击率决定我们广告的受欢迎程度，也是关键词质量度的决定因素。广告创意分为基础创意和附加创意。在目前这种竞争激烈的环境下，附加创意必须要脱颖而出。

基础创意是由创意标题、描述一、描述二组成。附加创意是沿用基础创意的文字描述，在其基础上增加更多的创意展现样式，例如：图文形式、子链形式、电话组件、咨询组件、百度寻客等。

（1）写好基础创意注意以下四点

（a）创意和对应关键词相关度

创意描述与用户搜索的关键词一致度越高，用户点击的概率就越大，点击率越高。同时点击率又影响关键词的质量度，所以在撰写创意的时候尽量做到每个单元有针对性地撰写，不要批量复制。

（b）创意飘红

先说一下通配符的概念。通配符用英文状态下的 {} 表示，有两个作用：

第一，替换单元里的关键词。例如：一个单元里会有不只一个关键词。假设"装修一般多少钱"是其中一个，我们选择用该关键词撰写创意时，就要在该关键词上加通配符 {装修一般多少钱}。用户搜索该单元里

的另外一个关键词"装修一平方米多少钱"时,创意会自动替换成{装修一平方米多少钱};

第二,添加了通配符的关键词在创意描述里会"飘红"。例如"装修一般多少钱"这个词在创意里面写成{装修一般多少钱},则创意里面出现该词时该词飘红。一般情况下,创意标题出现一次飘红,描述一和描述二各出现1-2次飘红比较合适。

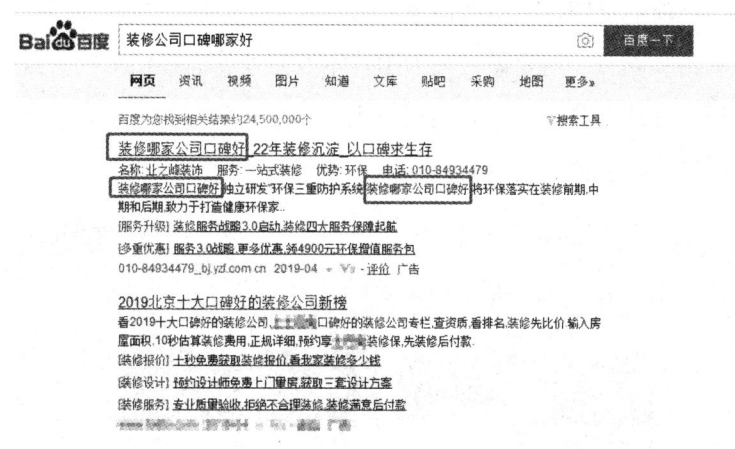

(c)创意卖点突出,定位产品,筛选目标人群

创意要突出产品的卖点并通过卖点来筛选目标人群。例如:我们的定位是做办公室装修。我们创意里面直接体现"办公室装修",找家装公司的用户也许就不会点我们的广告,自动过滤一批无效用户。再例如,我们的办公室装修业务只涉及北京地区,那么我们可以在创意里面直接体现"北京办公室装修"这几个字,同样会过滤一些无效用户。

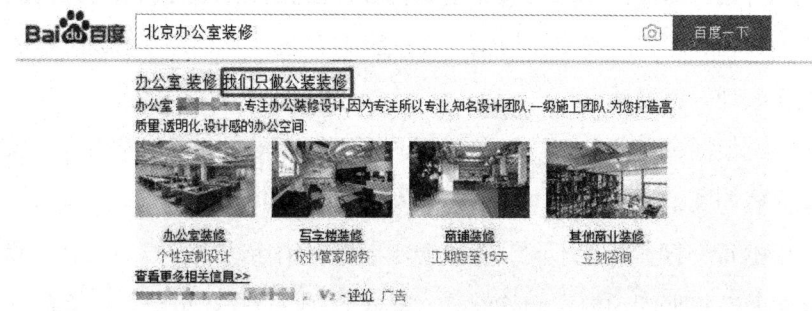

（d）PC端应是长创意，移动端应是短创意

基于用户不同的使用场景，PC端的创意应尽量写满字数，让创意内容丰富。移动端的创意要尽量言简意赅，重点内容体现出来就行。因为PC端屏幕显示区域足够大，而用户一般都是在办公室或家里使用，有时间仔细阅读。而移动端设备屏幕较小，浏览网页可能不固定，需要短而且能迅速吸引客户眼球的创意。

（2）选择适合行业的附加创意

（a）图文创意一定要做，因为图片本身是非常有吸引力的。这个道理很好理解，图片本身比文字表达得更直观，更有吸引力。例如：下面两个创意同时展现，你会点击哪个？

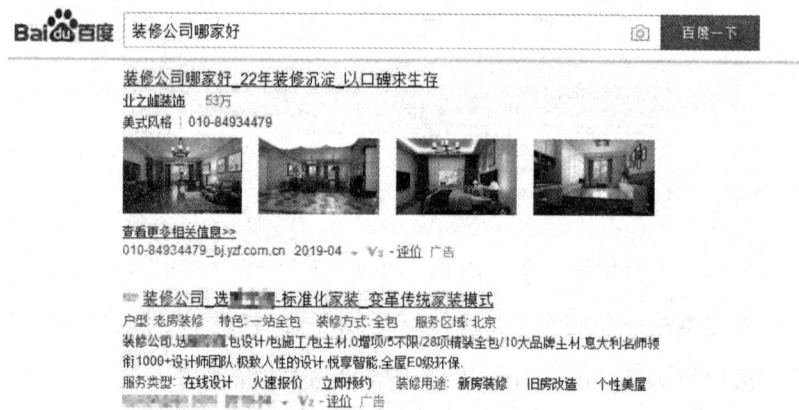

（b）移动端的咨询按钮、电话按钮能够提升用户体验

在做移动端创意的时候，咨询按钮和电话按钮都可以直接缩短转化路径，提升用户体验。用户在看见创意符合自己需求的时候不用打开网页寻找咨询按钮，可以直接点击咨询、在线咨询客服，或直接点击创意上的电话按钮实现一键通话。

（c）根据自身业务特点以及关键词的调整，及时更新创意内容，保持创意内容与关键词和网页内容长期高度匹配。

根据每个行业特点不同，企业会定期做促销活动或者产品升级。我们就需要及时根据活动内容调整创意，根据产品特点描述更新卖点信息。

6. 广告落地页是关键

落地页是整个搜索引擎营销的收口。关键词优化再精准、创意再相关，落地页接不住，一切等于零。有关落地页设计和优化的细节我们将在后续章节中详细讲解。

7. 防范恶意点击

（1）凤巢商盾设置恶意点击 IP 策略

恶意点击策略指的是，借助凤巢账户里的商盾工具设置相应的 IP 屏蔽策略，以防止各种形式的恶意点击。例如：10 分钟点击广告 5 次的同一个 IP 会被系统自动屏蔽。（几分钟点击几次可以自行设置）

（2）发现恶意点击及时屏蔽 IP

在分析流量的过程中发现恶意点击的 IP，可以直接手动添加到商盾工具中，使得广告不再对该 IP 用户展现。

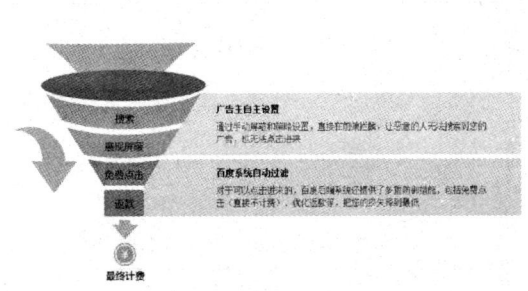

三、SEM 竞价进阶

SEM 的工作绝对不能仅仅限于日常的账户管理和维护，在对产品的理解、营销化思维、数据分析、行业分析等方面还不断地严格要求自己，才有可能让竞价推广的效率越来越高。

1. 以提升转化效率为目标的数据分析

在我们的日常工作中，许多的关键词以及创意都是根据已存在的工作经验或者我们自己理解的产品定位来优化的，也就是说主观情绪在指导我们的优化工作。但优化的结果是否符合用户的预期和体验，账户转化效果波动的根本原因是什么，这些问题靠主观臆测是无法精确地找到解决方案的。

这就需要我们去建立一个全方位的数据监控体系。在新账户建立初期，就应该设计一套符合产品特点的转化数据追踪监控体系。

百度已经开放了 JS-API 接口，按照我们的投放目标在网站页面中建立出符合账户层级结构的数据转化追踪代码，这样可以精准地监控搜索引擎来源用户在网站的行为路径结果，为账户的优化分析、调整提供准确的数据依据。

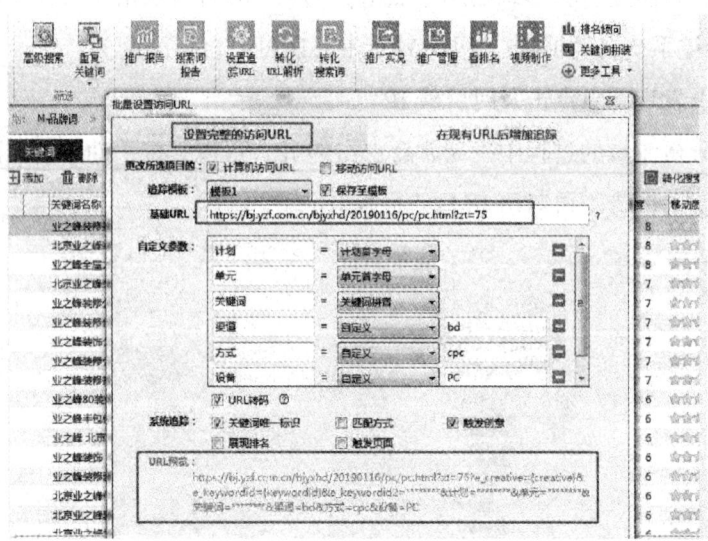

数据分析的 9 个维度：

（1）"二八法则"分析关键词报告和搜索词报告

如：80% 的费用都买来了哪些流量？20% 的高消费关键词是哪些？转化效率如何？转化成本是多少？

A	B	C	D	E
推广设备	移动设备			
行标签	求和项:展现	求和项:点击	求和项:消费	平均值项:平均点击价格
装修哪家公司好	7365	330	6537.36	13.53243243
哪家公司装修好	1182	201	3319.37	12.72893617
房子装饰公司	1262	190	1340.97	7.042142857
装修设计公司	1668	135	1292	9.32625
高档装修公司	653	72	1265.98	17.17608696
哪家装饰公司最好	26544	116	1234.18	11.30419355
业之峰装饰公司怎么样	576	59	1128.19	19.285
北京装修公司排名	308	45	1018.23	21.96586207
业之峰装饰	422	47	1013.74	22.00628571
婚房装修价格	2283	144	922.36	6.403571429
装修公司前十强	279	38	752.54	20.14137931
业之峰	516	30	743.46	25.37304348
今朝装饰怎么样	862	42	688.71	14.87814815
龙发装饰	463	43	684.63	16.09580645
龙发装饰怎么样	1316	42	610.28	13.2556
龙发装饰好不好	257	31	557.93	18.4252381
装修全包一般多少钱	370	89	503.65	8.668571429
装修公司排名前十强	348	26	500.26	18.42
装修公司那家好	1031	27	480.64	17.471
今朝装饰公司	1378	27	478.37	16.88105263

凤巢账户移动消费前20的关键词

（2）转化关键词线索成本分析，整体线索转化成本分析，有转化关键词分类分析拓量。

根据数据统计分析出每一个转化关键词的转化成本。

通常将转化关键词分为四类：

第一类，高消费高转化关键词；

第二类，低消费高转化关键词；

第三类，高消费低转化关键词；

第四类，低消费低转化关键词。

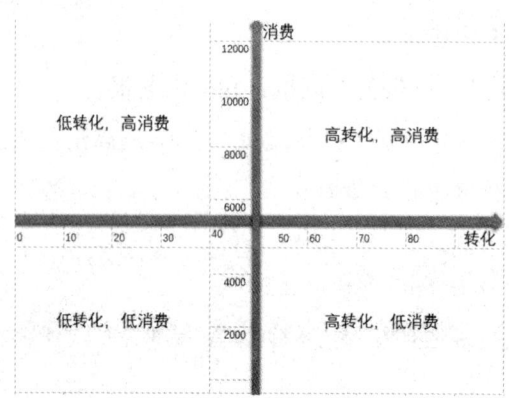

这样分出类以后，很显然低消费高转化的关键词是最有潜力的关键词，我们应该提高这类关键词的消费比例，拓展更多的相关长尾词。

（3）高转化创意分析

高转化创意一般能够反映用户的关注点，为我们撰写新的创意提供依据。

（4）以周为单位做日期转化分析

日期转化分析可以清晰地反映出一周内用户咨询/报名的转化规律。

（5）以天为单位做小时转化分析

小时转化分析可以清晰地反映一天之内用户咨询/报名的转化规律。

（6）广告排名分析

广告排名分析能够帮助我们合理出价，避免关键词虚价太高导致成本提升或者出价过低而影响广告被展现。

（7）设备转化分析

设备分为PC和移动，通过分析数据可以对比PC和移动转化效果，合理分配预算。

（8）渠道转化分析

搜索引擎渠道包括：百度、360搜索、搜狗、神马，渠道转化数据能够反映渠道流量情况，为合理分配预算做数据支撑，降低整体转化成本，提高转化效果。

（9）以月、季度、年为单位做数据同环比分析

以月、季度、年为单位做数据同环比，可以分析行业淡旺季，行业动向以及短期事件对转化效果的影响等。

2. 对竞争对手的动向高度关注，保持敏感度并及时做出应对策略

时常关注有转化的重点关键词排名情况，预算充足的情况下必须保证首页排名，尤其是在我们有大型促销活动时一定要保证排名在前三位置，抢占流量。

某些时候，竞争对手会不计成本抢占关键词排名来争夺流量，如果我们推广预算有限，又无法用更有吸引力的产品和创意提升转化效率的时候，退一步可能就是海阔天空。比如转移重点投放渠道，将费用转移到360、搜狗或者其他DSP平台，也不失为良策。

3. ROI的概念要根植在心

对于一个企业来说，SEM只是一个工具。企业在商业社会中的目的永远是追求利润，更低的运营投入、更高的转化效率是对SEMer的基本要求。基于这个基本要求，在账户的优化投放过程中，具体到关键词上就需要我们能够勇于放弃低转化率的词，在完善账户结构的同时，将更多的精力和费用放到能带来更高ROI的关键词优化中去。

如：某旅游公司购买了"香港旅游"这个关键词，每日对应产生的咨询转化是5个，消费1000元，那么这个词的CPA是200元，如果最终形成销售的成单率是50%，那么这个词对应的最终客户成本是400元。而如果公司每单客户的利润是150元，很明显"香港旅游"这个词的竞价对于公司来说是亏本的。

如果无法通过进一步的优化降低CPA或者提升成单率，那么就需要我们果断地放弃这个词的竞价，将费用投入CPA可能更低的电商或者社群类媒体中去。

对于SEM来说，ROI的概念务必要根植于心。只有利用优化技巧产

生实质利润才是我们优化工作的本质。当选择投放策略的时候，不能只关注咨询量和成交量，优化的核心方向一定是为企业创造利润。

搜索引擎营销（SEM）不是孤立的，要在百度平台做好搜索引擎营销，需要结合自身产品以及营销目标，整合百度产品，做全网营销。我们需要将百度搜索与百度信息流相结合，百度知识营销做口碑铺垫，百度文库、百度贴吧、百度图片等产品结合提高品牌认知，这样才能综合地提升优化的最终效果，并持续地降低优化成本。

Part 6　自媒体矩阵 & 网络渠道平台

网络营销的四要素就是内容、粉丝、留存、转化。不论是做自媒体，还是做网络渠道平台，内容永远是第一位的，而运营技巧、转化效率的成败很大程度上只取决于内容的质量。网络营销界流传一句话："一个好的主编，胜过100个销售！"

一、俯下身来，摆正心态

很喜欢一句话："再小的个体，也有自己的品牌。"互联网给了所有的个体展示自己的舞台，不管你是否精彩，总会有人注意到你。不论是曾经红极一时的微博还是现在大热的抖音、快手，参与其中的每一个个体，都见证了自媒体所蕴含的巨大力量。

我们总说"高手在民间"，自媒体给了这些高手展示自己的平台。借助这些UGC（用户产生内容）平台，只要你的内容足够好，全世界的人都会给你点赞。如果说互联网带给这个时代最大的变革是什么，我觉得不是方便，不是便宜，而是互联网促使了人们学会思考、学会表达。

现阶段的互联网中，存在两个巨大的流量中心。

1. 以自媒体UGC平台为代表的流量中心。如：微博、微信公众平台、抖音、知乎、头条号、百家号等等。

2. 以成熟的"超级APP"平台为代表的网络渠道流量中心。如：天猫、淘宝、京东、拼多多、大众点评、百度糯米等等。

实际上，这两个流量中心从某些角度看是统一的，两者的核心引流能力都是内容和产品。不管自媒体的粉丝，还是网络渠道平台的用户，这两者的受众都是被内容和产品吸引停留在你身边并且持续关注你的"人"。自媒体做到足够大，也可以成为像"超级APP"一样的流量中心。而"超级APP"也可以通过运营内容成为"自媒体"。也就是说自媒体即是营销渠道，而营销渠道也可以是自媒体。只是在表象上，自媒体偏重于内容输出和内容运营，而营销渠道偏重于转化效果模型的建立和迭代。

产品即内容，内容即营销。未来很长一段时间，互联网的流量聚集之处仍然将是以内容和产品为核心。在内容为王的时代，唯有能够打动人心的内容才能引起传播、才能增长粉丝，唯有有效互动才能产生黏性。

在互联网这个战场上，许多的风口已过，众多的新风口也未必能成气候。而所有人都想从流量中心分一杯羹。可惜的是，想要运作好自媒体和网络渠道平台真的比以前困难很多，急于求成是不行的，一切都需要从零开始。

我们现在应该做的，就是俯下身来，摆正心态。不要急于引流、急于营销、急于变现。

首先：认真学习、了解各个自媒体和各种网络渠道平台的特点和操作技巧；

其次：清空自己，重新站在用户体验角度生产内容、设计产品；

再次：将最合适的内容和产品发布在不同的自媒体和网络渠道平台，逐渐建立强互动性的粉丝社群；

最后：形成自媒体矩阵，建立自媒体通向网络渠道平台的流量转化通道，同时形成网络渠道平台通向自媒体的粉丝增量通道。这样的双向通道才能让企业在众多的竞争中形成生态化的网络运营闭环，并产生持续的增长动力。

需要注意的是。虽然说内容都是自媒体运营中的关键，但因为自媒体平台之间的属性差异，不同的自媒体平台在运营上的方向是不同的。这一点需要运营者用心去体会。比如订阅号、微博、头条号、知乎这几个最重要的自媒体平台就有如下差异：

社交属性：微博＞订阅号＞头条号＞知乎；

内容垂直度：知乎＞订阅号＞头条号＞微博

内容新鲜度：微博＞头条号＞订阅号＞知乎

接下来，我们来认真了解学习目前主流的自媒体平台和网络渠道平台。

二、微信公众平台的运营技巧

移动互联网已经渗透到我们生活中的方方面面，然而令我们感到惊奇的莫过于微信的横空出世。微信是腾讯于2011年1月21日推出的一款即时通信产品，微信应该算是中国社交APP中的一个神话。根据极光大数据发布的《2018年Q1移动互联网行业数据研究报告》显示：截止到3月份，微信在中国网民的渗透率达86.4%，微信也成了第一款月活跃用户超过10亿的互联网产品。

2012年8月17日，一种新的商业沟通模式"微信公众平台"正式向普通用户开放。依托于腾讯强大的引流能力，目前微信公众号数量已经超过2000万个，月活跃账号数量为350万，月活跃粉丝数达到7.97亿。

2012—2015年这三年是公众号的粉丝增长红利期，只要坚持每天推送一些内容，就能持续地快速增长粉丝，如果内容和文案都还算不错，两三年的时间粉丝数可以轻松破百万。我们现在耳熟能详的许多"大号"都是在这个时期快速积累的粉丝。

伴随着公众号的火爆，"大号"们随便转发一条广告就能收入好几万。"粉丝经济"的无限商机让公众号开始野蛮增长，大量同质化内容、大量的低劣广告使得用户逐渐审美疲劳。同时伴随着今日头条、百家号、腾讯新闻、快手、抖音等内容平台的快速崛起，公众号的关注度大不如前，整体阅读量也在持续下降，这些都导致公众号的运营越来越困难。根据《2018年中国微信500强年报》显示：16%的公众号停更退场，2018年的单篇平均点赞数为18次，较2017年的23次同比下降约20%，2018年公众号平均阅读数为1889次，比2017年减少932次，也即公众号平均阅读数同比下降约33%。阅读、点赞两项生存指标的下降意味着整个公众号生态似乎也从蓝海进入红海，从劣币驱逐良币变成了良币驱逐劣币，持续输出优质内容难度越来越大，获取粉丝成本越来越高……

但就微信公众平台本身而言，借助微信的垄断性社交地位，公众号相比于其他自媒体来说还是有着得天独厚的优势：

- 微信平台优势：几乎覆盖全部的移动互联网用户，信息可以有效触达目标用户；
- 精准用户画像：基于腾讯的大数据分析，平台用户画像的精准度非常高；
- 熟人社交体系：公众号的分享转发基于熟人社交体系，亲近感、可信度高、互动性强；
- 用户稳定性高：精准的定位、垂直度高的内容容易产生群体效应和依赖效应，订阅用户的黏性非常高。
- 便于深度阅读：对比于信息流类的自媒体平台，单篇文章的阅读时间较长，容易在订阅用户中形成深度阅读和阅读期待，内容传递效果更好。

公众平台虽然已是红海一片，但其与生俱来的社交优势又是其他媒体和传播渠道不能比拟和替代的。所以上至创业团队，下至街头小店，微信公众号裹挟着新媒体的风潮依旧具有顽强的生命力。

上有已成气候的"流量大号"挤压，下有初生牛犊自信满满的新公众号在旁觊觎，而用户对公众号的内容质量要求也变得越来越高。那么对于还在岸边的新手小白来说，如何找到方向和趋势？如何逐步的实现粉丝的持续增长？

1. 公众平台的定位

做运营的人在开始任何一件事情的时候，首先想到的一定是定位。定位既是方向，也是目的。

定位理论，由美国著名营销专家艾·里斯（Al Ries）与杰克·特劳特（Jack Trout）于20世纪70年代提出。里斯和特劳特认为：定位是你对未来的潜在顾客的心智所下的功夫，也就是把产品定位在你未来潜在顾客的心中。定位要从一个产品开始，产品可能是一种商品、一项服务、一个机构甚至是一个人，也许就是你自己。但是，定位不是你对产品要做的事。定位是你对预期客户要做的事。换句话说，你要在预期客户的头脑里给产品定位，确保产品在预期客户头脑里占据一个真正有价值的地位。定位理论的核心：以"打造品牌"为中心，以"竞争导向"和"消费者心智"为基本点。

了解了"定位"的基本概念，我们来看看微信公众平台应该如何定位：

（1）功能定位

微信的公众平台根据功能分为三个类型，订阅号、服务号以及企业号。

订阅号：主要用于为粉丝传达资讯信息，认证前后都是每天只可以群发1条消息。对于内容运营来说，首选订阅号。微信中用户所有关注的订阅号，都会层叠到微信聊天界面"订阅号消息"这个文件夹中，并且按照用户关注的所有订阅号最新内容的推送时间先后自动排序。

服务号：主要用于给粉丝提供各种服务和与粉丝的交互，认证前后都是每个月可群发4条消息；服务号可以开通众多功能，如微信支付、微信小店、卡券等功能。服务号推送的内容是直接显示在微信的聊天界面中的，这一个特点让服务号的内容可以更加直观地传达到粉丝眼前。

企业号：主要用于公司内部员工、团队的管理，需要先验证身份才可以关注。企业号提供企业消息提醒、任务分派、移动CRM等功能，方便企业借助微信平台低成本搭建移动办公系统。

对于企业来说，订阅号是必须开通并长期运营的，服务号则需要区别对待。

对于复购率高、目标用户量大的企业来说，服务号的众多功能和更直接的信息送达可以有效提升粉丝的服务体验，企业还可以通过服务号建立社群互动以提升粉丝的复购率。对于消费频次较低，目标用户量相对较少的企业，辛苦地开发服务号还不如低成本招聘一个客服管用。

本节中的以下内容都是针对订阅号来展开。

（2）行业、人群定位

行业定位就是你的订阅号要营销的产品或服务到底属于哪一个行业。人群定位则是找某一类型的人群，并把订阅号的内容推送方向锁定在这类人群喜闻乐见的资讯上来。行业定位和人群定位并不冲突，行业定位与企业产品和服务有关。行业定位的目标，是向粉丝传递企业和产品的价值以及围绕企业所处行业相关联的信息。通过对这些内容的阅读，粉丝可以很清楚地明白企业和产品的特点、特性，明确地分辨出不同公司同质化产品之间的差异，企业通过内容上的营销打动粉丝，为粉丝在购买产品的过程中提供理性的决策依据。订阅号的内容越优质，粉丝对企业和产品的认可度越高，最终的转化结果就会越好。

人群定位则是你的订阅号所要圈定的粉丝标签、属性。找到某一类人群，通过生产这类人群喜闻乐见的内容，让粉丝聚集到你的订阅号上来。人群定位适合于一些行业属性边界并不清晰的服务型企业。订阅号只需要考虑这一类人群喜欢什么，对什么感兴趣。比如你的定位人群是"高端人士"，这个人群可能身处各行各业，你只需要深入研究这个人群，生产能引起这个人群兴趣的内容，进而让粉丝将你奉为这个人群的"意见领袖"，后期的转化就是顺理成章的事情。

所以，行业定位侧重的是专业化的信息内容传递，而人群定位侧重的是意见的互动与传播。

（3）内容定位

对于运营者来说，内容定位主要是针对内容的方向和文笔的感觉。如果把订阅号比喻成一个人，那么内容的定位就是这个人的性格和个性。

营销号：以主体的产品或服务推广为主要目的，内容输出围绕产品及其特定用户群进行生产，属于主流的自媒体出口；

媒体号：以培养特定受众群体为主要驱动力，通过外接广告单来进行运作，属于媒体性质；

资讯号：定期分享干货、资讯信息，主要是一些传统媒体的自媒体，运营者多拥有强大的信息整合能力；

个人号：个人或机构的情感交流出口，无宣传需求，圈层及准入要求高，属于封闭型的自媒体；

其实，有个简单的方法有助于我们找到平台内容定位：

（1）对粉丝用户而言，为什么关注一个平台？无外乎三个理由：

有趣的（感性）：单纯的情感喜好、爱好，如审美愉悦感、思想共鸣、休闲娱乐等内容；

实用的（理性）：生活工作中所需要的信息或便利，如工作技能、出行攻略、美食推荐、时事新闻等内容；

利益的（人性）：低价促销、积分送券、活动折扣等。

（2）对企业而言，运营公众号的核心诉求是什么？本质上也有三个原因：

拉新：大量的接触并获取潜在用户，提取用户"自画像"继而组织内容生产完成原始用户积累；

留存：刺激用户转发分享，通过粉丝反馈与数据分析，感知内容好坏优劣，把控内容调性从而引起用户转发分享，完成二次传播；

促活：将粉丝转化为用户最终形成商业上的流量转化，了解用户消费动机，单点突破，通过迭代做好小而美的内容输出，最终实现持续引流变现。

基于以上两点，有了内容的定位聚焦思维之后，做内容运营的起始方向也就基本就不会犯错。至于内容的高频输出、持续的有效推广，都是基于清晰的内容定位之后的后续动作，说到底就是：永远要清楚，我们为了什么而出发！

2. 订阅号的基本设置

许多的运营者开通订阅号后，第一时间就在想怎么发文章，这样是不对的。通过内容引起粉丝关注是对的，但粉丝查看你的历史消息的时候发现就这么几篇文章，即便你的内容再好，粉丝对订阅号的期望也会大打折扣。

所以第一步应该做的，是整理后台的内容素材库和各种自动回复。

（1）自动回复设置

订阅号后台中可以设置"关键词回复""收到消息回复""被关注回复"三种自动回复内容。

被关注回复：新关注的粉丝能够收到你提前预设好的内容。这个内容非常的关键，是订阅号与粉丝的第一次互动。这个内容将体现出订阅号的功能和运营者的人格。建议尽量用诙谐幽默一些的语言告诉粉丝订阅号的定位，并在内容中添加一些关键词的引导回复内容，使粉丝在新关注后可以通过关键词进一步的阅读其他文章，便于粉丝们加深对订阅号的印象。

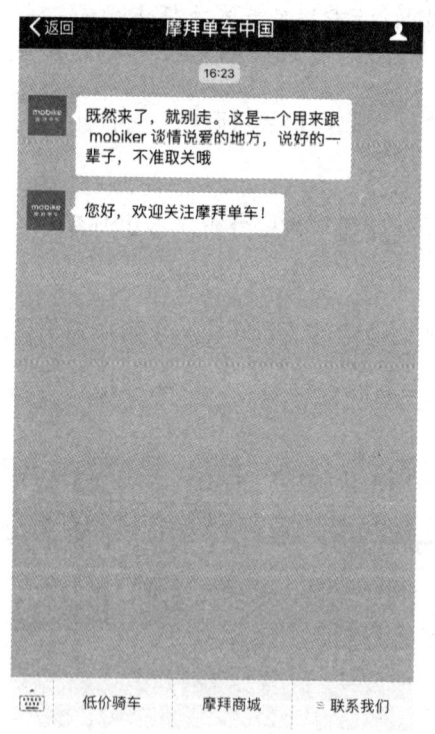 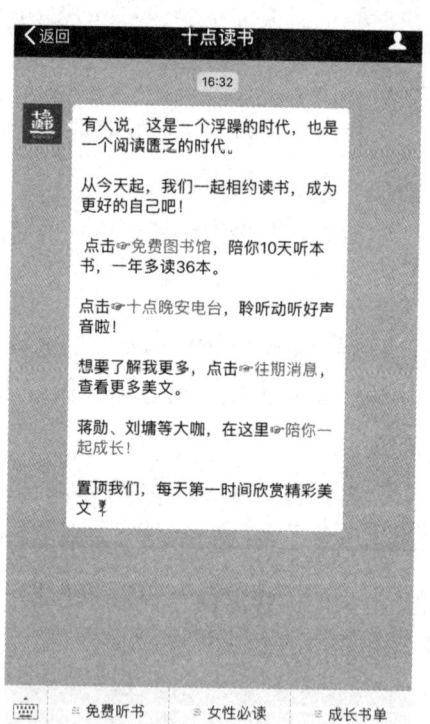

收到消息回复：粉丝通过订阅号输入"非关键词"消息后，系统会推送预设的内容回复给粉丝。通常情况下，粉丝想要与订阅号的运营者进行深度交流的时候才会主动地输入消息或问题，也就是说这些粉丝的交流意

愿非常强烈，那么这个消息回复中可以添加一些能与粉丝进行直接即时沟通的互动联系方式，如邮箱、微信号等。

关键词回复：关键词回复是粉丝在输入框中输入一些词组或者数字后的系统自动回复。哪些关键词能够获得回复，通常只能通过被关注回复和收到消息回复中的内容告诉粉丝。看似鸡肋，但关键词是运营者了解粉丝行为的第一步，合理的关键词设置，不仅可以引导粉丝进行深度阅读，还可以通过订阅号后台中关键词的触发记录让我们了解粉丝的兴趣点，为我们做粉丝分组后的精细化内容运营提供最好的依据。

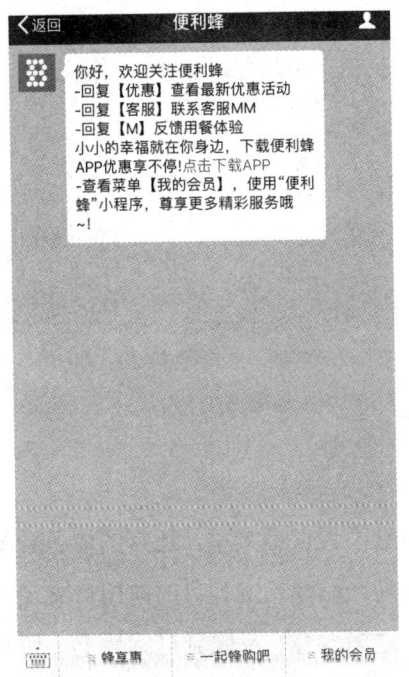
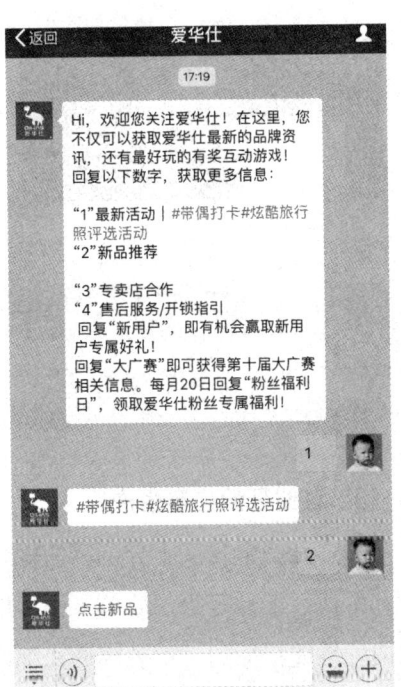

（2）自定义菜单设置

订阅号底部的自定义菜单可以设置三个并列的一级栏目，每个一级栏目可以设置五个二级栏目。也就是说，粉丝可以菜单与公众号互动，获取15个内容或功能。你看，丰富订阅号的内容素材库是不是非常重要？而且每一个菜单的点击次数都能在订阅号的后台展示出来，我们可以通过点击次数统计进一步的了解粉丝的喜好，增强与粉丝的互动效果。

一级栏目的设置应该依据订阅号的行业、人群定位来设置，二级栏目的设置应该着力于内容定位和订阅号人格的体现。

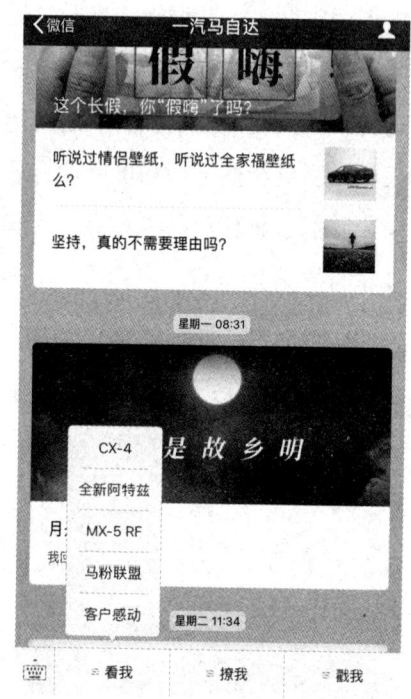
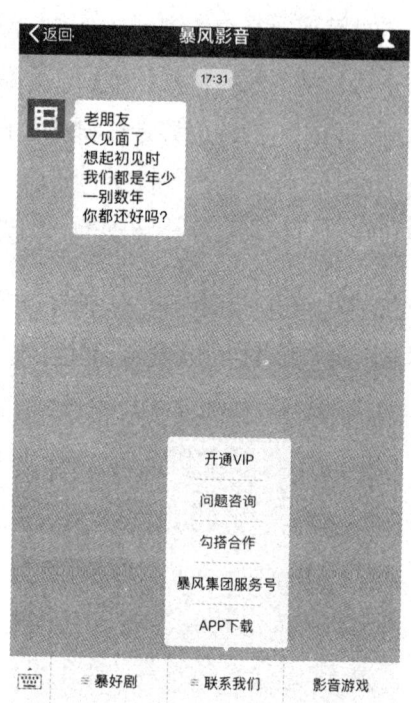

3. 订阅号的内容生产

内容是一个含义十分丰富的概念，它不仅仅是文章，还有图片、音视频和游戏、工具等等。简单来说，以提高产品曝光度为目的向用户展现产品内外性能特征的一切表现形式都能称之为内容。反映到订阅号上，所有你看的、听的、玩的、用的都是内容。内容＝信息！

对内容运营者而言，这是最坏的时代，信息爆炸式增长，媒介触点无限蔓延，用户注意力碎片化，内容引爆越来越难实现。但同时互联网内容产业风起云涌，无论是基于内容产业的创业潮，还是各大平台对优质内容的争夺，又似乎都在印证：这是内容为王的时代。

需要特别说明的是，订阅号不同于微博和头条，订阅号属于封闭平台，除非你做付费推广，否则你的内容只会推送给已订阅的粉丝。内容是否能够被传播，能否成为10W+的爆文完全取决于内容是否被粉丝认同并转发。所以订阅号的内容运营难度实际上比其他自媒体平台要大很多。但在这个深度阅读的"意见领袖"时代，这也正是订阅号的魅力所在。

同时，目前在自媒体平台在内容这个维度上，对于原创的要求越来越高，运营者搬运过来的内容往往推荐度会很低，甚至连发表的机会都没有。而有的时候，你花费数千万的脑细胞原创出来一篇极有深度的文章，却发现阅读者寥寥无几，也没人转发。天天盯着后台看文章少得可怜的阅读量郁郁寡欢。怎么破解这个难题？

我们都清楚，订阅号背后巨大的流量池是微信，而微信最根本的属性是超级社交平台，那么在社交平台上的文章内容最核心的就是"情感属性"。订阅号的文章应该着力于满足粉丝的情感需求。

（1）情感是内容的强需求

我们先来看一个例子：

2018年7月23日，张五毛在自己的公众号"张先生说"上撰文《北京，有2000万人假装在生活》，不到24小时，阅读量超过700万；8月20日，第二篇爆款文《我那些从不买单的公务员同学》在两天之内，阅读量达到800万。

这两篇文章从情感上引起了"北漂"和我们对某些"社会现象"的情感共鸣。有了这些让你看完能够感同身受，并且陷入沉思的情感属性。你不需要做任何的付费推广，就可以获得千万级的阅读量。这千万级阅读量背后的价值，我们都懂。

在内容生产上，互联网也是不缺反面教材的：

前段时间一周姓女子乘列车强占他人座位且不听列车工作人员劝阻。很快，自媒体疯狂了，微信公众号爆了，微博热搜火了，以"高铁霸座女"为话题的内容横跨教育、职场、鸡汤等众多领域。但是点开仔细看，你会发现内容千篇一律，大多都是"事件回放、官方表态、社会影响、作者态度"这个套路，你能接收到最有用的信息，其实在你看第一篇文章的时候就全部知道了，剩下的文章已经毫无营养。接下来，一个月之后"#高铁霸座男#"再次出现，自媒体们又是一轮闹剧式的狂欢。

其实，这些突发性的偶然事件，只是热点，热点可以让人们肆无忌惮地进行情感宣泄，却不能满足我们的情感需求。而每天的生活中被你习以为常或者无力反抗的，才是真实的情感。你能从这些平淡又无奈的生活中挖掘出多少情感，能够用什么样的态度去诠释这些情感中的需求，才能让你的文章有血有肉、有情有爱，才能让粉丝自发传播。

（2）信息是情感的载体

对于一个优秀的内容运营者来说，我们不能只去用文字满足情感。既然是内容运营，那么内容中的信息就是必不可少的元素了。

一篇优秀的内容，信息和情感是缺一不可的。所谓信息，就是告诉读者是什么、有什么、怎么用、效果怎么样，比如各种品牌印记、社会事件、促销信息等。所谓情感，就是将信息故事化、场景化、创意化。

比如：

一篇软文，信息就是产品的功能介绍、产品优势等，情感则是场景化的痛点故事，营销化的体验结果；

一幅海报，信息就是活动主题、促销内容、二维码等，情感则是广告文案和视觉创意效果；

一段视频，信息是美女帅哥、产品介绍、背景音乐、布景陈设等，情感则是场景化的体验故事、音乐的旋律意境、解说的磁性感染。

人脑分为两部分，左脑和右脑。左脑负责处理数据信息，右脑负责处理情感信息。左脑理性，右脑感性。我们阅读内容的过程，左右脑会同时运作。信息是内容的骨架，情感是内容的血肉。任何优质内容的生产，只要符合"信息＋情感"的逻辑，就成功一半了。

（3）你的情感深度取决于你的学习能力

唯有不断地学习，才能提升我们的格局，才能让我们更容易发现和深度总结情感。你可以羡慕"毒鸡汤教主——咪蒙"，她每天都能生产出爆文。可你若是看过采访她的文章就知道，"每天不管多忙都会抽出时间看书，不然就会觉得自己被榨干了"。

对于我们这些普通的内容运营者来说，真的没有捷径可走，只能多看书、多涉猎、多思考、多总结。否则，你也只能每天追追热点。可是追热点的文章那么多，你凭什么保证你的逻辑比别人的清晰、你的观点比别人的独特、你的分析比别人的透彻？

把你无效社交的时间用在阅读和总结上，用在新技能的学习上。视频编辑、音频编辑、图片PS、色彩审美等技能都能让你的内容变得更加有吸引力，更有创意，你的内容中可以体现情感的元素也能越来越丰富，情感的表达途径也能越来越多。

4. 不得不说的文章标题：

6月20日微信订阅号正式改版，改版带来了几个订阅号的重大的变化。

（1）订阅号的群发消息以"标题+封面图"的形式直接展示在消息列表里，粉丝进入订阅号消息列表后可直接阅读；

（2）每个订阅号最多只显示两条推送文章，其他文章被折叠，只有点击"余下几篇"才能打开；

（3）订阅号的消息列表按内容送达时间先后排序，最新发布的内容在最上方；

（4）提醒未读条数的小红点和数字消失。

这些改变对于粉丝来说，由原来的先打开订阅号，再看标题进入内容，转变为先看标题和封面图，再进入内容。对于运营者来说，对内容、标题、文章头图甚至是发送时间都要仔细考量了。尤其是标题和封面图，这两点的好坏将直接影响到文章是否被打开。

好的标题应该既能体现情感需求，又能紧贴文章的内容，同时还能制造悬念。一个能引起欲望的好标题的原则是："熟悉的概念，以难以预期的形式，出现在熟悉的场景里。"具体到标题形式上，可以变形为以下几种：

（1）制造悬念，利益引诱

人性都有好奇，猎奇的心理。设置悬念可以让粉丝有更多的想象空间，从引起一探究竟的欲望，同时适当的设置利益诱惑，让粉丝期望读完全文后可以得到一些好处。

举例："天猫618强势来袭，攻略在此立省1000。"

"高速上爆胎的救命方法，转一次，可能救一人。"

（2）巧用对比

为了说明某一件事情，在标题中制造反差，并有着明确的指向性，让粉丝明确正反好坏，引起想要了解到底什么是对、什么是错的欲望。

举例："看看人家的厨房，你那只能叫灶台。"

"儿时玩耍的弹弓，在这群人手里变成了神器。"

（3）善用数字更具说服力

带有数字的标题会让人感觉很直观，同时给人更专业、可信的感觉。

举例:"连续写出10W+的爆文,他说只需做到这3点。"

"9个细节告诉你,达摩院过去一年做了啥。"

(4)锁定目标,对号入座

直接让用户对号入座,他们会更愿意点进去看到底对我说的什么。

举例:"马上要装修的业主注意了……"

"宝宝身高达标吗?一张图告诉你。"

需要注意的是,标题很关键,但是绝不应该做成标题党,现在的广告法对于文字内容的要求越来越严格,同时各自媒体平台也是用了很多手段打击标题党,像类似危言耸听的"夸张体""震惊体""绝对化用语"等都会影响到文章的顺利发布和平台的机器算法推荐。

5. 如何与用户互动

订阅号运营的核心是内容,但重点是互动。我们用优质的内容将情感传递给了粉丝,只有粉丝与我们互动了,情感的交流才会产生,粉丝才能逐渐产生对订阅号的情感依赖,黏性才会真正形成。

订阅号的文章内容界面中粉丝可以直接参与互动的是点赞、评论、转发。如果说内容传递的是情感,那么互动则是情绪表达。成功地引导并调动了粉丝的情绪,评论和转发就会自然地产生。

网络上不少的专家告诉我们可以利用评论抽奖、有奖转发等方式来增加互动。只能说,这种方法有效,但不正确。因为利益诱导的互动并不是交流,而是买卖索取,符合当下典型的商业价值观,却不符合情感交流的基本原则——用心。

如何引导并调动粉丝的情绪?

答案只有一个,制造"围观现场"来"带节奏"。

90%的粉丝在浏览完文章内容的时候一定会习惯性地看一下文章底部是否有评论,而往往那些短小精悍、有理有据、言辞犀利的"神回复"会给粉丝们留下更加深刻的印象。同时,评论的观点导向也能让粉丝们直观地了解订阅号其他粉丝的层次和三观,进一步体现出订阅号的"人格"和粉丝群体的性格。

从心理学角度来说，我们在阅读评论的时候，会从潜意识中被激发出总结、表达的欲望。即使这个欲望仍然不足以促使我们打破沉默进行评论，但一定会加深我们对文章主题和观点的印象。因为在阅读评论的时候，潜意识会让我们快速回想一遍刚才阅读的内容，并在脑中形成基于自己经验的判断，然后会本能地产生出表达的欲望。

所以，在发布每一篇订阅号的内容前，再写出三四段30-50字的评论。然后用自己的小号或者朋友的"路人甲"号每隔几个小时在文章下评论。这在互动运营中被称为"带节奏"。

在编写评论的时候，甚至可以根据文章的内容和观点，写出一正、一反两种不同观点的评论，只要不是哗众取宠，言辞激烈一些都没关系，直接把评论区变成"车祸现场"。通过自导自演的评论来调动出粉丝的同情心、虚荣心、愤怒、喜悦、厌恶等情绪，激发出粉丝表达自己的判断力的欲望，让粉丝体验"众人皆醉我独醒"的感觉。

初级围观：

"这个视频太棒了，空气这么糟糕，终于有人造福大众了。必须转。"

"能耐心看完的人不多，看懂的人更少，而相信的人少之又少，我是其中一个。"

"可能是巧合，可能是故事，但肯定会是一个经典案例。先转发了。"

高级围观：

"这样的文章很少，我看了一下评论，基本都不认可，但我觉得写得很有道理。对于文章的观点不必现在就做出判断，三五年之后再看，对不对就清楚了。"

"旗袍是旗人的服装，恢复我大汉汉服很难吗？电视上充斥着清宫戏，须知就算清朝是中国的一个朝代也不过200年，而且是极度落后衰退的200年，是中华文明的悲哀。"

"车祸现场"有了，围观群众有了，"吃瓜"群众也就自然地被聚集起来了，传播也就顺理成章了。

6. 订阅号的内容沉淀

在订阅号的内容运营中，为了增加内容体系的厚度累积，让内容的影响力逐步增大，我们可以人为地将内容分为流动内容和沉淀内容。

流动内容体现为每日更新并推送给粉丝的内容，而沉淀内容则是将流动内容中互动效果好的内容根据粉丝的互动和反馈意见重新整理，用关键字、菜单专题或者文章末的链接形式再次以系列专题和扩展阅读的形式体现出来。

只要不断地整理和更新沉淀内容，一段时间后就足以建立一个强大的订阅号内容体系。这个体系将使得订阅号在粉丝眼中变得更加有深度。通过将内容细分沉淀，做成精品栏目或者专题，不仅能够增强内容的可信度，还能增加内容的权威性，进一步提升订阅号的"意见领袖"地位。

内容的沉淀可以参考以下两种方式。

（1）流动优质内容的筛选和沉淀

日常所做的内容更新中，时常需要借助外力，比如蹭热点、"抱大腿"等，但对于一些时效性不强但关键字属性强的优质内容，可以根据内容的关键词进行分类，将这些内容重新组织或者重新整理，通过二次加工变成话题内容链，这可以理解为流动优质内容的复用。

（2）策划存量内容

订阅号的内容运营，受制于微信这个平台的碎片化社交属性，日常推送流动内容是为了吸引粉丝进入公众号，但公众号内若是没有足够的存量内容让新粉丝的"求知欲"得以满足，热恋期过后，订阅号一定会被取关或者逐渐被粉丝遗忘。用优质的内容吸引粉丝的注意，这个相对容易，但订阅号内大量可供粉丝深度阅读的存量内容才是体现订阅号实力的关键，也是订阅号内容运营的差异化竞争手段。

在订阅号的运营初期，可以主动根据行业话题或者产品特性等进行主题策划，通过众多的存量内容链打造出经典的专题、系列栏目，久而久之，成为订阅号内容体系中的招牌内容。

也就是说，我们做内容运营，除了对粉丝的流量内容供应，还要策划可以沉淀下来的静态存量内容储备，把内容做成具有竞争门槛、不可替代的服务。

比如："罗辑思维"每天 60 秒的语音推送是流量内容，但它背后的内容库是一直在不断膨胀的，包括回复关键词的免费内容和 APP 的付费内容，存量极大。

7. 订阅号的推广运营

订阅号的推广一直是个难题，基于微信封闭的社交属性，靠优质内容的转发吸引新的粉丝是一种方式，但这种方式对内容的门槛要求很高，千金易寻，好小编难找。而且这种方式对于新建立的订阅号来说，很难在短期内增加大量粉丝。

所以在订阅号的推广运营过程中，我们还需借助一些其他的外部推广手段，我们把推广分为自媒体矩阵、线下推广、付费推广三种方式。

（1）自媒体矩阵

每一个企业，都应该建立官方的自媒体矩阵，官方网站、微博、订阅号、头条号、百家号、知乎、社区论坛、企业网上商城、行业的QQ群、异业联盟类平台等都是企业传递价值的自媒体资源。在这些官方自媒体中都可以用页面布码和内容引导的方式推广订阅号，将用户引导到我们的订阅号中来。在之前的章节中我们提到过"流量中心点"的概念，在这个自媒体矩阵中，订阅号就是中心点。

企业还有一个特殊的自媒体资源，就是所有员工。员工是企业无形的自媒体资源。如果员工用自己理解的企业产品和企业文化对订阅号的内容进行评论并转发在朋友圈等渠道中，可信度有时候会比官方的发声更有说服力，更容易引起裂变传播效果。

（2）线下推广

自媒体矩阵的推广基于订阅号的内容质量度，质量越高的内容能够引起的关注越高。而线下推广则基于商业规则和利益诱导。

常规的线下推广分为静态推广和活动推广两种方式：

（a）静态推广

企业可以将办公用品如名片、宣传印刷品、小礼品中印上订阅号二维码。

某些企业还可以在终端店面架设智能路由器，利用微信Wi-Fi功能，将自然客流的免费上网与关注订阅号绑定，省去用户扫描二维码或者询问密码的过程，这样用户的体验会更好。

（b）活动推广

对于一些初创的企业，在路演活动推广企业和产品的同时，为了增加与目标用户的互动，在活动过程中通过一些第三方插件，比如微信摇一摇、微信红包等方式吸引用户关注，同时对于参与活动的用户给予一些实物或者礼券类的奖品。用户在活动现场扫描二维码关注订阅号就可以参加，互动的结果可以即时公布，也可以在后期的订阅号内容中公布。

虽然微信现在禁止任何利益诱导行为的分享转发，但对于线下活动的直接关注是无法禁止的。所以利用好每一次的线下活动推广，订阅号将获得更多更加精准的关注用户。

需要注意的是，线下活动推广活动后连续三天的订阅号内容，除了活动的延续报道和中奖通知等内容，还应该有下一次活动的预告内容。这样是为了避免推广活动后许多既得利益的用户取消关注。要粘住用户，并且让用户能在订阅号沉淀下来以提升留存率，是需要费一些精力的。

（3）付费推广

天下没有免费的午餐，订阅号的发展红利期已经过去，如果企业并不想等待太长的时间用内容去吸引用户，就只能采取付费推广的方式了。目前比较有效的付费推广渠道是腾讯社交广告（原广点通）。

腾讯社交广告整合了腾讯系的 QQ、微信、腾讯新闻、腾讯视频、QQ 浏览器等所有用户平台的广告资源，覆盖 10 亿用户，同时提供包括人口属性、商业兴趣、地理位置、使用设备、天气环境等精准定向条件，让我们可以方便使用信息流广告的方式针对目标人群进行订阅号的推广。

广告版位

☐ 移动平台 ☐ PC平台

广告版位	创意形式	描述	曝光量
微信	960×334单图(文)	公众号文章底部广告	5,162万
微信	582×166单图(文)	公众号、新闻插件底部	2,256万
微信	114×114单图(文)	公众号、新闻插件底部	217万

有关信息流（DSP）平台的操作和技巧，我们将在后续章节中详细解读。

在推广方面，如果有初始预算，建议通过付费推广的方式完成原始的用户积累。但付费推广输出的内容一定要能够匹配投放方的用户群体，推广文案或落地页必须有针对性。否则花了钱也不会有效果。

如果没有预算，就先把自有资源用好。优化每个自媒体平台和线下活动中与用户的每一次接触机会，在文章的内容、互动方式上做优化。

需要注意的是，对于推广后的新关注的用户，一定要学会使用订阅号后台的数据分析，不仅要分析不同的推广渠道带来的用户量，还要分析用户留存和新用户的活跃度，只有这样才可以针对性地进行内容调整和推广渠道筛选优化，订阅号的用户的质量度才能越来越高。

自2012年微信公众平台上线，短短的7年时间它如同雪球般越滚越大，积聚的势能也吸引了无数的内容创业者，也成就了像"罗辑思维""视觉志""咪蒙""她刊"等一大批优质自媒体。我们共同见证了一个全新、独立的生态化社交平台。订阅号、服务号、企业号、小程序等百花齐放，而原创保护、留言赞赏、广告流量主等一系列功能更为微信公众号打造了完美的生态环境。从基础平台到内容，企业产品生态赋能再到广告推广、支付的商业闭环，微信公众平台的一次次进阶都似乎在验证：未来，每一天都是新的开始。

引用一句话"人们获取信息的方式是去中心化的，但是我们最终要有一个展示我们信息的载体"。所以企业需要用心建设、运营微信公众平台，让用户能够找到企业、传播企业信息并与企业进行互动。无论哪个平台，何种渠道一定要根据个人或者企业自身的清晰定位，善用数据分析去判定用户喜好继而持续产出优质内容，再加以办法去匹配场景继而做好推广。简而言之：有好的内容才会有分享，有分享才会有用户，有用户公众号才会创造价值。

最后，我们不知道公众号这阵风还会吹多久，也不知道星星能闪烁多长时间。但可以确定的是：一切都为时不晚！

三、微博的运营技巧

微博，顾名思义就是微型博客，长度在140字以内（长微博可以突破字数限制）。在微博的平台上，人们可以随时随地分享所见所闻，无须标题和文章构思，瞬间的灵感即可便捷地发布，并被病毒式地分享传播。截至2018年12月，微博月活跃用户增长至4.62亿，日活跃用户增至2亿，相当于平均每三个移动网民中就有一个是微博用户，且用户总使用时长堪比在线视频应用，超过40亿小时。同时微博用户的黏性也比较高，仅2018年5月，人均使用次数达87.1分钟，人均每日使用时长为56分钟。由此可见，微博已经成为我们日常生活交流中必不可少的一件工具，如何熟悉并让它发挥潜在价值，对有志从事网络营销的自媒体人来说意义重大。

当然，微博的兴起也引来很多人的批评指责，例如谣言横飞、没有私密性、内容同质化等。任何事情都是利弊兼具的，用户群体的激增必然带来一些粉丝发布不实或过激的言论，但如果就此否定微博的价值，那无疑是把孩子与洗澡水一起倒掉。相反，我们应把微博作为一面镜子，来反思传统媒体的不足。

1. 微博的优势

相对于其他传统媒体，微博在传播交流以及网络营销方面的优势非常巨大。

（1）140字（两条短信的长度）的限制，迫使发布者要以非常精练的方式去表达自己的观点，这在当前信息泛滥以及标题党横行的时代很有吸引力；

（2）微博每天提供了太多的兴趣话题、热点话题供网友讨论并发表自己的观点；

（3）微博具有可选择性，粉丝可以随意挑选自己喜欢感兴趣的话题或者博主关注，一旦不喜欢了，也可以随时取消关注；

（4）微博具有非常强大的互动性，发布的任何内容会有人在下面聆听、互动以及转发，尤其当粉丝量上来之后，博主会有一呼万应的感觉；

（5）微博的内容可以是聊天式、生活式、碎片式的，这就意味可以随时随地发，不会像写文章那么辛苦，用户参与门槛大大降低。

都说"枪炮的发明使奴隶和贵族得以在战场上平等对峙，印刷术为各阶层的人们打开了同样的信息之门，邮差把知识一视同仁地送到茅屋和宫殿前"。而微博等自媒体的出现，让无背景、无经济实力的普通人有了和传统商业巨头靠齐的台阶。微博出现后，企业和个人都可以更精准和主动去影响目标人群，并把目标人群转化为潜在的价值用户，毕竟你的粉丝一般都是对你的企业或者产品感兴趣的人。

2. 微博用户的特征

都说善意的恶毒，柔软的打击，这个社会从来不会可怜任何一个不思进取、不愿创新的个人或团体。当我们面对的营销群体在不断发生变化的时候，相对应的营销方式自然要随之改变。在我们探讨方法和技巧之前，首先需要明确当前微博上潜在用户的特征。

（1）数据显示在微博用户群体中，18-35岁之间的人群占比是最高的，同时具有大学本科以及本科以上学历的用户比例也非常高。所以微博的用户普遍对互联网的认知或者接受程度很高，知道自己想要什么样的公司和产品。而且网络给他们的信息量大，选择性也异常的广，所以能够吸引他们的产品和公司都必须经过千挑万选。

（2）微博用户的消费品质很高，他们见多识广，对审美和品质的要求也相对更高。

（3）微博用户在消费决策的过程中，更愿意接受朋友、粉丝以及"大

V"的经历和建议。对于商家来说，买家评价的好快直接会影响到成交。而且用户已经不认为吐槽就是负面评价，只要有足够的兴趣，槽点也可以成为看点。

明确了特征之后，那么如何让企业官方微博成为能够被用户关注的微博？如何去发一条可能被大众检索到的微博？

需要注意的是，微博的运营不是拼粉丝量，拼转发量，拼活跃度这么简单粗暴，想要微博能够持续地被关注并与粉丝产生互动，并最终顺利地传递意见并占据粉丝的心智，最应该注意的还是微博发布的内容。因为大部分的微博用户习惯通过内容搜索来获取信息，而不是通过搜索企业名称或者你的微博名称。新浪微博的搜索页面中也是默认内容和话题搜索，由此可见微博的内容有多重要。

3. 微博人格

做好一个企业微博，第一步不是制定什么宏伟的目标，也不是马上去筹划做什么样的内容营销，最核心的事情就是对自己的企业要有非常清醒的认知，知己是做好微博营销的第一步。

先审视你的企业、企业的产品到底应该树立一个什么样的公众形象，这个形象就是微博人格。具备了微博人格的企业，在粉丝面前才不再是一个冰冷的名称，而是有血有肉、有情有义的"人"。微博是一个情感互动属性非常高的平台，微博之所以被称为"自媒体之王"，是因为每一个微博的账号都具有鲜明的个性特征。粉丝只会与爱憎分明的"人"交流，不会搭理冰冷的官方通告。

一个微博账号运营的好坏，并不在于粉丝量的多少，而在于通过精准的内容定位和个性张扬的互动，是否建立起鲜活的微博人格。中庸的"人"在网络上是无法生存的，自媒体只属于"敢想敢说、个性鲜明"的"人"。

（1）内容定位

所谓内容定位，就是每天发布的微博是给谁看的，看完你的微博后，又明白了什么事情。如果你的内容引起了浏览者的兴趣就会被关注，如果粉丝还想继续知道类似的事情就会持续留意你。明确的内容定位才能针对性地吸引粉丝关注，而粉丝的质量是由内容质量度决定的。

网络上有一句非常流行的话："字数越少，事情越大。"这句话来形容微博再合适不过了。微博140字+9张配图的限制，让运营者把一件事情说明白是件非常困难的事情。那么，怎么样用140个字说清楚一件事，并且还要加上自己的观点，就是考验内容编辑能力的重要指标了。

对于官方微博来说，每天发布的微博内容尽量围绕企业和产品展开，不要推送与内容定位不符的其他内容，内容一定不能经常变来变去。如果真的没有内容可写了，宁可把以前的微博进行二次加工重新推送，也不要去复制别人的内容在自己的微博推送，微博是讲究原创的。

（2）个性风格

微博是一个互动属性极强的社交型自媒体。除了每天推送内容之外，不断用评论、转发、回复去制造互动也是重要的日常运营工作。

微博内容的字数太少，很难通过内容完整地表现出微博人格的"三观"，只有通过互动才能更加快速准确地体现出微博的个性风格。用什么样的意见去评论热点事件、用什么样语气去回复粉丝的评论、用什么样的观点去转发别人的微博，都影响到微博个性风格的树立。

你的意见观点可以古板守旧、也可以灵活创新，你的语言风格可以诙谐幽默、也可以沉稳严谨。与你发生互动的人对你什么印象，决定了粉丝会以什么样的方式与你互动，这就是人以群分的道理。

同内容定位一样，个性风格一旦确立，也不要总是变来变去，一会儿"愤青"一会儿"五毛"，否则粉丝们肯定会以为你有神经病。

如果说内容定位体现的是微博价值，考验运营者的智商；那么互动风格体现的就是微博性格，考验运营者的情商。微博人格的塑造不是件容易的事，尤其在这个人人都想挣快钱、都想一夜暴富的时代。你我都没有捷径可走，除了坚持，还是坚持。

4. 微博的基础设置

相信大部分企业都应该已经拥有了自己的微博，对于微博的个性化设置我们不再赘述，只简单提几点建议：

（1）官微名称

企业官微的昵称尽量不要只是公司名称。为了便于粉丝搜索行业词时能够搜索到我们，官微的昵称尽量是"公司名+行业（内容定位）"。比如："新浪体育""搜狐娱乐"。

（2）微博背景图

微博背景图现在只能开通会员才可以修改，系统默认的背景图有一个故意的"bug"，导致微博的昵称会被默认背景图中的太阳影响，字体的显示会非常不清晰。建议还是花钱开通会员换张背景图，不仅能让微博主页更加个性化让粉丝眼前一亮，还能避免千篇一律的背景让粉丝审美疲劳。

（3）个人简介

未认证的微博在主页中是默认显示"个人简介"的。很多人在注册微博的时候把所有的精力都花在想一个好听的昵称上，却忘了个人简介的重要性。个人简介在主页中只能显示 23 个汉字，在简介中要尽量把企业的特点和差异化体现出来，让新关注的粉丝能够更加清楚地了解官方微博的特点。

（4）个人标签

微博个人标签是描述博主职业、兴趣爱好的关键词，可以让更多的粉丝找到兴趣相同的微博。已经添加的标签将显示在"我的微博"页面右侧栏中，个人标签的存在对于微博搜索有很重要的意义。建议个人标签经常调整更换，可以利用百度指数这个工具中的需求图谱来定期更新个人标签中的关键词。

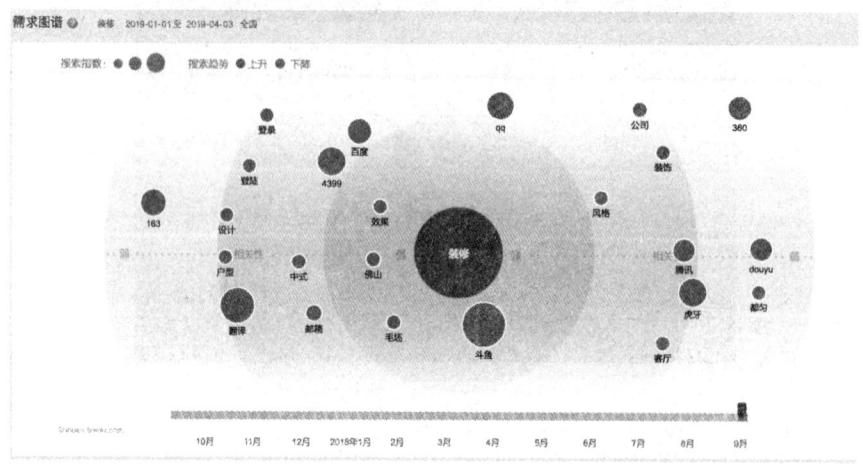

（5）V字认证

微博是一个开放平台，微博昵称是可以自己设置的，为了增加对微博运营者真实信息的保障，微博推出实名认证系统。

业之峰装饰成都　　＋关注

♂ 四川　成都　个人主页

关注 129　｜　粉丝 1112　｜　微博 26

简介：CCTV-2《交换空间》设计老师量

职业信息：　业之峰装饰

成都业之峰装饰 V　　＋关注

♂ 四川　个人主页

成都业之峰装饰工程有限责任公司

关注 148　｜　粉丝 4万　｜　微博 547

微博认证的分类如下表：

认证类型	特权	认证图标	认证难度
政府认证	身份识别	蓝色图标	简单
企业认证	搜索优先	蓝色图标	中等
机构团体	发言特权	蓝色图标	中等
媒体认证	发言特权	蓝色图标	较难
个人用户认证	名人堂	黄色图标	难
网站认证	搜索优先	蓝色图标	中等
个人认证	身份认证	黄色图标	难

微博认证的好处：

通过认证并顺利加 V 的微博，说明微博资料的真实性是经过审核的，已经认证的微博不论是微博内容还是发起的话题，对于粉丝来说，可信度都比未认证的微博高得多。

认证后，微博主页展示和普通用户的模板不一样，还能设置一些个性化模式，在内容上和展示上也占据优势，更容易获得大量粉丝。

只有认证用户才可以申请入驻新浪微博的名人堂，一旦通过名人堂的申请，那么在微博上你就是真的是个名人了。

认证用户在微博搜索中的优先级高于未认证用户。

最关键的是，百度搜索等搜索引擎更信赖认证用户，未认证用户的资料和微博内容是非常不容易被搜索引擎收录的。如果微博内容被搜索引擎收录，粉丝在搜索引擎可以通过搜索关键词进入微博，直接带来阅读量，微博影响力将进一步的提升。

5. 微博发布技巧

很多人认为发微博讲求随心所欲，既然是一个表达情感的社交平台，想起什么就说什么，看到什么有意思的一通转发。如果是个人号，这么做无可厚非。但如果是官方性质的微博，从运营的角度来说，为了能够更好地提升微博的影响力，吸引更多的粉丝关注，在发布内容的时候还是需要注意一些的。

（1）微博内容

在这个读图和看脸的时代，你发的每一条微博都要尽量配上有吸引力的图片或者小视频，这样的你的内容才会更容易被关注到。比如同样的两条卖衣服的微博，一条可能写得天花乱坠，1000 字都不足以诠释出博主的才学。而另一条，简简单单的发布衣服的信息，但却配上了几张模特的图片，哪一条微博的点击量会高？不言自明。

有权威专家分析，被关注和转发最多的是那些 120 字到 130 字之间长度并且附带九图格式的微博，并且九张配图的微博在机器计算推荐量时的权重也会相对较高。

如果微博附带链接的话，尽量将链接出现在微博正文的1/4处，这样可以获得的点击量往往最高。

在发布微博的时候找对词、用对用语。例如含有"通过""@""转发""请"和"看看"这些字眼的微博比没有这些词的微博会有更高的点击率。

（2）发布带话题"##"的内容

微博发布的内容尽量带"##"的话题。带"##"微博内容的好处有：

如果选择的是一个热门的话题，微博的内容又非常优质，这条微博就有机会进入热门话题的热帖，可以获得更多的传播和加粉；

也可以自己建立一个话题并长期用这个话题发布内容，久而久之很容易做成一个专属的品牌。例如"# 小明侃装修 #""# 韩服私人定制 #"等；

微博话题的排版相对于文字来说更醒目，粉丝往往第一眼从话题去看你想表达的中心思想是什么，话题对了，粉丝对内容的关注度和印象自然会更高；

话题相对于微博内容，更容易被搜索到，这样可以增加微博的曝光量。

（3）微博发布需要借助热点

自媒体想要获得爆发性的突破，除了内容要独特、有吸引力之外，借助热点去做运营也是成功的捷径。

想要借到热点，就需要有足够的网感，保持对热点的敏感，知道什么样的内容会受到大多数网民的喜爱，再挑选出你的粉丝最喜欢的热点内容。当然网感这个东西也不是很短的时间就能够培养出来的。我们需要做的就是每天去看看微博热点中的相关文章，学习优秀的微博运营者如何结合热点来形成内容传播和扩散。微博热搜里不仅有"热搜榜"，还有"话题榜""同城榜"等榜单，这些时时更新的榜单能够给我提供源源不断的话题内容。

有了初步的网感后,思考如何与自己的产品、业务结合起来,然后形成结合热点的内容推广给粉丝,让粉丝逐渐相信并接受你和你的产品。这个可以学习下微博营销大神"杜蕾斯官方微博",看他们如何做到热点和产品的完美结合。

(4)微博发布的时间

根据经验和数据统计,周五、周六和周日的微博比平时发布的微博会有更高的点击量。这可能契合现在粉丝的工作和学习时间分配,毕竟平时工作学习任务烦琐,刷微博的时间有一部分可能让给了刷朋友圈。而到了周末可以静下心来,有更多的时间浏览微博。

还有一点是,下午发的微博会比上午发的有更高的点击率,并且在临近下班的时间点击率达到顶峰。这个和上面的道理一样,临近下班心情放松,时间宽松,刷几条微博优哉游哉。

（5）微博发布要采用多种形式

除了固定的图文并茂的微博形式，在发布微博的时候还可以配合投票、点评以及音乐、小视频等功能来丰富微博的内容和产品的展示形式。随着移动互联网的发展，粉丝的阅读兴趣逐渐在经历从文字—图片—视频的转变。如何让"懒人"阅读得更加舒适是我们运营微博必须要考虑的。

6. 有效互动的关键

有效的互动可能是微博运营者最薄弱的环节之一。互动不足的微博，再好的内容也难以广泛被传播，更难以成为"意见领袖"。

在微博运营的过程中，应该时刻将互动作为运营的方向和目的。内容的创意固然重要，然而在加入一些互动运营的技巧后，微博的人气才会逐渐旺起来。对于微博运营来说，内容是根，互动才是魂。

对于初级的微博运营者来说，掌握以下三个技巧就可以快速形成有效的粉丝互动：

（1）主动互动

多账号运营：

在前期的微博运营中需要借助多账号运营这个小手段，多个小账号配合主账号来自己制造互动和内容。

可以用小号@大号或者在大号的文博下评论直接提问关于产品的相关问题，然后大号做出专业的解答。有些时候大号发布微博后，及时地用小号配合点赞评论等互动，增加大号的互动量，共同营造出微博的人气。

精细分组：

分组管理一直是粉丝运营和提升转化效率的基本手段。但在微博的运营中，不仅要给粉丝分组，还要给关注的分组。

对于没有与我们的微博进行过互动的粉丝，我们可以根据粉丝主页中的个人简介和查看他的历史微博来判断粉丝的兴趣标签进行分组。需要注意的是，粉丝的分组越细越好。虽然很麻烦，但细致的分组能让不同方向、不同观点的内容有的放矢的精准@给最可能感兴趣的粉丝，增加获得互动的机会。

对于关注的人的分组，是为了能让我们能在第一时间获得某一个领域兴趣相投的人的意见集合，这些意见有利于在内容运营时帮助运营者形成更加有深度、有说服力的内容。

@对的人：

区别于粉丝分组中提到的对的内容"@对的人"。这里所说的"对的人"是指在微博传播转发中起到决定性因素的粉丝（引爆点）。通过一段时间对"粉丝服务—微热点—微博传播效果分析"中的高互动微博内容的转发分析，一定能找到在官微不同方向的内容传播过程中，到底是哪些关键粉丝在不同的转发层级中起到了什么样的作用。然后接下来的微博发布时，更加积极主动地@这些对的人。

与"大V"互动：

多关注行业"大V"和经常能制造热点话题中的"大V"，我们自己的微博内容@这些"大V"通常是不会有效果的，但我们可以经常地评论这些"大V"的微博。

只要评论的内容足够意见鲜明、有深度、够犀利，同时在评论里做好关键词和标签的布局，这样的评论很容易进入热评榜。不仅能够顺带增加微博的曝光率，互动的微博内容还能够再次进入微博搜索数据库中，再次增加关键词搜索时被搜索引擎抓取的可能。

（2）内容方向选择

以互动为方向微博发布，前提是要明确粉丝的标签和属性。在"粉丝服务—粉丝趋势—粉丝画像"中，我们很容易查看到关注粉丝的兴趣标签，并根据这些标签调整内容的方向和微博内容中的关键词布局，提升粉丝对微博内容的关注度和互动机会。

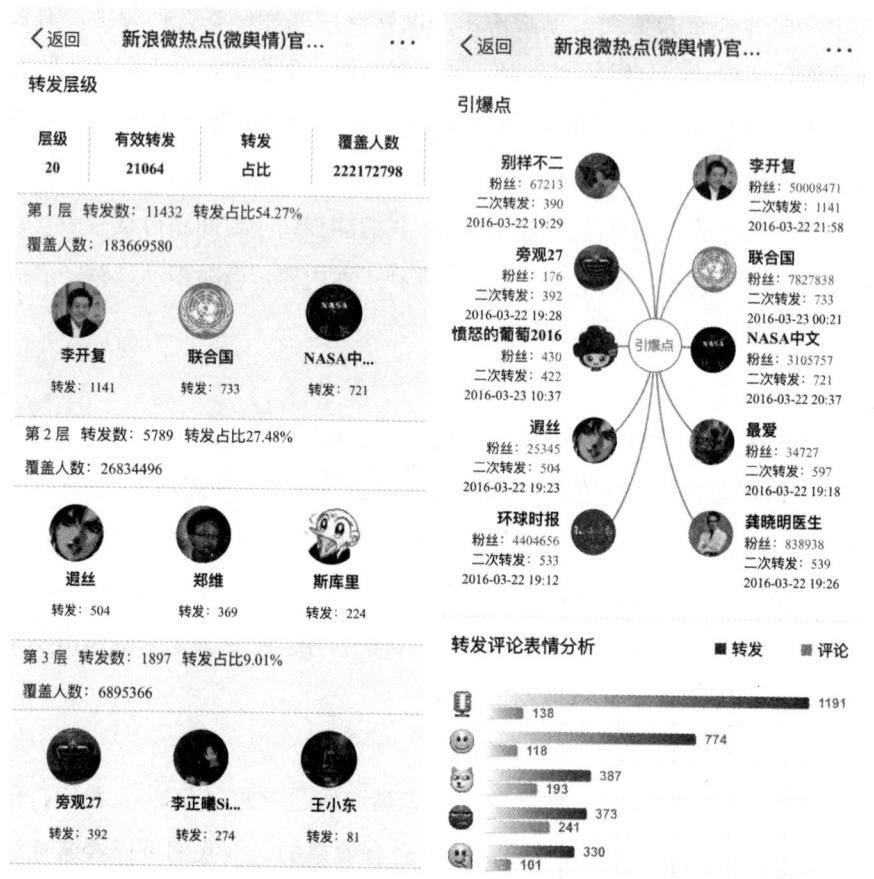

还需要注意的就是微博热搜榜中的"同城榜"和"好友搜"。这两个榜单能够让我们更加精准地掌握身边的热点和粉丝近期的兴趣所在,朝着这两个内容方向发布微博,也是引起粉丝兴趣并增加互动可能的最好方式。

微博运营的初期,并不需要我们是行业专家、文学家、幽默大师。但微博是一个讲求回报的平台,勤奋能促使粉丝关注、精彩能促使粉丝关注,而精准的内容带来的话题价值才是促使粉丝转发和评论的关键。所以,别着急发微博,先去了解你的粉丝,再去创造能走进粉丝内心的内容。

#北京身边事#
北京的各种有趣、好玩、新鲜的事儿,欢迎...
482万讨论 100.7亿阅读

稻城亚丁 白天堵到黑夜 今天13:48

师胜杰 今天11:35

凉生可不可以不忧伤 10月1日

#带着微博去北京#
北京的吃喝玩乐攻略都在这里了!想晒出你...
47.2万讨论 2.2亿阅读

she个人公司名字 10月1日

周立波 10月1日

#北京美食#
北京美食,推荐好吃的北京必吃餐馆、特色...
259.3万讨论 38.6亿阅读

香奈儿红色工厂 10月1日

致敬东方美 10月1日

#北京出行服务#
为老百姓提供及时的、全方位的出行信息服务
2.7万讨论 4.5亿阅读

吴秀波 10月1日

小吴被打码 10月1日

#北京短租#
北京短租少,遇见多珍惜,不论出租还是求...
1.1万讨论 1396.4万阅读

错将10万收礼清单发到工作群 10月1日

唐爽反击视频 9月30日

(3)运营"圈子"

任何形式的社交,一定是基于圈层的。这一点在微博的互动运营中至关重要。我们运营微博,最终目的是将账号运营成为"意见领袖"。而建立并运营好微博圈(群)是成为"意见领袖"的第一步。

其实微博中大多数的人并不在乎你是谁、有多少粉丝、是不是大咖,他们只在乎与你的互动是否能够获得有价值的帮助,这是粉丝判断是否应该持续关注你的唯一标准。基于即时沟通功能的微博群和微博圈让运营者有了能够随时与志同道合的微友进行互动的地方。用心在微群中运营话题、积极互动,对于增加官微的公信力和吸引新粉丝的关注都是有长期效果的。

7. 微博大数据

在我们运营微博的时候，很多情况下我们会兴奋于微博内容进了热门、某条微博评论转发火爆，这从一方面说明微博运营小有进步，但如何把这种进步变成常态，就需要我们实时关注微博数据。从数据层面上运营者可以从更多维度来分析内容的传播情况以及粉丝的需求变化，及时调整企业的产品和微博的内容来迎合粉丝需求。

在大数据时代，人们在网络上留下的数据越来越多。粉丝是谁、在哪里、做了什么，不仅仅是简单的数据显示，更是对传统营销的一种反思，供需双方的角色互换已经发生。

2017年，新浪微博推出"微博影响力"功能。粉丝进入微博主页能直观看到博主昨日的微博相关数据，通过数据的高低粉丝能够对运营者的运营结果有一个数据上的了解。这种大数据的展示，也传递出新浪微博的数据态度。

实际上，微博自2017年后的更新，都集中在对于数据的统计功能开发上。在"粉丝服务"这功能中，越来越多的统计工具和推广工具被整合到微

博功能中来。微博运营想要有的放矢,对于大数据的分析就显得日益重要。

粉丝服务中的"内容效果"能够非常详细地显示微博内容在某一个区间的所有数据情况;"粉丝趋势"能够展示粉丝趋势、活跃粉丝、粉丝画像,甚至告诉你哪些粉丝取消了关注;商业工具中的"微热点"强大的大数据解读和传播分析能够对每一篇微博的传播途径和转发层级等进行系统的展示,竞品分析功能还能够让你对竞争对手的微博效果传播了如指掌。如此强大的数据统计工具,学会使用大数据,将会让我们的微博运营更加精准。

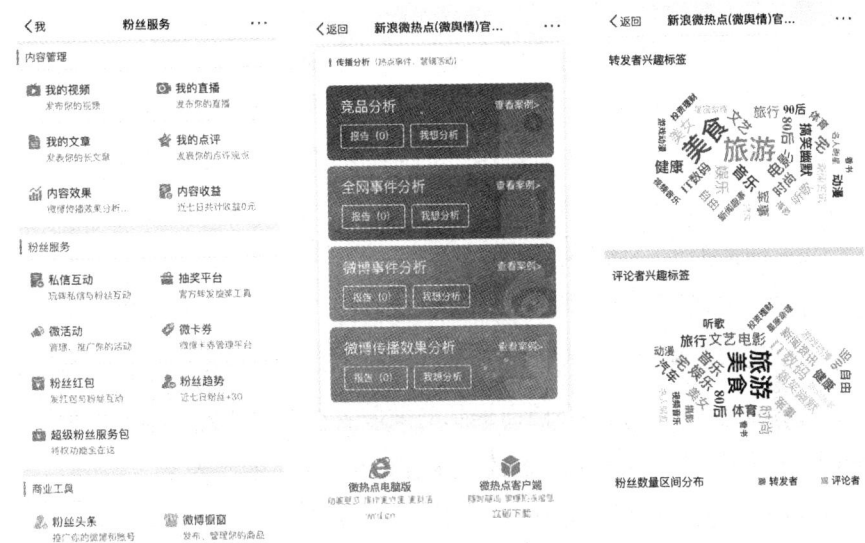

在日常运营过程中,通过微博后台的数据分析不仅可以看到微博内容的运营效果,还可以非常精准地查看粉丝的情况。以装修行业为例,通过对几个"大V"的微博后台数据统计可以分析得出:

粉丝受众群体大多是主导消费群体已经是"80后""90"后,更喜欢整体装修这个概念;

30岁以下的女性更喜欢在网上寻找装修案例,并且喜欢的风格以北欧、现代简约风格为主;

30岁以上的男性在装修过程中更关注装修时间和装修费用。

……

想象一下，有了这样精准的人群画像，微博运营中发布什么样的内容才能获得更多的曝光和粉丝互动似乎成了一件并不太难的事情。

8. 微博搜索

微博的搜索功能非常强大，粉丝也习惯使用微博搜索获取想要了解的信息。了解微博搜索的机制，对于我们优化微博账号和微博内容排名的意义重大。

（1）微博账号排名技巧

当我们使用微博搜索微博账号的时候，微博的搜索引擎会根据各种综合因素对账号进行排名，包括用户关键词匹配度（昵称、简介等含搜索的关键词）、粉丝数、是否已关注用户、是否认证用户、是否作弊、是否活跃等综合因素进行排序。

（a）搜索关键词与账号昵称匹配度

搜索输入的关键词与用户名吻合度越高排名越靠前。如果搜索的关键词就是某微博的用户名，排名会加分，但是不是完全排在第一，还要根据其他数据综合排名。我们在前面提到的微博名称使用"公司名＋行业（内容定位）"的目的也是为了便于微博搜索能带来更多的曝光。

（b）微博粉丝的质量和数量

粉丝的数量和质量越高排名越靠前，这个指标对账号排名影响最重要。很多微博运营人员在微博运营初期都会去购买一大批"僵尸粉"，天真地认为这个好看的粉丝数量能够给自己带来更高的信任度，其实越刷排名越靠后，有可能还会被隐形降权。

新浪的大数据系统很容易就能判断出粉丝的质量，而粉丝的质量权重又大于数量权重。所以用心地做好与粉丝的互动，让粉丝活跃起来让粉丝的质量度高起来，这样不仅能弥补粉丝数量的不足，还能让微博的账号排名更加靠前。

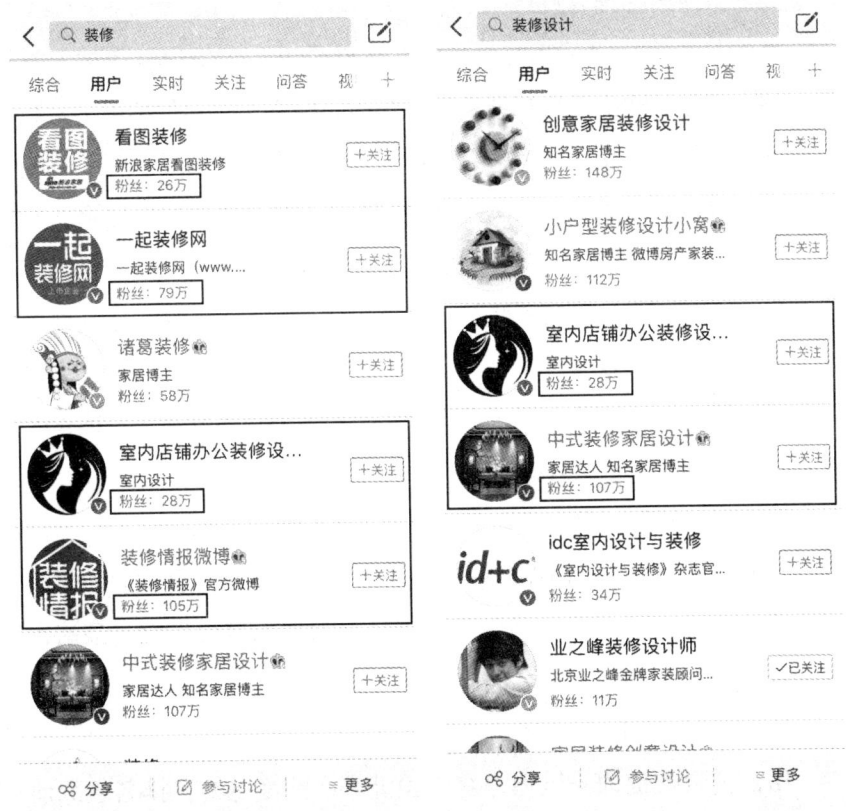

(c)微博认证权重高

认证后的微博在同等情况下排名会靠前。这也是认证的一个优势,而且是否认证在账号排名中的权重还很高。毕竟身份信任度高的人或者更加权威的人排名靠前是符合用户体验的。

(d)微博内容质量、转发评论数等

微博账号所发布的内容质量越高排名越靠前,微博被转发数和评论数越高排名越靠前。这也就是之前提到过的"微博影响力"。

由于移动端终端屏幕显示的限制,微博用户搜索界面的第一屏只能显示五个搜索出的微博账号信息,也就是说,80%的搜索流量会被前五名的账号吸引。作为运营者,为了这巨大的流量入口,多花些精力吧。

(2)微博内容排名技巧

微博的内容排名是实时更新的,也就是说基于新浪大数据的数据变化,用户在连续两次进行相同关键字的内容搜索所得到的结果页面是不一样的。微博的内容搜索分为"综合排名"和"实时排名"。

实时排名严格按照搜索关键词的匹配度和微博发布时间排名,与其他因素无关。也就是搜索词的相同的情况下,新发布的微博排名靠前。所以勤发微博、微博中多添加一些热点话题的关键词或者话题,就能保证更多的人能够看到你的微博。

综合排名的搜索排序与以下因素相关,系统会根据这三个因素经过计算后对微博内容进行综合排序:

(a)内容发布时间

原则上来说,发布时间离用户搜索时间越近的新微博比发布时间早的微博会更加靠前显示。时间因素对于排名的影响最大、权重最高,但不绝对。

(b)内容匹配度

用户搜索关键词与微博内容中关键词匹配度越高,排名越靠前。同时,微博内容中带"##"的话题比不带"##"的话题而只有关键词匹配的优先级高。内容中关键词多的微博,有可能被多次搜索到。

(c)内容的互动度

互动度的两个关键指标:点赞和转发。点赞数和转发数相加,数值越高则排序越靠前。

从下面两张对比图中,就能看出转赞次数、话题这两个因素对综合搜索结果排名的影响。所以,找到热点后不要急于发布微博,仔细想热点的关键词怎么匹配,能否在内容中多匹配一些其他关键词,发布微博后尽快用各种渠道进行转发和点赞。这样发布的微博才能更加靠前,获得更多的曝光和互动传播机会。

（3）利用微博搜索找到目标用户

微博内容原本是可以利用 SEO 的手段进行百度等搜索引擎推广的，但是现在百度等搜索引擎降低了微博内容的权重，微博发布的内容不太容易被搜索引擎收录。所以我们只能更多地利用微博自身的搜索引擎进行排名优化。

对于新运营的微博账号，需要一个很长的时间运营内容才能提升权重最终产生转化效果。但微博的搜索引擎本身就提供了非常好的机会让我们能够直接接触到目标客户，我们不需要有大量粉丝也不需要V字认证账号权重不高，用好搜索功能一样能找到精准的目标用户。

（a）打开微博搜索，在搜索框中输入对企业产品有需求的人群可能发布的关键词。比如你是一家装饰公司的销售或者设计师，有家装需求的用户最可能输入的关键词应该是装修、收房、小区名称等，那么我们可以在搜索框中输入相应的关键词，如"准备装修"。

（b）点开"高级搜索"，把地点定位在本地，时间区间也可以选定一下，然后点击"搜索微博"。

（c）认真地浏览综合搜索中的内容，一条一条地看下去，一定会发现有需求的准备装修的业主。

（d）找到目标用户后，不要着急互动。先通过用户的微博简介和发布的微博内容了解用户的喜好、性格、观点等等，然后再加关注、私信、评论……。这样用户的体验和感受才会好，毕竟是一个社交平台，别太赤裸裸。

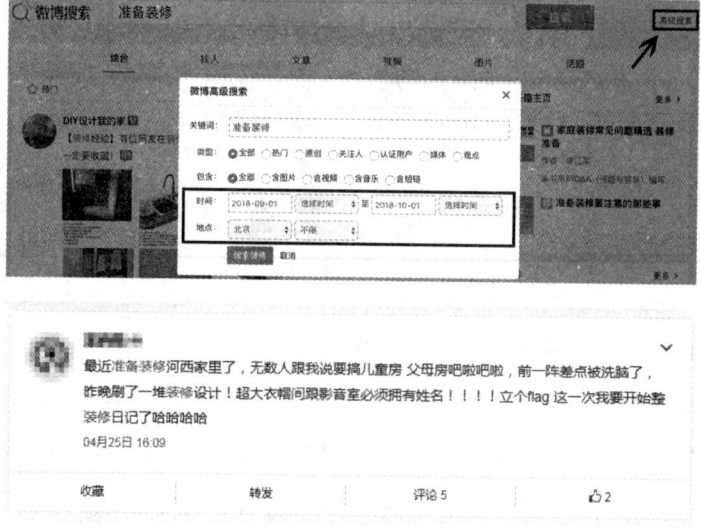

这个方法充分体现了微博的社交属性。而且微博内容搜索结果呈现的方式更加直接，能够在搜索结果页面中以短文本的形式呈现，而不像搜索引擎需要再点击链接进行内容浏览。

9. 微博推广

微博的运营，最关键的就是勤奋，只要按照上面的方法去运营，效果就会逐渐显现出来。但如果想要在短期内取得爆发性的粉丝增长，就需要借助新媒体的一些推广手段。常规的微博推广运营也分为自媒体矩阵、付费推广、线上活动推广三种方式。

（1）自媒体矩阵

微博的自媒体矩阵推广与微信订阅号的自媒体矩阵推广方式相同，这里不再累述。

（2）付费推广

微博的付费推广，目前仍然是采用基于信息流的原生广告推广方式（DSP），最有效的两种方式是粉丝头条和粉丝通。

（a）粉丝头条与粉丝通推广逻辑和效果的差异

粉丝头条通是机器通过算法直接计算出预计推广结果，并直接给出推广价格，用户只需要支付推广费用即可。粉丝头条无法自定义地域、标签、兴趣等，推广范围窄。

粉丝通则是基于微博海量用户，把广告主需要推广的信息根据广告主自定义的各种属性和社交关系精准投放给目标人群。粉丝通的综合投放效果要好于粉丝头条，但需要运营人员有一定的信息流广告投放操作经验。

（b）粉丝头条推广

粉丝头条分为博文头条和账号头条两种推广方式。

博文头条可以将我们发布的某一条微博内容在自己的粉丝或者潜在粉丝微博页面的第一条展现（24小时内仅展现1次）。目的是博文有一次机会不被覆盖保证曝光，增加互动机会。

账号头条则是通过系统精准计算将我们的账号推荐给最有可能关注我

们的用户，并引导用户关注。

粉丝头条推广功能可以直接在微博客户端操作。操作界面非常简单，系统会直接将最优化的推广结果显示出来，直接支付就可以。

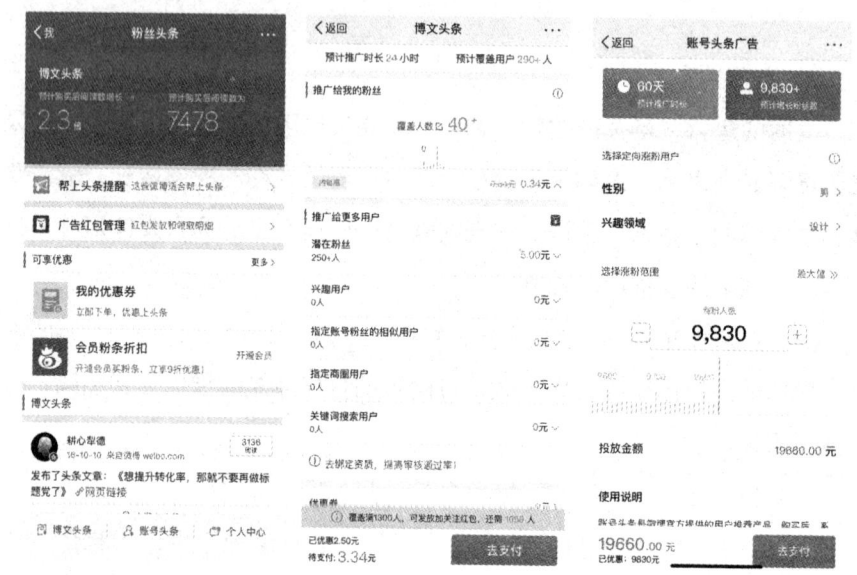

（c）粉丝通推广

粉丝通的推广是基于信息流原生广告的推广方式，广告主可以自定义每一条博文、每一个推广计划的目标人群。粉丝通的推广操作与主流的信息流广告平台基本一致，可参考一下"Part 7 信息流/原生广告平台的崛起，你的网络销售变'简单'了"的操作技巧。

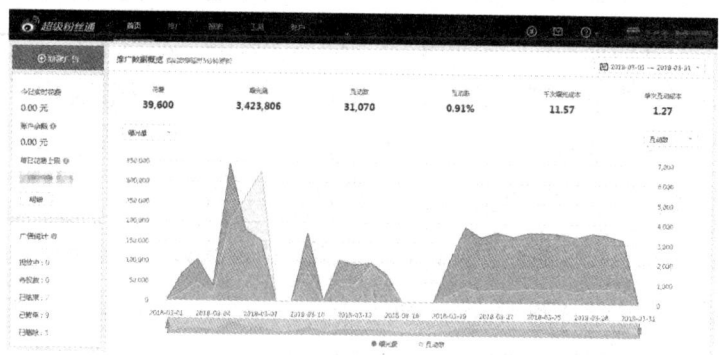

（3）线上活动推广

基于微博的强即时互动性，微博运营很少通过线下活动进行推广，大多数对官方微博的推广都集中在线上。而且微博本身也给运营者提供了如微活动、微博抽奖、同城活动、粉丝红包、微博橱窗等线上推广平台，并且这些平台的操作非常简单易用。

官方微博定期或者不定期地举办线上有奖活动，不仅可以大量吸引新粉丝关注，还可以提高已关注粉丝的活跃度和忠诚度，更重要的是可以用低廉的成本推广和扩大企业品牌的知名度。

微博线上推广活动的难点在于线上活动的策划上和实施，具体应该注意以下几点：

（a）活动的主题要明确，有吸引力。可以借助节假日、企业周年庆典、贺新品上市、回馈粉丝等。主题策划必须给粉丝一个参与活动的理由，理由不明确的任何微活动都会使这个活动的可信度大打折扣，直接影响到粉丝的参与热情。

（b）微博内容中一定要添加关于活动参与方式的描述和增加活动中奖概率的描述，这样不仅能减少粉丝参与活动的决策时间，还能从潜意识中引导粉丝参与活动的行动路径，增加粉丝参与活动的概率。千万不要主观地认为粉丝什么都懂，事实上经过测试，内容中添加描述的微活动效果要好于不添加描述的效果。

（c）我们毕竟是运营企业的官方微博，那么活动的奖品应该尽量是企业的产品或与企业相关的产品。这样既增加了对企业品牌和产品的宣传，又能避免大量低质量的粉丝（羊毛党）参与活动。总是用手机、电脑等奖品为诱饵来吸引粉丝的做法不太可取。

（d）奖项的设置尽量多一些（最多三种），最低档的奖项可用低价值产品，但是数量一定要多。这样不仅可以提高中奖率增加粉丝的参与热情，还将为接下来更多的粉丝互动打下更好的基础。

（e）对于抽奖活动来说，活动的时间最长不能超过30天，且首次开奖的时间不能超过活动发布后的20天。但经验数据是活动的参与效果一般在发布后的第5天开始严重衰减，而粉丝参与热情最高的是发布后的前3天。

所以，尽量选择在周一到周四发布活动，一定要避开周末这个空窗期。

（f）活动发布后，一定要第一时间@所有已关注的粉丝，通过已关注粉丝的参与，活动的推广效果才能在短期内被引爆。

（g）虽然微博系统会在活动结束后通知中奖粉丝，但运营者也必须在第一时间在官微中发布活动中奖结果信息并@中奖粉丝。还可以尝试私信中奖粉丝，让粉丝在自己的微博中发布关于中奖微博并@官微进行互动。

（h）利用粉丝分组功能，向所有未中奖的粉丝推送私信，告知中奖结果和下一次活动的预告。这样不仅可以极大地增强官微的公信力，引起粉丝持续的关注，还能有效地降低活动后掉粉的风险。

单从平台属性上来说，微博的运营推广在难度上要小于微信公众号的推广。公众号属于封闭性的社交体系，内容的推广需要通过转发裂变才能被另一个圈子的用户看见。而微博则是开放性的社交平台，我们发布的每一条博文，即使没有被转发评论，仍然会在所有这一时刻打开微博的用户的微博页面中显示。从结果上说，公众号文章的阅读量可能是0，但微博几乎不会出现阅读量为0的情况。所以，站在中小企业的立场来说，微博的推广运营其实比想象中简单。

虽然现在微信公众号，抖音等新媒体分流了微博的一些用户，但是微博的影响力、话语权、互动活跃度却丝毫没有下降，而且微博的营销效果也越来越被认可，成为个人和企业重要的自媒体战略平台。

其实对于微博的运营,很大程度上还是需要看运营者是否愿意改变固有的思维模式,并愿意持之以恒地付出而不急于看到短期回报。只有通过几个月不间断地发布内容、与粉丝互动之后,我们才敢说我们开始了解微博。

持续的运营微博绝非易事,这个平台不需要运营者有多么大深度的观点,但需要运营者有着超乎常人的敏感度和爱憎分明的性格表现。只要朝着这两个方向不断地坚持输出内容并调整运营节奏,我们的微博运营终将开花结果。

四、头条号运营技巧

移动互联网的发展和智能终端的普及,让我们可以随时随地地获取最新鲜的资讯信息。从 2012 年起,传统的门户网站不约而同地加强了新闻资讯应用的移动端布局,腾讯新闻、凤凰新闻、网易新闻、搜狐新闻、ZAKER 等都投入巨大的人力、物力来丰富自己客户端的新闻源内容。就在这一年,今日头条作为最大的黑马杀入新闻客户端市场,仅仅用了 3 年时间日活跃用户就突破了 1.4 亿。

今日头条如此巨大的爆发力,根本原因在于它改变了传统的资讯分发机制。传统的新闻媒体,不论是报纸、平面媒体,还是以腾讯新闻为代表的互联网媒体,在新闻分发上都是采用"点到面"的模式,专业的新闻采编人员编写的内容通过客户端分发给所有用户,不管是小学生还是耄耋老人收到的内容都是一样的。这在信息如此繁多的现在是不被接受的,网络的发展让人们有了更多的个性化需求,每个人想要了解的内容不一样,这点从搜索引擎爆发式的增长就能看端倪。受众不再接受强制、统一的新闻灌输,用户不关心新闻内容的高度和权威性。而今日头条则采用个性化推荐"点到点"的方式,机器通过算法将用户可能最感兴趣的内容分发给用户,在这种机制下,每一个用户打开今日头条看到的新闻内容都是不一样的,真正做到了"千人千面"。

为什么人们越来越不愿意看报纸?不是人们不愿意阅读,而是一张报纸里众多的内容只有很少一部分是我们喜欢的，其他的大部分内容似乎与我们无关。在这个个性张扬的时代，满足用户需求才是互联网的生存之道。这一点今日头条做到了。

今日头条的迅速崛起，是对传统媒体的打击。可以从某种程度上说，今日头条加速了传统媒体的没落，也改变了互联网的资讯分发方式。

另一个值得一提的是，头条号的出现使得原本以社交分发为机制的自媒体平台感受到了恐惧。头条号的机器分发机制，让缺少社交圈子、不太会与粉丝互动的一些自媒体人找到了快速传播的自媒体平台。你不需要处心积虑地去研究用户的兴趣，机器会帮你找感兴趣的用户，你也不用想方设法地让用户转发文章以获取更多的阅读，只要你的内容用户爱看，机器会把它推荐给几万甚至几百万用户。

在自媒体矩阵中，头条号的上手难度似乎是最低的，但由于头条号在社交属性这个维度上的缺失以及头条生态的不稳定，使得头条号的流量变现难度非常大，即使你坐拥百万粉丝，也可能需要借助其他渠道平台才可以顺利地实现流量变现。

1. 今日头条的特点

早期的今日头条是一个新闻资讯类客户端，内容通过内部搜索引擎的全网爬取获取资讯内容，再通过机器算法精准分发给用户。而现在，今日头条已经成长为一个综合内容平台，包括综合资讯、头条号、图片、视频、UGC 小视频、问答、微头条、直播等子平台。

今日头条最大的特点和优势就是领先业界的机器推荐算法。经过对内容中各项特征的提取，再结合平台用户的兴趣特征，最后结合场景化环境特征，通过个性化精准算法智能推荐给用户，给每一个用户量身定制符合自身兴趣、品味的内容。这也是为什么头条能在众多资讯类 APP 中脱颖而出的原因。

尤其头条号以及火山小视频等 UGC 平台的推出，让自媒体运营者看到了新的分发机制带来的流量蓝海。头条号的开通门槛低，运营的起步阶段相对短，只要标题够足够吸引人，内容的质量也被机器"认可"，获得的推荐量就会非常可观，阅读数自然也少不了。

下面我们简单总结一下头条号的优缺点，方便大家快速了解这个平台：

（1）用户群体基数大

在资讯类客户端中，今日头条的活跃用户数已突破2.63亿，月平均使用时长达到20小时。尤其是头条旗下的三款视频产品：西瓜视频、火山小视频、抖音，日活跃用户数甚至突破了3.3亿。

（2）从主动到被动

以前，我们在互联网通过搜索引擎搜索感兴趣的内容，但搜索出来的内容未必全是我们想要的，只能一条一条从搜索结果中再去筛选有价值的信息。但今日头条基于机器学习的个性化推荐引擎使得我们可以直接在手机上获取我们感兴趣的内容，我们不再需要去主动地搜索，并且阅读的时间越长，机器就会更加了解我们，机器筛选后推送的内容会更加精准。

简单从用户体验角度上来说，就是从原来的人找信息，变为信息找人。

（3）算法推荐先进

在用户刚下载今日头条时，机器会根据用户的地理位置、手机型号、选择的频道或者大概率关注内容等进行用户画像的"冷启动"，而在用户使用过程中，通过对用户的阅读行为的记录不断优化推荐算法，使得机器推荐的内容越来越符合用户的兴趣点。就头条已经公布的机器算法来看，目前在资讯分发领域这个算法是非常先进的。

（4）PUGC内容丰富，各自平台流量打通

字节跳动（今日头条母公司）已经成长为拥有五大产品：今日头条、西瓜视频、火山小视频、抖音短视频、悟空问答的综合类资讯平台。

今日头条不仅拥有头条号这样的UGC类内容平台，为了弥补社交属性上的不足，还推出了微头条、直播这样的社交类资讯平台。

字节跳动也是国内最早闯入UGC类视频领域的公司，旗下的西瓜视

频、火山小视频、抖音短视频形成了视频领域的长短结合，基于社交分享的抖音短视频更是显现出了惊人的爆发力。

值得一提的是，今日头条在2017年底将汽车频道拆分为"懂车帝"，开始尝试高流量垂直内容领域的商业化独立运作。这也为综合类咨询平台的商业化运作开创出一条新路。

对于自媒体人来说，字节跳动更是将旗下的这五款产品流量全部打通，一个头条号发布的内容通过机器计算会直接推荐到所有产品中，共享所有产品的流量，这个省心省力就能做到全覆盖的方法，才是众多的自媒体人对头条号趋之若鹜的根本原因。

（5）精准用户画像带来精准广告投放

不断迭代而形成的精准推荐算法，让机器越来越懂用户。用户的每一次点击、收藏、手指的滑动速度等都让机器形成越来越准确的用户画像。而基于这个画像，广告主通过内容匹配，能够越来越准确地找到目标客户。这是传统的编辑推荐方式所不具备的优势。

基于用户画像的精准投放，使得今日头条的信息流广告的平均点击率高于同行业平均水平，广告收入也快速地突破了百亿量级。有关信息流广告的投放技巧，我们将在下一章节详细解读。

（6）互动欠缺

虽然字节跳动布局了微头条、火山小视频、悟空问答、直播等强互动社交属性的UGC产品。但基于资讯分发的这个基因使得今日头条在社交传播上还是略显尴尬。庆幸的是平台的用户黏性足够强，调整和改变还有时间。

（7）内容同质化严重

众多的自媒体人短时间类闯入同一个平台，带来的结果就是内容生产的同质化。而基于机器对内容的判断，同样主题或者内容的资讯会频繁的推荐给用户，这些内容的质量往往参差不齐。用户对于热点的关注，往往看完一两篇文章后就足够了，而频繁的推荐内容相近的资讯，用户的体验感会逐渐下降。

2. 头条号机器推荐算法

为了让机器更懂"我们",也为了让头条号的内容能够被机器推荐给更多的用户,学习并了解机器算法来提升推荐数就成为运营头条号的第一步也是最关键的一步。

简单了解机器推荐算法前,我们先得明白用户标签、内容分析这两个关键点。

常用的用户标签包括:

(1)身份特征

性别、年龄、常驻地点、工作地点、所处商圈、手机品牌、手机型号、手机号码、运营商等等。

(2)兴趣特征

感兴趣的类别和主题、关键词、来源、垂直兴趣特征、关注的人等等。

(3)行为特征

登录时间、使用时长、浏览内容完整度、阅读速度、点赞、评论、转发、收藏、问答回复情况等等。

以上用户标签经过系统收集后,在通过一定的策略调整,如噪声过滤、时间衰减、热点惩罚和全局背景等优化策略后,最终形成特定用户的情趣推荐模型。

内容分析:

内容分析主要包括文本、图片和视频分析。其中文本特征主要分析语义标签类特征、隐式语义特征、关键词特征、文本相似度特征、时空特征、质量特征等等。

系统通过全面的内容分析,将每一篇内容进行层次化文本分类,并对每一个层次进行相关性评估建立相关性模型。

推荐算法：

机器推荐系统的流程是，通过将用户标签与内容标签计算与提取，结合当前用户所处的环境特征，经过智能算法匹配将内容分发给用户，再收集用户阅读行为的返回数据进行用户标签更新和兴趣模型更新。

作为头条号的自媒体人来说，完全明白推荐算法的核心架构其实并没有什么太实际的意义，毕竟这是算法工程师的工作，我们知道个大概即可。

对我们有意义的是如何提高头条号文章的推荐量。毕竟在这个机器分发的资讯平台上，得推荐者才能得流量。

头条号内容的分批推荐机制：

头条号的内容推荐分为初次推荐和二次推荐。二次推荐的时间点为24小时，72小时和一周。机器会根据初次推荐的点击率与读完率等指标判定内容是否受用户喜欢，然后决定二次推荐量。在二次推荐的这三个周期，新一次时间点的推荐量都以上一次推荐后的效果为依据。一旦过了推荐周期，机器也就不会再进行推荐了。再要提升内容的阅读量只能通过转发或用户主动搜索关键词的精准匹配来实现了。

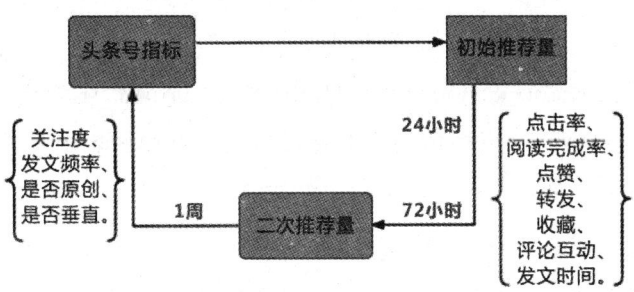

例如：机器首先将你的文章推荐给了200个可能感兴趣的用户，如果有150个用户打开文章并完整的完成了阅读，那机器就会扩大推荐范围，

将文章推荐给 800 个用户甚至更多用户，如果点击率、读完率等其他指标仍然很高，机器会继续加大推荐量，这篇文章最终的阅读量就会非常可观。

相反的，如果在这 200 个用户中只有不到 20 人点开文章，或者有 100 人点开文章但只有 20 人读完，机器就不会进行扩大范围推荐，文章的二次推荐量就会非常少，文章总阅读量就会很低。

决定二次推荐量的指标是点击率、读完率、收藏数、评论数、转发数、页面停留时间、举报数等等。其中，点击率占的权重最高。虽然点击率的权重最高，但也千万别用标题党的形式骗取点击率，头条对标题党的惩罚机制非常严格，一旦文章被举报对推荐量的影响会比点击率更大。

常规来说，推荐量低大多是由以下几点引起的。

（1）片面追逐热点、内容垂直度低导致读完率低

对于资讯类平台，很多自媒体人的理解是内容需要更多的借助热点，毕竟用户爱看新闻而不是旧闻。对于这种认知，从平台属性上来说是对的。但是如果头条号的内容一味地追逐热点，而忽略了本身头条号的垂直定位，内容东拼西凑瞎搬运，最终会导致用户的读完率低、跳出率高，这样的内容推荐度会很低。

（2）内容匹配的用户群体太小

即使是在碎片阅读时间，用户对于文章内容专业度的需求还是存在的，但越专业的内容，所涉及的人群就会越小。这种情况下，机器很难挖掘到潜在用户，因此推荐量自然高不了。

所以，需要运营者具备对于垂直领域专业内容通俗化的能力，将一件高深莫测的事情，说得通俗易懂、贴近生活，这样内容标签才会更加丰富，相对应的人群标签也会更丰富，推荐量才会上去。

（3）内容同质化严重，供过于求

根据今日头条数据报告，截至 2017 年底头条号的创作者超过 120 万人，其中 13% 来自广东、11% 来自北京。2017 年，标题中出现最多的 2 个字是："中国"，出现最多的 4 个字是："王者荣耀"。

通过这些数据我们很容易得出的结论是，头条号的创作者在内容创作

时很容易在某一个领域或者话题中扎堆，造成相似内容过多，出现整个平台相似标签的内容供过于求的现象。对于相似内容，系统会优先推荐数据维度更加优秀或者粉丝量大的头条号的内容，相应地会减少其他头条号的推荐量。

（4）触发了相似消重机制

头条的消重机制分为相似内容消重、标题消重、预览图片消重、主题消重。所有发布的内容都会先通过机器消重算法的审核，有的内容甚至还会进行人工干预。基于消重机制的存在，即使相似的内容并不供过于求，但机器如果已经将一篇文章推荐给了用户 A，理论上不会再向 A 推荐相似的内容。

在消重机制下，有原创标签的文章、具有相似性但发布较早的文章、粉丝数多的头条号、主题相似但观点正向且独特的文章才能获得较好的推荐量。

（5）内容时效性太差

时效性差的文章，推荐时间自然也短，相应的推荐量也会低。这点很好理解，比如天气预报类的内容和突发交通事件内容以及现实促销活动类的内容等等，都属于时效性强的内容。这样的内容的二次推荐往往只有 24 小时。

（6）被举报

为了弥补机器算法的不足，头条还设立了对内容的举报机制，如果内容被举报为垃圾内容（低俗色情、标题党、内容不实、旧闻重复、垃圾内容），或者用户直接拉黑作者，机器审核属实后，会直接减少头条号内容的推荐量。

作为头条号的运营者，只有正确地理解机器推荐算法和机制，并从内容运营中避开导致推荐量低的这些陷阱，才能让头条号的内容运营得到机器算法的认可，获取更多的推荐量回报。

3. 头条号内容的编写与发布

内容运营始终是自媒体的主题。在了解完机器算法和机制之后，我们来看看在头条五大内容板块（图文、微头条、西瓜视频、抖音小视频、悟空问答）的内容运营应该遵循什么样的原则。

（1）图文编写与发布

任何文章都是由标题、封面图、内容组成。而基于头条推荐机制中对于点击量这个权重的偏爱，标题就成为图文内容的重中之重。有人说创作头条文章，应该把 70% 的精力放在标题上，从某种意义上来说，这种说法是正确的。

一个好的标题，会让你在众多的推荐内容中跳出来，引起用户点击的欲望，这是创造点击率的第一步。一个好的标题大体都会具备以下这些共性特征：

（a）情感共鸣型

互联网时代，人们不再吝啬于表达情感。尤其在阅读新闻的时候，大多数的人都更容易情绪化，容易被感动或者煽动，所以一个标题如果调动了读者的情绪，点击率一定不会少，带来的内容观点互动肯定也不会少。

如：《多少 80 后看哭了！时光匆匆，已失去的童年记忆你还记得多少？》

《这件衣服上的二维码不是广告，是一个儿子的孝心。》

（b）悬念型

话不可说尽，势不可用尽，凡是太尽，缘分势必早尽。中国 2500 年的儒家中庸思想，造成我们都习惯了"留一手""卖关子"。但人总是好奇的，如果用户想知道结果，就一定会点击标题进入文章来寻找答案。

如：《真正宠你的男人，会这样对你》

《日本画师画出人性百态，这些现实你绝对经历过》

（c）问题型

通过提出问题来引起用户关注，促使目标受众发生兴趣。问题型的标题最好加上生活中熟悉或者陌生的场景或概念，这样更加容易让用户产生好奇心，引起联想和一探究竟的兴趣。

如：《日本的设计，为何走在世界前列？》

《假如叙利亚决战爆发！美军会不会对俄罗斯动武？》

（d）数字对比型

数字型标题给用户的感觉是最直观的，用户能够通过数字快速地了解文章要表达的主题。尤其是带有对比的数字型标题，不仅能颠覆用户的认知，还能引起了解真相的兴趣。

如：《花3分钟化了个妆，走在路上回头率200%》

《当年售价高达113万媲美揽胜，如今降到55万没人要》

（e）蹭热点型

蹭热点是自媒体人必备的基础能力，热点话题的时效性虽然较短，但短期流量非常可观。在蹭热点时，一定要注意内容的尺度和观点的态度，用户被热点标题吸引了，但如果文章内容平淡无奇，跳出率一定低不了，这样会直接影响机器的二次推荐。

标题总结起来简单，但创作标题真的是一件费心费力的事情，如果刚开始实在不知道怎么写标题，有个简单的小技巧可以尝试一下。先收集300个评论数比较高的标题放在一起认真研究标题的规律。创作标题的时候可以借鉴这些规律，自己标题的主题不变，只将主谓宾语进行重新组合，也许会有意想不到的效果。

值得一提的是，头条团队也关注到了创作者对于标题的纠结。如果头条号已经开通原创功能，并且粉丝数在2000以上，就可以在后台管理中申请开通"双标题"功能。这样，创作者就可以在文章发布的时候设置两个标题，系统会自动根据用户的数据反馈，在初次推荐后加大对反馈好的标题的推荐。这样的功能极大地提升了文章标题的容错率，同样的内容可以有两个标题，大大增加了文章被机器推荐的概率。

除了标题之外，文章的内容也非常关键，优质的内容能够顺利地引发用户的互动热情，而读完率和互动数是影响二次推荐的重要指标。

在文章的内容创作时，创作者需要注意以下三点：

（a）垂直度

想做好自媒体，垂直方向的内容定位是必须时刻坚持的。文章的内容必须与自媒体定位的领域相关。即使借助热点，内容也应该回归到企业或者产品中来。内容的方向如果总是变来变去，机器也会不知道该如何给你的头条号打标签的。

（b）差异化

众多的自媒体都在一个平台争抢机器推荐的流量，而每天可以称之为大众关注的新闻点又少之又少，即便是找到了热点进行创作，如果内容不够专业、论据不够新颖，仅仅是东拼西凑的洗稿，久而久之机器算法会直接降低头条号的权重，再想获得高推荐量将成为不可能的事情。

（c）图文搭配

绝大多数的用户是在碎片时间使用资讯类APP。所以，文章的篇幅不用太长，把一件事情说明白、接地气即可。千万别洋洋洒洒几万字，内容逻辑又绕来绕去捉摸不透，这样的文章在碎片时间里只会让用户在阅读的时候感觉疲劳失去阅读兴趣，更别提评论互动了。

还有一点尤其需要注意，优质的文章一定要配"优质"的图片。很多创作者将精力放在标题和文字内容中，在这个很多时候颜值比才华重要的时代，一张精心创作的内文图片可能比300字的内容更能给用户留下深刻的印象，而一张精美的封面图可能比标题更具有诱惑力。

给头条号运营新手的四条建议：

（a）重视前10篇文章

头条号的推荐机制是经过冷启动的初次推荐后，通过收集推荐用户的反馈数据来不断进行头条号推荐模型的动态调整。这个动态调整过程中短期因素包括点击率、读完率、站外热度等，长期因素包括头条号定位、互动频率、发文频率、文章质量度等。

所以，前10篇文章必须重点对待，文章一定要遵循上面总结出来的要点。因为这是头条号和机器算法进行磨合的重要时间点，磨合得好，就能给机器留下好的印象，增加推荐算法对创作者头条号的推荐优先级。

（b）注意发文时间

通过数据总结，每天用户使用今日头条的三个高峰时间段为：10：30-13：00、15：00-17：00、22：00-23：00。新手可以在这三个时间段提前半小时发布文章，等机器审核通过后刚好能赶上这三个高峰时间。这样机器的推荐量往往会比其他时间段的推荐量大。

当然，通过一段时间的运营后，创作者也可以通过头条后台的数据分析找到最不同类型的文章点击率的时间规律，然后依照这个规律在固定的时间发布文章来培养粉丝固定时间阅读的习惯。

（c）引导互动

有互动才有机会被二次推荐，任何的评论、点赞、转发都会让机器对你刮目相看。作为新手，不论是用小号还是邀请朋友同事进行转发、评论，还是在内容中通过语言引导来增加互动，都能让机器算法给你加分，大大地增加二次推荐量。

（d）合理使用头条扩展链接

在编辑图文或视频详情页的时候，可以使用扩展链接功能将第三方外部链接插入内容中的固定位置。这个功能满足了头条号创作者的推广需求，通过链接可以将用户引流至账号主页、其他文章/视频页面、企业官方网站、店铺、活动H5等地址。实实在在地为创作者和官方自媒体的流量变现提供了最实用有效的方法。

添加了扩展链接后，在图文详情页或视频详情页的固定位置，会出现"了解更多"的按钮，用户点击了解更多就能跳转进入链接指向的页面。

虽然有了扩展链接，但创作者还是得从内容出发，把内容做精、做深、做出亮点、做出差异化。才能让更多用户被内容吸引进而引起继续了解的兴趣，使得用户点开外部链接，达到引流变现的目的。

（2）微头条

为了弥补头条号在社交属性上的不足，同时利用社交分发弥补机器分发的一些弊端，头条团队给头条号开发出了微头条功能。

微头条在功能上和运营上与微博的运营方式几乎一致，可以参考上一节中《微博的运营技巧》。

（3）悟空问答

悟空问答的前身是头条问答，作为头条体系中社区化问答平台，悟空问答与问答类平台中专业度最高的"知乎"有着不少的相似之处。

有关问答类社区平台的运营技巧，将在下一节"问答类平台（知乎）运营技巧"中详细讲解。

（4）西瓜视频、小视频

不可否认，视频是这几年移动互联网的最大风口。而头条抓住了这个风口，依托巨大的流量快速孵化出了西瓜视频、火山小视频、抖音短视频这三个现象级视频产品。

西瓜视频主打 PGC 视频内容，视频时长没有限制，但大多数视频时长都在 5 分钟之内。只有申请了头条号后，才可以上传视频。所以西瓜视频的定位是优秀、原创、专业的视频内容。

火山小视频和抖音短视频主打 UGC 视频内容，视频时长在 15 秒以内（抖音粉丝 5 万以上可以发布 60 秒视频）。小视频的人群以"90 后"居多，针对这些人群建立创意、情绪表达为主的社交平台。

视频类内容的点击量和关注度相对较高，但大部分的创作者是为了播放量带来的广告分成收入而进行视频上传，视频的内容大多是搞笑、搞怪、猎奇、萌宠类，这就导致了用户在浏览短视频的时候很难形成理性的思考环境，造成视频内容的直接流量转化和产品传播难度很大。

有关视频类平台的运营技巧，我们将在后续小节中详细介绍。

4. 头条号的后台数据分析

头条号的后台数据统计功能非常强大，在后台不仅能展示近期文章、视频等内容的详细数据，还有功能实验室这样的系统工具辅助创作者进行内容调整，同时还整合了付费退广功能，方便创作者推广内容以更大限度地获取粉丝。

（1）内容相关数据分析

头条号后台的数据分析分类很细致，界面也非常友好，对于大多数运营者来说读懂数据是一件很简单的事情。

但图文数据—详细分析页面中的三个指标，平均阅读进度、跳出率、平均阅读速度是需要引起创作者注意的。

平均阅读进度	跳出率	平均阅读速度
79.22%	0.21%	24 字/秒

平均阅读进度指的是所有读者对某一篇文章的平均阅读完成度。这个数值如果太低，说明内容的同质化太严重，读者只看了一部分就已经知道文章要讲述的内容。这是判定文章是否引起用户兴趣的重要指标。

跳出率指的是所有读者中阅读进度不足20%的读者占比。如果跳出率很高，最有可能的就是标题党了。

平均阅读速度反映出读者对内容的认同度和深度阅读的兴趣。内容如果足够专业，会让读者慢慢地细细品读，并通过阅读引起读者的思考。这样文章对读者才有价值，才能引起互动。

这三个指标对图文二次推荐的机器算法起到至关重要的作用，也是读者对文章内容质量的最直接反映。

（2）粉丝数据分析

粉丝管理中粉丝画像的数据统计，能够帮助我们直观地了解粉丝的各种属性和兴趣爱好。这是运营者思考内容创作方向必须参考的指标。

需要注意的是粉丝画像页面底部的"关注你的人还喜欢哪些头条号？"。这个能让我们方便地了解粉丝对竞品态度。时常关注竞品的内容动向，能让运营者知己知彼，避免过多同质化的内容造成的粉丝黏性下降，做到差异化的内容运营。

（3）功能实验室

功能实验室包括懂车帝、正版图库、免费正版图集、热词分析、即合平台、小程序6个辅助功能。这些创作辅助工具的熟练使用让运营者能够迅速地找到内容热点、避免使用盗版图片造成侵权而被机器降权影响推荐量。

（a）懂车帝

懂车帝作为今日头条重点扶持的高流量垂直领域，为了方便内容创作者创作更优质的汽车内容，头条在这个功能中提供了几乎所有车型的图片素材和参数配置，并支持素材本地保存。

（b）正版图库

为方便创作者在文章内容中更方便地使用图片素材，同时避免图片侵权等问题，头条搜集了超过2亿张正版图片供创作者使用。图片素材分为免费共享图库和付费图库。

（c）免费正版图集

为创作者提供来自全球优质媒体的版权图集素材，运营者可根据素材信息，通过查询、整合资料，编辑创作出适合用户阅读的组图故事，方便头条号创作者紧追热点。

当作者创作发布图集后，该素材将从"创作实验室"下架，创作者就成为该图集素材的使用者。但图集仅能用于头条号的图集创作，不允许创作者在其他自媒体平台使用。

（d）热词分析

热词分析是基于对今日头条的庞大用户的海量行为数据的挖掘和分析，帮助头条创作者捕捉即时热点、预测可能的热点等。这个功能不仅可以分地域和类型查看热门事件、飙升事件等信息，还可以输入关键词进行搜索，查看关键词的热度指数、关联分析、人群画像、评论分析。

这么强大的创作辅助工具，应该如何在创作中加以利用？

- 确定内容创作方向前，先搜索内容涉及的关键词来判断话题热度，再决定文章主题。

输入关键词进行搜索后，通过热度趋势来判断该词的趋势。可以输入不同的关键词做对比，看哪个词的话题更热，再决定发文的关键词和主题。同时还能避免创作者追逐趋势下降的热词造成推荐度不高的情况发生。

分析热词时会出现地域和文章类别的选项。不同地区、不同文章类别的关键词热度会不一样。所以，如果发文领域很垂直，或者主要针对一个地区的读者，这个热度参考就很关键。

同时，查看输入的关键词的相关文章，参考其他的标题，看相关文章的热度、转发和评论量，可以进一步优化自己的内容和标题。

• 写文章前，可以查看关键词对应的人群画像、人群各个年龄段、性别的渗透率，看是否与内容要吸引的目标用户相匹配。

年龄渗透率可以用来查看各年龄段对于该关键词的关注程度，如果目标用户是30岁以上的人，那么可以减少30岁以下的用户比较热的词的使用。

• 如果想要结合热点，可以在热点话题中查看哪些事件属于大热门话题，以及哪些话题在热门事件中反复出现，是否有内容供过于求的情况，然后结合自己的内容进行有效的创作。

飙升事件对于创作者选题也有很大的帮助。如果话题成为飙升事件，说明这个话题有热度，但还没有到爆发的地步。这时候，就不太需要考虑内容供过于求的情况。

不仅如此，飙升事件意味着该事件很有可能成为热门事件，热度有可能持续上升。提前发布这个话题的内容，文章将具有先发优势，系统推荐量可能会随着事件的持续发酵而持续增加。

合理有效地利用热词分析这4个功能，在创作开始之前做到未雨绸缪，提前优化发文的主题和内容，不仅能够持续地借助热点提升头条号的黏性和关注度，还能最大限度地提升系统的推荐量。

（e）即合平台

头条即合平台，是一个连接广告主和今日头条优质内容创作者的平台，因此也算是做视频的福利了。广告主可在头条即合平台发布订单，并注明详细需求，创作者根据自身情况能力接单，进行脚本和视频的制作，交付后由广告主自主投放。

目前集合平台的广告要求为 1 分钟内的视频广告，要求创作者能够结合产品亮点，充分发挥创意。拍摄上要求画质清晰，演员形象好，可制作情景短剧、动画等多种类型的广告。

（f）小程序

跟微信公众号一样，头条号现也加入了小程序功能。创作者可以创作自己的小程序或小游戏，如果有现成的小程序，也能直接绑定。但每个头条号最多绑定 5 个小程序。

5. 头条号的推广运营

基于今日头条海量的用户以及先进的机器算法，头条的推广运营从目的上分为头条号账号和内容的号外推广及产品引流变现为目的信息流原生广告投放。

信息流原生广告作为大流量内容平台最重要的盈利方式，由于良好的变现效果受到众多企业的青睐，信息流广告投放的操作技巧将在下一章节详细讲解。

头条账号和内容推广，如果采用免费的方式，除了采用本节中的技巧提升机器推荐量之外，其他的免费推广渠道和方法与订阅号的免费推广运营基本相同。

当然，运营者还可以采用头条号后台中的"号外推广"来付费推广头条账号。号外推广的操作与微博中"粉丝头条"基本一致，不同的是号外推广在文章推广计划中增加了"兴趣""地域"两个自定义选项，方便广告主更加精准地将内容推送给目标受众。

需要注意的是，号外推广是针对头条号中的图文或视频内容通过向机器购买推荐量的方式来完成。所以，推广效果的关键因素还是在于内容的质量。想要获得更加高效的推广结果，就要求运营者始终要回归到自媒体运营的本质——内容。

今日头条作为综合类的资讯机器分发自媒体平台，其众多的内容板块对运营者的综合能力要求很高。但如果掌握了订阅号、微博、知乎、小视频等自媒体的运营技巧，凭借今日头条内容矩阵的流量打通以及先进的机器推荐算法，将使得头条号的运营能够在短期内产生爆发性的结果。这也是头条号虽然在社交属性上不如微博，在内容深度上又比不过订阅号，却能够在极短的时间内成为自媒体创业的重要平台和企业竞相追逐的流量变现平台的原因。

五、问答类平台（知乎）运营技巧

在这个人人都想将互联网流量快速变现的时代，"产品（内容）——引流——变现"这个逻辑占据了大部分运营者的心智。我们不能说这个逻辑是错误的，毕竟"活下去"是大部分企业的诉求。

但，不知你是否感觉到一个悄然发生的变化——免费互联网时代正逐步走向付费互联网时代。不论是京东的 PLUS，还是淘宝的 88 会员，再到各种 PGC 平台的付费会员、付费专栏，移动互联的流量之争已经逐步在向内容之争过渡。如果说免费时代重要的是用户的行为，那么付费时代重要的就是用户的心智。想要成功地占领用户的心智，靠的是沉淀。低层次的沉淀，可以通过利益形成，天天发点优惠券就可以了。但高层次的沉淀，则需要不断的高价值内容的传递，这个过程是漫长的。

形成于互联网初期的各种社区型论坛已经逐渐没落，取而代之的是知识（问答）型社区的逐步兴起。在这个领域里，成立于 2011 年的知乎无疑是运营最成功的平台。

知乎的成功不仅仅在于大量的问答内容，更在于高质量的内容定位。知乎营造了认真、专业、友善的社区文化，在垃圾信息和同质化内容泛滥的互联网上成为一股清流。通过 7 年的运营逐渐锁定了"知识性中产""品质生活追求者"这两个精准的用户画像。

截至 2018 年，知乎的注册用户突破 1.6 亿，DAU（日活跃用户数量）达到 3400 万，月 PV 超过 230 亿，累计回答量超过 1 亿条。这些惊人的数字让我们清楚地看到知识性内容沉淀所带来的忠诚度、用户黏性以及平台蕴藏的商业价值。

1. 知乎的特点

互联网上有着无穷无尽的内容，借助搜索引擎可以方便地让用户找到想要的内容，但用户搜索到的内容大多是已经被收录的"存量信息"。而在不同的使用场景和不同的体系内，更多被搜索出来的信息对于用户来说是无用的、陈旧的。

知乎这样的问答类平台，通过用户自主提问的方式创造出具体的场景，吸引有能力的用户来依据经验来进行解答。这样的内容创造方式可以产生大量的不断更新的增量信息，而这样的信息往往还自带圈层的属性，更容易被用户赞同。知识社区忠实用户的调性和质量是远远高于其他自媒体平台的。这些用户重视内容带来的价值，反对"硬邦邦""赤裸裸"的广告。但正是这样，这些用户却可以成为企业品牌愿景的卫道士，只要被认可的品牌，就能够无私地成为免费的宣传员，并时刻为你捍卫企业品牌的利益。

虽然知乎的运营难度相对于其他自媒体来说要大很多，对运营人员的行业经验、总结能力、文字功底也有着非常高的要求。内容沉淀能给企业带来的商业价值和用户体验才是我们做自媒体的最终诉求。

知乎在互联网上有着自己得天独厚的优势：

（1）流量大

知乎的注册用户突破1.6亿，回答数量超过1亿个。知乎在一线城市高素质人群中的威望是非常高的，同时随着中国城市化的进程不断推进，知乎在二、三线城市也逐渐开始有了越来越多的忠实粉丝。

（2）信任度高

知乎的定位是专业性的问答社区平台。知乎官方对问答质量度有着一套先进的算法推荐机制，这就使得平台 PGC 内容创作的门槛非常高，带来的结果就是平台上的"大 V"撰写的回答无论是专业度还是逻辑性上来说都是非常高的。普通用户对于问答内容的信任度是其他 UGC 类平台无法比拟的。

（3）权重高

知乎在百度搜索中的权重非常高（百度权重为9），已经和百度系产品诸如百科、贴吧、文库等旗鼓相当。而且在关键词搜索中，很多的长尾词的搜索引擎排名都非常靠前，相比于付费的关键词竞价，在知乎上的专业回答是企业非常好的免费推广资源。

（4）用户兴趣属性强

知乎的本质是基于兴趣社区的，这也就导致用户的兴趣属性标签是非常明确和精准的，而且用户对于某一些专业领域的回答的关注会很持久，这就让我们可以非常容易地通过回答问题来找到真正有需求的用户。

在知乎中众多的垂直领域板块中，很多热门问答的关注度、浏览量数据都是百万级别。这么巨大的浏览量中会蕴藏多少精准的需求用户？

（5）长尾流量

传统的资讯分发类平台对于内容的时效性要求非常高，但知乎的动态排序机制只关注问答本身的质量度，对时效要求不高。这就使得一个高质量的回答，可以获得持久的搜索关注，尤其是长尾词类型的问答，只要排名持续靠前，就可以持久得流量。

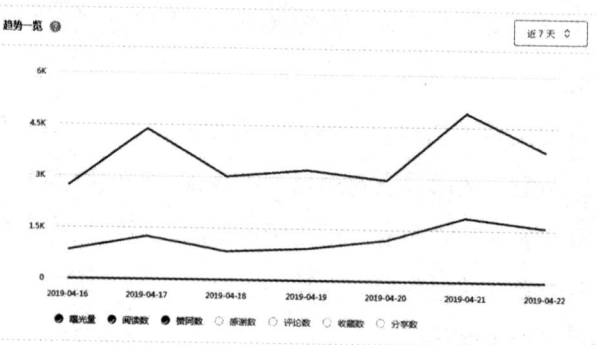

（6）冷启动阶段短

对于自媒体人，最难熬的就是冷启动阶段。但在知乎这个平台上，一旦你回答了问题，系统会自动推荐给订阅该问题的部分用户，如果回答获得了赞同，系统会继续推荐给这个问题下相关问题的关注用户。再次获得赞同后，回答将出现在点赞用户的首页信息流中。这样的规则非常有利于自媒体人快速度过冷启动阶段。

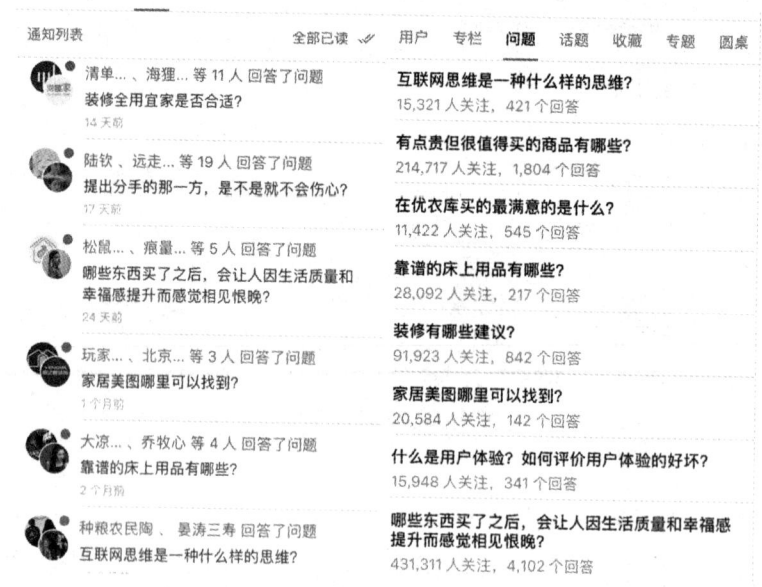

2. 知乎的算法规则

所有的自媒体平台都会有自己的排序和推荐算法，知乎的算法相对于其他平台来说更加复杂，用户的行为属性在算法规则中的占比权重非常高。所以，如何让自己的回答能够打动用户，让用户产生正向的赞同、感谢、评论等行为就成为知乎运营的关键。

（1）问答排序

（a）所有用户关注的问题的回答排序是相同的

同一个问题可能会被非常多的用户关注，知乎会根据威尔逊算法对这个问题下所有的回答进行实时排序，并将排序结果反馈到同一时间打开这个问题的所有终端用户。也就是说，所有用户在同一时间打开同一问题所看到的回答排序都是一致的，这个排序不会因关注用户的任何属性而发生变化。

（b）赞同、感谢、反对影响回答排序

回答如果被赞同、感谢会提升排序名次，如果回答被反对，则会降低排序名次。这个非常好理解，高质量、能引起用户共鸣和互动的回答是平台运营的初衷，也是知乎能够吸引领域内"大V"持续创作的动力。

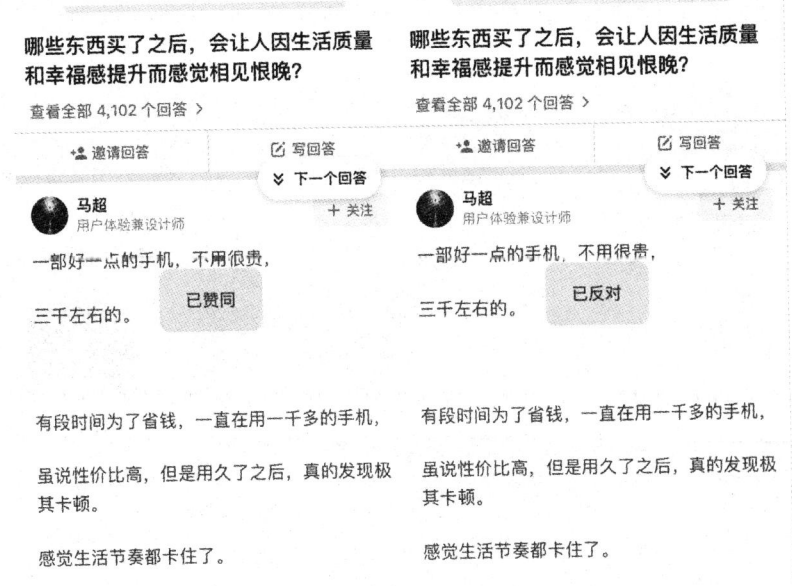

（c）优质回答有更多曝光机会

传统的论坛型社区的回答排序机制是以时间先后顺序为主，业内都称这种排序方法为"盖楼"。而知乎更注重回答的质量，为了给后来者更多的曝光机会，给新人更多"出头"的机会。

我们在知乎上经常能看到几百个赞的回答居然排在几千个赞的回答之上。这是知乎基于威尔逊算法的排序规则。目的就是让回答时间靠后的优质回答能有更多的曝光，因为时代在进步，观念在改变，如果一个新的回答短时间内获得了不错的互动，说明这个回答可能更具备创新性、更能被现在的用户理解和认同。从这一点上我们能看出，知乎是完全支持"长江后浪推前浪"的。

（d）"大V"可以直接影响排序

"大V"是每个自媒体平台的宝贝，大V都会被赋予与众不同的权限。知乎的算法很重视每一个领域下的大V的行为。也就是说，如果你对某个垂直领域问题的回答获得了这个领域大V的赞同，可能比获得100个普通用户的赞更能提高回答的排序。所以，除了关注回答本身，适度地尝试与该领域的大V互动，创造大V给我们点赞的机会，也会产生事半功倍的效果。

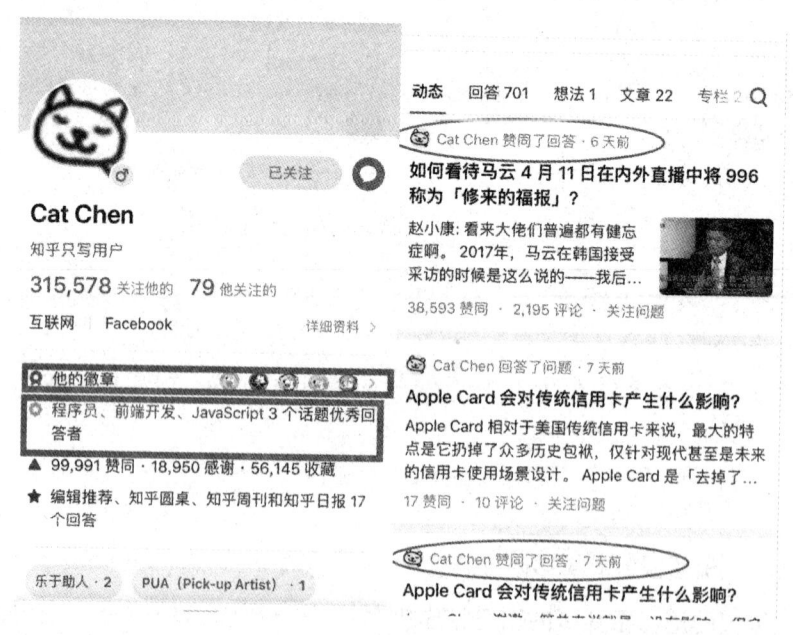

同时，不断地坚持在某个领域创作优质回答、更多地获取赞同和互动，也能不断地提升自己账号的权重，同样质量度的回答，权重高的账号排序也会在权重低的账号之前。

基于这些排序规则，我们应该很清晰地明白，排序的核心其实在于回答的质量度和是否引起了更多积极正向的互动。所以用心地研究目标人群的喜好和心态，写出能够引起互动的更高质量的回答，才是不断提升排序、增加曝光的正确方法。

（2）问答推荐机制

知乎的消息推荐机制也是基于用户兴趣行为和话题标签的相似度进行判断的。这一点上的算法类似于DSP平台的信息流推荐机制。通过用户选择的兴趣标签以及用户的关注和浏览历史记录来判断是否将相似度高的问答推送给用户。再根据用户对新推送问答的行为反馈来判断是否继续推送。

基于这一点，我们可以认为用户对问答的行为记录在某些时候可能会比问答本身的关键字、标签更为重要。这也就说明同一领域的问答，是否被系统推荐往往取决于问答是否被很多的用户触发互动行为。

当系统不断地记录用户浏览习惯和互动行为后，系统也会自动地推送相关领域的邀请回答问题给我们，目的是引导重属性标签用户也能够创造新内容，丰富平台的内容库。

这样的消息推荐机制说明知乎非常各个领域的垂直流量，这也是为什么我们一直强调在回答问题时，一定要重视垂直领域的用户心理，尽量创作出能够让该领域用户产生共鸣并认同内容观点的回答。

（3）知乎盐值

知乎在2018年底全新推出"知乎盐值"系统。"盐值"是基于用户行为的智能识别和加权计算的用户成长体系。通过多维评测、按分授权后，赋予知乎平台内的不同用户角色共同管理平台的权责，实现与用户一起优化平台氛围，建立构建良好网络生态的标杆平台的目标。

知乎盐值基于机器算法、社区行为、用户贡献等方面的数据评测，设置了"基础信用""内容创作""友善互动""遵守规范""社区建设"五个评测维度,每个维度知乎都有其具体的含义解释和评判方式,基本上覆盖率了用户在知乎所有的社区行为。

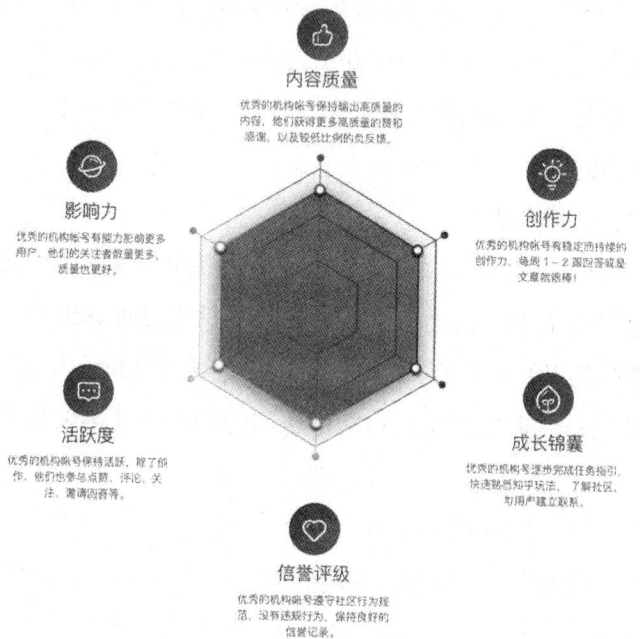

知乎盐值每周更新一次,分值为0-1000。根据用户分值的高低,赋予用户不同的"盐值权益"。盐值的算法是根据用户在不同维度上的行为进行评分,并且不同维度对于评分结果的权重不同。盐值600分以上的用户将被给予"绿色通道""公共编辑""加权反对""功能优享"四方面的权益。越高盐值的用户,可以使用自己的特权优先处理违法违规内容,并且还可以对存在错误或偏差的公共内容或话题进行编辑。最关键的是高盐值用户还会获得高投票权重、高权利标记的属性,在社区的话语权更大。

知乎盐值的初衷是为了持续维护和提升知乎的良性公共讨论秩序,为用户提供良好的讨论体验,鼓励用户与知乎一起,在自我成长的同时,促进平台生态环境的良性发展。

权益表

盐值分数	0-149	150-299	300-599	600-749	750-899	900-1049	1050-1200
级别	V1	V2	V3	V4	V5	V6	V7
曝光机会	V1级	V2级	V3级	V4级	V5级	V6级	V7级
发布回答	✓	✓	✓	✓	✓	✓	✓
发布提问	✓	✓	✓	✓	✓	✓	✓
发布文章	5篇/周	6篇/周	5篇/周	10篇/周	10篇/周	不限量	不限量
内容自荐	-	-	有资格	有资格	3+次/月	5+次/月	5+次/月
开设专栏	-	-	-	有资格	有资格	有资格	有资格
开通想法	-	-	-	有资格	有资格	有资格	有资格
功能内测	-	-	-	有资格	有资格	有资格	有资格
荣誉月榜	-	-	-	-	有资格	有资格	有资格
电子书	-	-	-	-	-	有资格	有资格
Live	-	-	-	-	-	有资格	有资格
支持优先	-	-	-	-	-	✓	✓
优秀回答者	-	-	-	-	-	有资格	有资格
年度签约机构	-	-	-	-	-	-	有资格

3. 找问题

知乎作为成熟的问答型社区，其本质的核心还是问答系统。对于新接触知乎的自媒体人来说，专注于从垂直领域的问答入手才是快速入门的关键。

知乎每天都会产生数以万计的问题，同时还有千万级别的存量问题。在这样的背景下如何寻找适合自己回答的问题就成为运营知乎的第一步。

（1）定位精准，逐步扩大

知乎是非常重视用户在垂直领域内的内容质量的。这就要求我们在运营时必须重视垂直领域里的权威建立，也就是说在账号建立初期就必须清晰地给账号所设计的垂直领域做好定位，并且选择的问题必须是这个垂直领域的。比如定位做装饰装修的，就不要去寻找教育、情感、娱乐等相关话题的问题，一定要专注，记住有舍才有得。

如果你认为自己无所不知，非要去尝试各个领域里自己感兴趣的话题，一旦你并不专业的回答被用户"反对"而导致被折叠或者禁言的话，可能严重影响到账号的"盐值"，真的得不偿失。

当你的账号通过前期回答的问题慢慢积累了一定量的粉丝用户并拥有

了一定话题权重后，再慢慢将选择问题的范围扩大。还是以装饰装修为例，后期可以逐渐将选择的问题扩大到建材、公装、家具、配饰等领域。

简单来说，就是先从某个垂直领域的二级类目入手，待有了基础之后，再慢慢扩大到一级类目中的问题。

（2）寻找"高价值"问题

每个垂直领域下都会有众多的问题，并不是每一个问题都要尽心尽力地去回答。每天大量地回答问题很可能会被系统判定为作弊用户，为了更有效率地去提升账号的权重和盐值，选择问题的时候除了垂直领域这个基本准则外，还要尽量去寻找"热门"问题。

（a）无论我们是通过首页热榜，还是通过直接搜索关键字通过结果列表，或者通过问题标签的精华列表来寻找热门问题，浏览量大、关注度高、搜索排名靠前、问题回复量都是我们判断问题是否热门的指标。不"热门"的问题即使你非常用心的回复，也可能几年也不会被用户看到。

我们可以优先选择问题关注人数在 2000 人以上的问题，同时还要关注这个问题下排名靠前的回答是不是近几个月产生的，如果排名靠前的回答是很久以前的，说明这个问题是"过时"的"热门"问题，尽量不要碰。

话题标签的关注人数多、人气旺的话题，只要回答相对优质，就有机会被推送给关注这个话题的用户，关注人数越多，可以被推荐的概率也会越高。

此外，我们还可以利用"读知乎"（http : //duzhihu. cc/），以及"知乎实时热门"（https : //www. zhihu. com/collection/118261499）这两个页面来筛选真正的热门问答。

（b）紧贴大 V

大 V 作为垂直领域的"精神领袖"，不仅拥有大量忠实粉丝，还有这相当高的权重，同时这些大 V 的敏感度一定是高于我们的，所以在平时的运营工作中一定要多关注大 V 的动向，多观察他们回复了什么问题、关注了哪些人、关注了哪些话题、用什么样的逻辑回答问题、从什么样的角度去阐述论点……

有机会的话，尝试着多与他们互动，有的时候真的"听君一席话胜读十年书"。如果跟大 V 混熟了，他们给你的回答点个赞，就可能让你的回答瞬间提升不少的排名。何乐而不为呢？

（c）问题的标题本身

在选择问题时，对问题本身我们还需要进行主观上的判断。问题的标题应该具备"争议性""价值性""互动性"。并不是说只能回答这样的问题，但对于机器算法大行其道的今天，越具备这些特点的问题往往更能够引起用户的互动和参与，从而获得更多的推荐和流量展示机会。

我们做运营的人常说"提问也是有技巧的"，不少优秀的问题本身就能够自带流量。

4. 答问题

如何才能做出优质的回答，可能是知乎运营时最令人头疼的事情了。想要在一个大神出没、精英遍地的平台脱颖而出，真的不是一件容易的事情。但往往越难的事情，才越有价值。知乎的魅力也正在于此。

（1）构建知识体系

想要创作出高水平的优质回答，对运营人所具备的专业领域知识体系本身就是一种考验。通过不断的学习能让我们获取更多的知识，但只有深度的思考，才可能让我们将知识、阅历、经验、人生观融合到一起，逐渐形成独特的知识体系。这个知识体系，使得我们可以在虚拟的网络中塑造出一个鲜活的灵魂，才能成为被粉丝追随的"意见领袖"。

（a）碎片知识收藏

我们获取知识的途径非常多，看书、求教、网络搜索、朋友沟通等都能让我们吸取知识。但是通过这些方式获取到的随便知识，很难被我们用心地整理和记录下来。我们经常会被某一些看到的文字感动，可仅仅过了一小会儿，这些感动我们的文字就再也想不起来了。

为了改变这种状态，我们应该养成实时记录的好习惯。看书时养成做笔记的习惯、与人沟通时养成随时用手机记录感触和知识点的习惯、上网的时候养成收藏专业内容的习惯。这些习惯会让我们的知识库逐步真正丰富起来，在你想输出文字的时候不至于慌乱的"临时抱佛脚"。

（b）提炼核心内容

人总是在不断地经历中慢慢成长的，每隔一段时间，回头看看，你总会能发现过去的不足，并感受到一个更好的自己，这就是"成长"。

对于知识体系也是一样。每周或者每月，将自己这段时间收藏的内容花上一整天的时间重新分类整理，再用心细细再看一遍，回想一遍当时的心情和场景，最后用记事本提炼出仍能打动你的核心内容，将这些内容重新提炼出来并用记事本记录在这一个类目中。这样，别人的内容，就变成了你自己的心得。

（c）重构内容输出思想

虽然碎片化的内容被我们整理，并提炼成为自己的心得，但这还不能称之为知识体系。如果说心得体会是知识体系的"树干"，那么，充足的实操经验和大量的事实论据则是知识体系的"树枝"。两者结合才是能够开花结果的"生态化知识体系"。

所以，将心得转化为内容、将经验和事实作为论据，再植入一个符合我们自己性格画像的逻辑，一套完整的带有个人色彩的知识体系才能成功建立。

（2）回答前准备

当我们选择了一个想要回答的问题，先别着急回答。再次强调一下，知乎平台和用户并不在乎这个问题是否很快地被回答，他们在乎的是回答的内容到底够不够好。所以，回答问题前，先别着急写，静下心来，按照下面的流程慢慢来。

（a）审题

上学时候，每次考试前老师都会提醒我们要仔细地审题。为什么？因为如果你不去揣摩理解出题者的意图，不去体会题目文字的意境，往往会写出牛头不对马嘴的答案。

其实，很多的问题本身就是答案，关键是这个答案是不是出题者以及与出题者相同心境的用户所需要的答案了。所以，我们还是先静下心把问题展开：

提问的人到底问的是结果还是过程？

他可能遇到了什么样的问题？

到底想得到什么答案或者心理暗示？

他是在什么样的场景下才会提出这样的问题？

用户们的潜意识里会认同什么样的答案？

……

（b）查看相似问题的优质答案

分析完问题本身，可能我们脑中会形成一个初步的答题方向，但此时还是别着急答题。认真地读一下这个问题已有的优质答案是怎么回答的。

这些优质答案的结论观点是怎样的？

提供了什么样的论点、论据？

用了什么样的经验数据做支撑？

什么观点的优质评论被点赞和评论的多？

评论里有没有更加优质的论据、经验？

问题下的用户群体更加倾向于什么样的观点？

……

（c）有目的地构建知识体系

做完了前两部，我们可以开始有目的地构思回答了。所谓有目的，就是尽量让自己的观点在不违背知识体系和道德原则的前提下，符合大多数用户的潜意识认同，也就是"投其所好"。

如果你并没有足够的权威和能力颠覆并说服大多数的用户，轻易不要去用反向的观点去"吸引眼球"。一旦引起用户们的"口诛笔伐"，结果很可能导致回答被折叠、账号被禁言。对于运营者来说，损失无疑是巨大的。

在对于知识体系的内容形成上，内容的逻辑非常关键，知乎上聚集的高质量人群往往对于内容逻辑的理性认同大于感性认同。

常规的理性逻辑流程：清晰的结论→分析各种原因→内外环境→可能的选择→对应的结果→自身感悟→经验、经历总结。

将我们的知识体系穿插到这个逻辑中去，最终形成的答案才能有血、有肉、有灵魂。

（d）根据内容设计图片

需要注意的是，因为平台上用户的层次所对应的理解能力不同，往往很多大段的文字是很难被快速地理解的，尤其是过于专业性的内容往往在表达上是非常晦涩难懂的。同时，很多时候用户是在碎片场景下使用知乎，用户并没有太多的时间去感同身受地理解我们的知识体系。

在这个时候，如果我们可以用心设计几张简单的图片，用图片去诠释大段专业文字的内容，用更加形象的图形传达我们所要表述的观点和论据，往往会起到意想不到的结果。因为从心理学上讲，图片的心理传达效果是大于文字的。

相比于众多的答题者，精心设计的图片更能够征服用户，至少在态度上用户是一定会给你的答案加分的。

（e）优化语感

对于一个优质的答案，观点是血、知识体系是肉，而文字的语感则是答案的灵魂。没有灵魂的文字只是令人昏昏欲睡的教科书，有灵魂的文字才是朋友之间的交流和碰撞，才能场景化地让用户感同身受，从而打开心扉愿意与你交流。语感是一个由浅入深、由表及里的过程，可以将复杂的心理活动感悟浓缩成一瞬间的感动。那些几千年前流传下来的脍炙人口的诗句，到如今仍能被我们深刻地记住，靠的就是意境深远的语感让我们形成了感同身受的场景。

文字语感的培养不是一朝一夕的事情，其中牵涉到学习经验、生活经验、心理经验、情感经验，包含着理解能力、判断能力、联想能力等因素。但持之以恒地锻炼下去，才能让我们的回答真正地"与众不同"。

（3）问答的注意事项

（a）第一段话是重中之重

回答问题的第一段文字是非常重要的，一定要在几秒内引起用户的兴趣，让用户产生继续阅读下去的欲望。第一段的文字一定要态度友善，不要采用夸张、反讽等修辞方式，也不要与已有回答内容重复，否则回答有可能会被折叠。

有关文案写作的技巧我们会在后续章节中详细论述。

（b）内容不要过于营销

虽然我们运营知乎的最终目的是为了营销，但知乎的用户是非常反感过于商业化的营销内容，也讨厌自吹自擂的营销推广。知乎的运营路径应该是用价值内容树立威望，用威望去占领用户的心智，最后让用户自发地聚集到我们的运营核心周围，最终实现润物细无声式的流量转化。简单地说知乎回答的内容套路总结起来就是："干货价值"+"亲身经历"+"分段论点"+"神来之笔"。

切记，在任何时候，都不要用写回答去实现解答问题以外的营销目的。我们只专注于提供有价值的内容就好了。

（c）回答频率、字数

我们回答问题的目标，是让更多的用户看到每一条用心准备的优质的答案，而不是用更多的回答去覆盖更多的用户。所以，回答问题的频率不要超过1天2条。

如果按照第4节"答问题"中的要求去对待每一个问题，相信每回答一个问题都要耗费至少1-2天的时间，但这样的问答才是对用户有价值的。

相反，如果我们在短时间内用没有价值的内容快读回答了大量的问题，不仅会触发知乎的反作弊机制，还有可能因内容质量度太低造成回答被折叠，直接影响我们的"盐值"。

同时，我们发现知乎上许多的优质回答字数都在4000字左右。这个字数区间的回答才能真正阐述清楚一个体系化的概念，往往能获得用户的更多的认可，最终的互动结果也会好很多。

所以，切记，质比量重要，专可通神，用心无敌。

（d）文末引导点赞、评论等互动

虽然很俗，但还是要再提醒一下。回答末尾添加一段诚恳的文字引导用户点赞、评论，这不是在祈求，这是自信的表现。

虽然我们一直强调优质回答是根本，但互动也是知乎运营的关键，日常的维护中多与用户互动、与大V互动。在互动的同时相互学习，取长补短、共同成长，这才是社区最吸引人的地方。

5. 知乎推广运营

知乎的自媒体运营，更多的还是需要通过高质量的回答来产生结果。

而每日通过后台各项统计数据进行分析也是让我们不断提升运营效率的必做功课。有关数据分析的内容与其他自媒体平台没有太大差异，之前已经详细讲述，这里不再赘述。

有人的地方就有江湖，有江湖的地方就有生意。从 2017 年开始，知乎也开放了广告主信息流模式的商业化流量变现平台，但由于知乎调性导致用户群体"本能"地拒绝商业化的广告。

我们并不是说知乎用户的商业化价值低，更多的原因是广告主的信息流投放，无论是从创意还是内容页都并没有用心地设计成符合平台用户调性的广告样式。那么，什么样的落地页才能够符合独特的人群属性，进而产生高转化率的可能，我们将在后续其他章节中着重讲述。

六、团购点评类平台（大众点评）运营技巧

在提供 O2O 类本地化服务的互联网企业中，美团点评应该可以算是一个"独角兽"了。在"团购""外卖""酒旅""出行"这四个领域几乎占到了 50% 以上的市场份额。但随着移动互联网进入下半场，我们能够很清晰地感受到美团点评的改变，以 O2O 服务为价值核心的体系下，美团点评从传统的用团购优惠留存客户，逐渐转变为基于性价比服务的社区化（圈子）内容运营，同时还在极力打造用户 UGC 体系。

社区化服务将成为移动互联网下半场的风口已经是一个不争的事实。

如何抓住这个风口，让你的企业能够"飞起来"？虽然美团和大众点评在2015年合并成立了美团点评，但在运营上还是独立分开的，本章将从如何建立一个优质的大众点评店铺开始带领大家打开O2O运营之门。

1. 了解大众点评

大众点评于2003年4月成立于上海，力图为用户提供商户信息、消费点评及消费优惠等信息服务。2014年与腾讯达成战略合作，2015年10月与美团达成战略合并。根据数据统计，点评、美团双App累计注册用户6亿，月活跃用户1.8亿，有2.4亿人在APP上购买过服务，日交易订单1300万。

大众点评正如它宣传的口号"吃喝玩乐，找优惠"所表达的，作为一个点评类团购网站，它的主要目标用户群以20–45岁之间的白领为主，消费力强。与其他团购网站相比，更注重为用户提供一个分享评论的平台，所以大众点评的目标用户是注重生活体验的，并乐于在网上分享自己的消费经验。

大众点评的优势：

（1）体量大、行业广

依靠多年的用户和数据积累，沉淀了超过850万活跃商家以及12亿条点评信息。大众点评除对吃、喝、玩、酒旅、丽人这些高频的本地生活服务频道提供一级入口外，同时对周边游、结婚、家装等相对低频的频道也开放一级入口，覆盖更多行业人群。

新美大合并后弥补了双方的不足，更加细化了用户人群需求划分。从新增的结婚和家装两个频道的页面中，我们发现了更多细分频道，用户可以根据自己的需求多重选择，更加方便快捷找到心仪的商户或产品。商户则可以根据自身产品的属性选择频道，寻找更精准的需求人群。

（2）O2O闭环体系完善

同其他团购平台一样大众点评也是基于LBS定位，平台的"附近"功能将"位置+服务+信息"推送给用户；但区别于其他团购平台大众点评以用户为基础，有好友系统和社区系统，用户好友之间有互动，增加用户黏性。在团购这方面大众点评走差异化的路线，比如"闪惠"，不需要预订，消费完后直接线上买单享受优惠，进而完成O2O闭环。

（3）评价体系商业价值巨大

超过12亿条的UGC用户评价互动，这些信息对用户消费决策起到了非常大的作用。几乎所有日常生活中的消费行为都能有迹可循、有据可依，降低用户的试错成本。

对商户来说，通过不断引导用户原创点评形成商业口碑，树立商户良好的网络品牌形象，将更加真实可靠的产品信息传播出去，借助口碑营销降低企业运营成本。

大众点评的劣势：

（1）门槛低、持续运营难

申请入驻点评商家比较容易，平台对商户的要求不高，商户上传商品的审核机制并不严格，这就导致店铺品质参差不齐。而用户在平台习惯了根据用户点评进行消费决策，这就使得运营能力差的商家几乎获取不到什么流量，持续运营困难。

（2）内容电商冲击

随着内容电商的崛起，越来越多的小众化本地服务电商开始蚕食点评的用户体系。借助优质内容形成的更加垂直的兴趣化社区，更符合现在"80后""90后"的消费观念。比如小红书，通过精致的内容、完善的兴趣社区，在累积了大量忠实用户后，也开辟了美食、旅行、影视、日常等专栏，分流了不少对生活品质有更高要求的人群。

（3）低频消费行业薄弱

点评最初的定位偏向本地生活吃、喝、玩乐、丽人等高频消费行业，多年来平台的用户已经形成模式化的消费逻辑习惯（查找附近→对比优惠→对比评价→团购买单）。但对于低频消费的频道，如结婚、家居、装修等用户决策周期相对较长且用户不太了解的行业，平台的转化效率并不高，商户按照传统的团购法很难形成规模化转化的结果。

（4）用户评价的"双刃剑"

大量UGC点评既是平台的优势，也是劣势。一条恶意的差评很可能毁掉商户辛辛苦苦建立起来的口碑。而平台的点评申诉机制的反应慢、流程长，很多时候商户处于相对弱势的地位。

此外，点评数量的数量对于商户来说也并不是越多越好。如果用户在两个点评数量差不多的商家之间选择，最终用户的选择依据可能还是哪一家的优惠力度大，加上平台的抽成，使得同行业商户的利润在不算提升的竞争和运营成本中变得越来越低。

对于商家来说，互联网运营的竞争可能比想象中还要惨烈许多。我们决定不了平台的运营方向，但我们可以通过不断地学习，了解平台的用户心理，结合自身特点建立更加符合用户心理的展示和营销系统，只要你比80%的同行业商户更加重视用户体验、重视内容创新，相信最终一定会赢得平台和用户的认同。

2. 商户店铺运营的6个原则

通过简单的资质上传入驻大众点评后，店铺的页面设置就成为商户最着急做的事情了。但我们建议商户们不要着急上传各种图片和活动，先搜索一下同行业的店铺，从用户的角度去尝试寻找这些商户和商品可以改进的地方，分析一下受用户欢迎的商品是什么样的，这些商品的内容设置有没有可以借鉴和参考的地方。在明确了自己店铺的特色、特点后，我们就可以通过"点评管家"后台的各种设置来开始装修并运营店铺了。

大众点评针对不同的行业，在后台设置上略有不同，但基本原理大体相同。本节中我们不讲解店铺的基础设置，只总结出6个店铺运营过程中需要注意的原则，从运营层面帮助商户搭建出更加符合平台特点和用户体验的商铺运营体系。

（1）加强视觉冲击力

用户在面对众多同质化店铺时，视觉上的第一感受无疑会在很大程度上影响用户的决策。我们在之前的章节中反复强调视觉的传达效果是远远大于文字的。线上店铺不同于实体店，用户主要是通过文字描述和图片展示来了解品牌和产品，不像线下店铺能与商品进行"亲密接触"。大众点评的页面布局有固定的首图、轮播等展示模式，合理布置能够帮助商户给用户留下美好的第一印象，提升用户的访问时长。

店铺里的所有图片主体色调应该要与产品特性相符或与目标消费群体的特性相符，视觉的冲击力体现在图片的"精美"二字上，而不要一味追求标新立异的"另类"感觉，符合主体受众人群的审美观，才是店铺装修的核心。

店铺首图和移动端的首图轮播是店铺装修中的重中之重。图片可以是品牌 LOGO、LOGO+solgan、门店招牌图、产品效果图、促销海报等。具体使用哪种图片，需要根据店铺自身的特点、分类列表竞品店铺布置情况、关键词搜索列表竞品店铺布置情况等综合因素来决定。

门店环境所使用的实景照片，一定要请专业摄影师拍摄，照片既要有整体店面形象照，还要有更多能够体现细节角落的照片。在这个"颜值"第一的时代，良好的视觉呈现不仅能够加深用户对店铺的印象，还能有效地提升用户的心理预期，为线下体验打下良好的基础。

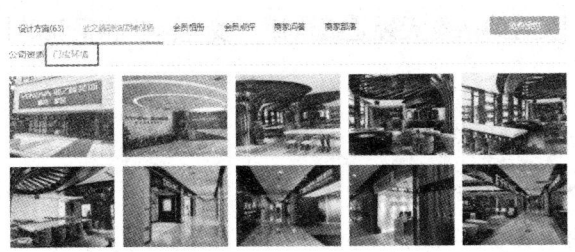

（2）提升线上到线下的用户体验

用户在使用本地化服务时，心理上最在意的还是商家线上展示的产品内容和服务承诺是否与线下的消费体验一致。商户店铺线上展示到流量转化的过程是商户运营能力的体现，而用户线下的消费体验则是商户服务能力的体现。

对于用户体验来说，我们很难用可量化的数字来明确体验感的好坏。因为每一位用户都会基于自身需求满足情况而给予不同维度和角度的评价。同时每一位用户对于体验的预期程度不同、对于服务的理解和要求也不同。所以在店铺运营过程中，需要多维度地提升用户的体验。

可靠：

线上到线下的过程中，最影响用户体验的就是"买家秀"与"卖家秀"。很多时候商户为了争夺流量，过度的美化产品、折扣优惠故意含混不清（设置隐性条件），这样的运营方式会极大地降低用户从线上到线下的体验感。

所以在运营店铺的过程中，着力于打通线上到线下的体验一致性，无论是产品本身的线上宣传和线下体验，还是折扣促销上的承诺兑现，都会为用户的线下体验加分，会让用户感觉到商户是可靠、可信的，诚信为本的运营理念才是店铺运营的底层逻辑。

及时：

在快节奏的社会里，用户最讨厌的就是等待。在面对众多选择时，多数的用户不会太仔细地了解商户和产品的具体情况，他们更习惯用更便捷的即时沟通工具（商户电话、在线预订等）来了解商户的具体情况。在这个过程中，及时的回复无疑是提升用户线上体验感最简单、最有效运营手段。

友好：

在店铺的运营体系中，我们往往非常重视营销内容的设计，而忽略对于客服的培训和要求。面对大量的来电和线上咨询，客服难免会机械式地回复客户的问题，甚至为了避免出错而答非所问，尤其在涉及一些确定性的承诺时，客服往往不敢给出明确的回复，这些都会严重影响用户的体验感。所以，建立一个亲切、友好的客服团队，不仅能够给予用户真实的情感交流和意见反馈，而且可能比优惠促销更能提升店铺的转化效果。

（3）着力引导有"温度"的用户评价

评价体系一直是大众点评这个平台的核心资产。对于商户来说，评价口碑，也是直接影响到用户决策的重要依据。很多的商户非常重视引导用户在体验后进行评价，但却往往并不对用户评价的内容进行引导和干预，这是不对的。

用户的评价应该是有温度的，这个温度体现在评价内容中的情感传递，我们需要引导用户在评价的内容中用更多的"细节描述"和"语气助词"来体现用户的情感，这样的评价才能够对其他的潜在用户产生更大的诱惑。

用户产生点评行为的动机一般分为以下3种：

产品体验驱动：

用户体验的产品或服务超出预期，使得用户愿意主动进行点评分享这次愉快的体验经历。

精神满足驱动：

稀缺、荣誉、炫耀、新奇、个性都是能够促使用户在获得满足感的同时产生主动评价和分享的动力。

利益驱动：

利益驱动永远都是最简单、直接手段。商户通过返现、送券、折上折、产品赠送等方式可以直接促进用户进行即时点评。

用户点评的数量多少不仅会影响店铺的星级，大量的"优质点评"还能提升其他潜在用户的信任感。

在引导用户进行点评时，为了能让点评更加真实可信，还需要注意以下4点：

• 点评内容与用户体验一致，文字篇幅适中（50-100字）；

• 引导用户在点评中添加图片，真实的图片比文字更直观、更有说服力；

• 引导用户在点评文字中添加与商户产品吻合的关键词，这样会使机器系统判定点评内容具有更高的参考价值，从而将点评前置排列；

• 商户不要用同样的话术去回复用户的点评，要花心思在评论区与用户互动，体现出商户对用户评价的重视。

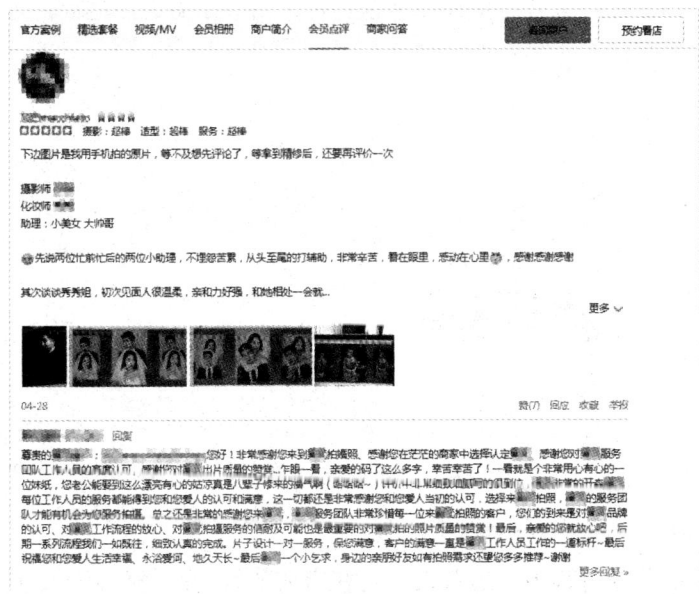

在店铺的运营过程中，我们不可避免地会因为种种原因遇到用户给出的差评。"好事不出门，坏事传千里"，差评通常是商户最不愿意面对的事情。但如果有了差评，千万不要置之不理，我们可以尝试用以下几种方式来尽量降低差评的负面影响。

- 同行恶意攻击：

通过对用户 ID 与商户数据库中的用户信息对比，判断是否为同行的恶意攻击。对于有证据的恶意攻击，可以通过平台客服申诉来撤销差评。在申诉未解决之前，可以用"摆事实、讲道理"的态度来回复差评。

- 商户自身原因：

在商户为用户提供服务的过程中，难免会因为种种原因造成用户不满意而进行吐槽。通常用户都会在差评里明确地指出造成不满意的原因，对于这样的评论，回复的时候一定要切记：首先诚恳地道歉，然后主动地自我检讨，最后给出明确的解决方案。千万不要在回复中使用官方的套话。

- 没有满足用户无理要求：

虽然说用户是上帝，但用户并不永远是对的。面对这样的差评，在回复的时候尽量详细、客观地还原事情经过，将一个有态度的商户形象展示在所有用户面前，我们相信，公道自在人心。

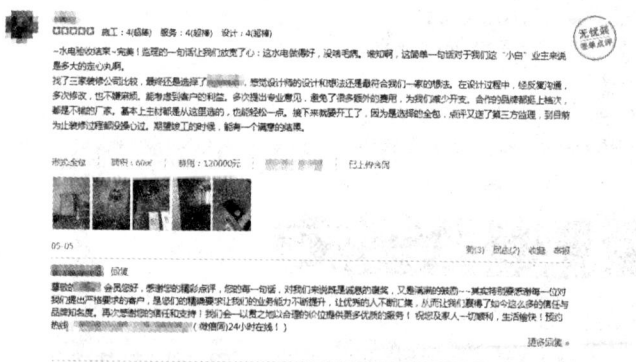

（4）不要忽视内容运营

运营商铺的过程中，运营人员会在店铺装修、促销政策、流量转化分析方面花费大量精力，这些固然重要。但在内容为王的互联网下半场，内容运营才是让店铺持续保持曝光、吸引粉丝最有效的方法。

点评头条板块是大众点评给商户进行内容运营的创作平台。商户可以发布图文消息、视频，并可以直接同步到微信平台，还可以通过微信号后台关联小程序，实现多场景化的内容分享以及外部流量导入。

对于商户而言，持续地发布高质量的内容，不仅能够在大众点评APP的信息流板块获得大量的精准流量导入，还能够通过引导用户关注点评号而逐渐培养忠实的用户粉丝群体。

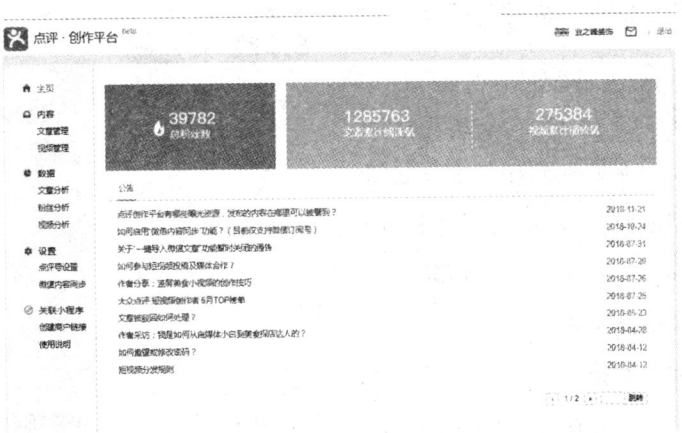

点评号虽然不像微信公众号那样具备天然的社交属性，但点评号的微信内容同步和小程序关联两个功能可以帮助我们轻松地实现点评号与微信公众号的社交生态打通。

（5）挖掘用户数据

在O2O平台的运营中，线下经营状况的数字变化并不能真实反映线上用户的行为路径，用户通过线上购买了团购、折扣券等优惠后，并不会立即到线下进行消费。所以我们需要对流量、订单、转化等整体指标进行分析，充分挖掘用户数据来提升线上到线下的用户转化。

流量分析：

借助经营参谋中的访客总流量、质量分析、来源分析、用户平均页面停留时长、访问深度、跳出率等一系列数据指标，对比同行业平均数据、优秀流量，从而了解店铺流量结构分布和主要流量来源，并基于这些数据对店铺内容、运营进行改进。

交易分析：

通过交易数据了解店铺周期预约或销售数据，通过同比和环比数据了解经营状况、产品销售情况。数据变化会反映出产品从预约、下单到支付整个过程的数据，帮助我们分析并优化店铺产品的转化效果。

（6）重视竞品监控

商业社会中，你不是一个人在战斗，而是无数友商在和你一起战斗。竞品的监控是为了让我们更精准地明确自己的定位，并不断地完善自己的产品和服务。

点评后台中"经营参谋——竞对分析"这一功能可以帮我们简单了解竞争对手的店铺运营情况。但竞对分析中并不会显示预约数量、转化率等具体数据，对具体的竞争对手经营分析并没有太大的实际意义。

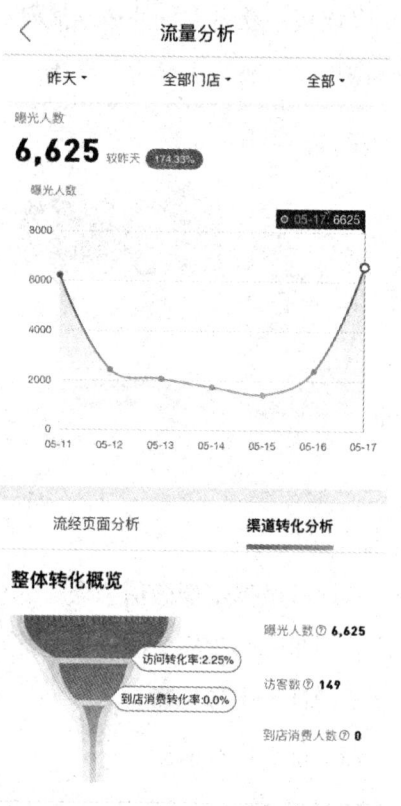

永远相信比你优秀的人比你更加努力，竞品的监控虽然不能让我们在竞争中占领先机，但却能够让我们不至于掉队太多。

竞品的监控作为运营的日常工作，可以从以下两个方面入手：

- 产品／内容监控

监控并记录竞品店铺的产品、内容、服务、促销、上新频次、上新后销量变化等方面的数据，然后对比自己店铺同样项目的数据周期性变化来分析竞品产品和内容迭代所带来的数据变化，通过这些数据分析来指导店铺下一步的产品运营和内容迭代的方向。

- 舆情监控

真实的用户点评，不论是好评还是差评，都能够最直接地反映一个店铺的整体运营情况，尤其是涉及竞品产品内容的点评，不仅能够让我们更加了解用户的消费心理，还能让我们在引导用户点评时避开千篇一律的"模板式"点评，让点评内容更加凸显出自身产品的差异化卖点。

竞品监控的工作是需要长期坚持的，竞品的品牌也需要进行周期性的动态调整。用户和需求是动态的，对于用户评价的监控更是必须长期坚持的动作。现在的商业竞争中，知己知彼只是运营的基础，知道用户的需求才是运营的核心。

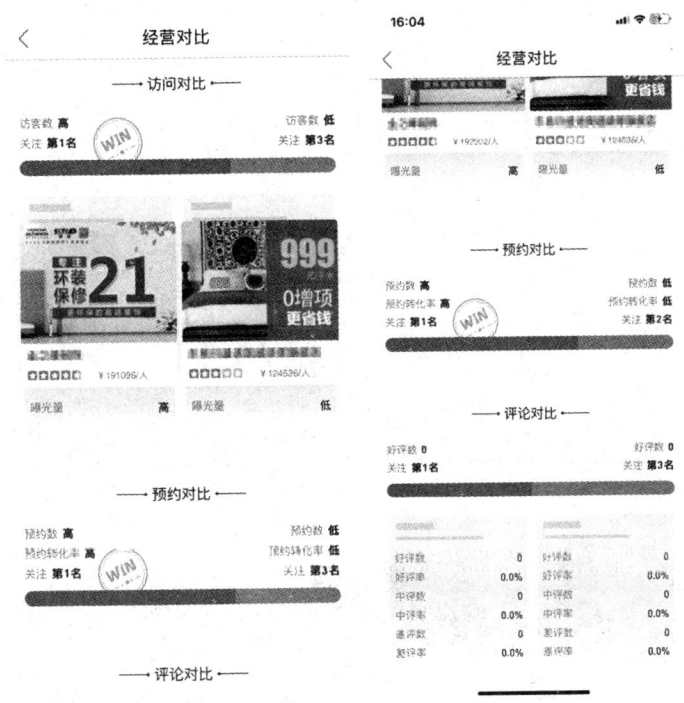

3. 活动运营与付费推广

商户进驻大众点评就相当于将实体店开到了一条商业街中，如果没有占据地理位置上的优势，就需要通过"广告"让更多的用户知道自己。商户进驻后除了通过门店装修、发布门店的环境照、产品信息、促销折扣等基础运营手段之外，还可以通过同城活动以及 PC 端广告位、移动端 CPC

等推广方式增加门店的曝光量。

(1) 同城活动（霸王餐）

通过"点评管家—店面维护、订单管理"我们可以在工作台中的进行闪惠、团购、优惠券、打车到店等自助营销活动的设置，这些设置的流程非常简单，我们不做详细讲解。这里我们重点讲解一下同城活动的策划要点。

策划同城活动时，首先需要明确活动的核心目的是什么。是现有留存用户的转化和促活，还是吸引新用户的关注？还是仅仅为了增加评论的数量。其次，确定活动的类型，是常规优惠活动、节日活动，还是事件型活动。

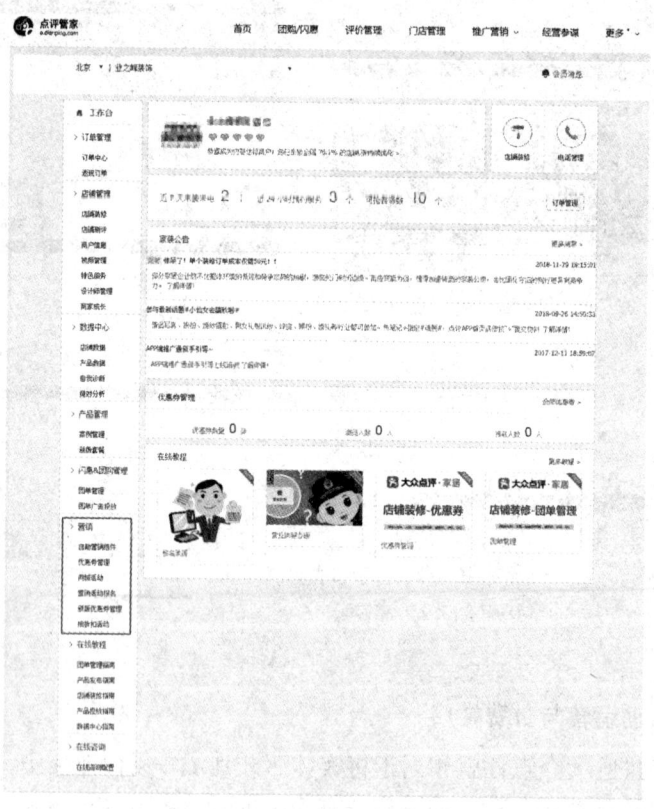

常规优惠活动：时间短节奏快，可以多次运作，大多数是为吸引新用户的增长。

节日活动：根据节日划分，结合产品本身的特点，促进留存活跃用户进行转化。

事件型活动：筹备周期比以上两种长，需要有创意、有内容、有卖点，同时需要辅助一些推广手段。对创意事件的赋能，不仅通过制造话题吸引新用户增长，还可以促进留存用户转化。

由于点评的同城活动不同于其他 O2O 平台，策划活动时注意以下几点要素：

• 活动目的：目的不同采用的方式方法也不尽不同，策划方向也不同。

• 活动周期：一般来说常规活动和节日活动的持续周期需要 7-10 天，时间太短用户不一定有时间参与，太长则容易被用户忘记。

• 创意文案：文案标题要"有趣"，标题一定要引起用户的注意。内容要"说人话"，文字要接地气地说出用户能听得懂的话。营销点要"够痛"，直击痛点才能够让用户买单，即使是促销也要让用户感觉到机不可失。

活动规则：在什么时间，按照什么方式做什么样的事儿，能得到什么好处，那些情况是不能参与活动的，详细而明确的规则会让用觉得活动更加真实、可信。

参加同城活动的用户到店体验时，商户一定要在活动过程中设置引导用户进行高质量的图文点评的环节，这样不仅能够在短时间内为店铺积累大量的评论数，高级别用户的正面客观点评还能提升店铺的总体评价分值。

（2）付费推广

在移动互联网大热的当下，我们常常忽视了 PC 端和其他互联网终端。尤其对于传统行业来说，现实的互联网环境是我们处于一个多元化终端融合的时代。而用户因为使用场景不同也会在 PC 和移动端之间来回切换。

大众点评的 PC 端付费推广主要通过固定位广告 CPM 曝光量为主要推广方式。虽然大众点评有非常严格的排序机制，比如店铺星级、门店综合质量度、地理位置等都是影响排序的因素，但售卖的广告位是不受排名影响

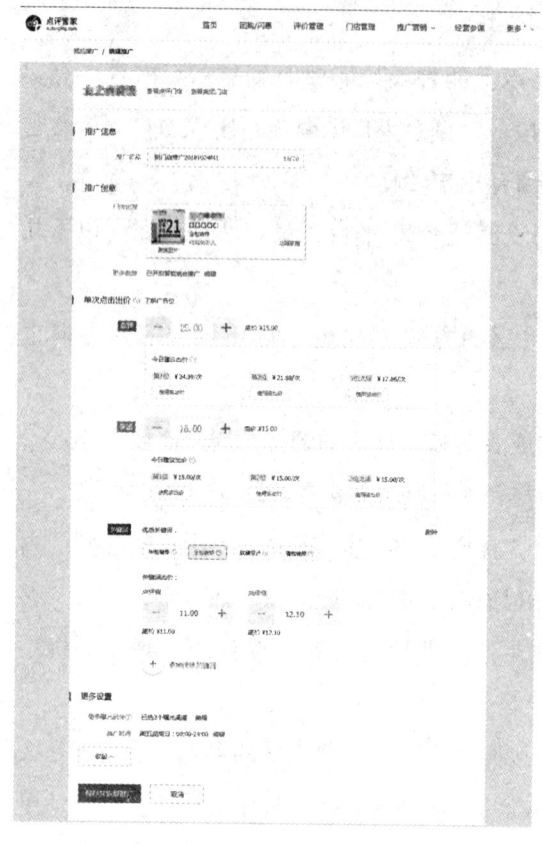

的。商户可以通过与大众点评市场运营人员的沟通确定广告位、曝光量、关键词、定向词、推广排期等内容。在付费推广开始后，不论是通过分类板块还是关键词搜索进入列表页的用户，都会在"更显眼"的位置看到商户的店铺。

移动端的付费推广主要通过 CPC 方式实现，通过"点评管家—推广通"板块，商户在充值后可以自行进行推广设置。推广通是针对移动端流量按点击收费的一款推广工具，商户通过竞价的方式获取站内或站外的移动端曝光机会。

推广设置有三种投放类型：门店推广、团购智能推广、品牌推广，其中门店推广的综合性强、转化率较高。

门店推广：建议前期选择全时段投放，等有一定的数据积累后，通过分析得出用户的浏览预约峰值，后期可以改用峰值日分时投放。

团购推广：大众点评根据用户浏览行为的大数据收集，将商户团购创意推送到"猜你喜欢"栏目，相较于对门店推广更加精准。

品牌推广：投放时间商户可以自行设定，优质广告位竞价单次点击出价较高。

对于大众点评的付费推广，预算少的商户可以采用移动端的 CPC 推广方式。广告计划的设置界面也非常简单，尝试几次就能轻松掌握。

Part 7　信息流/原生广告平台的崛起，你的网络销售变"简单"了

早期的互联网时代，门户巨头们并不重视网络中的数据沉淀，在流量的变现路径上都采用传统的平面媒体思维，用平面广告向用户单向地传递企业的产品价值。当互联网进入大数据时代后，通过对用户数据与广告主的广告内容的精准匹配，信息流平台迅速崛起，成为连接用户和企业最有效的价值转化渠道。

一、什么是信息流广告（原生广告）

信息流广告是出现在网络内容信息中的广告。平台方通过用户行为信息的大数据分析，将平台内容池中可能被用户感兴趣的内容定向地推送展现给用户，展现形式与信息流中信息形式保持相同的格式，使得用户更容易接受被推送的内容。换句话说，信息流广告（原生广告）就是"长得最不像广告的广告，长得最像内容的广告"。

信息流源于社交媒体、新闻资讯类等内容信息平台。目前在多种形态衍生效应下已经延伸至搜索，视频，浏览器等多个互联网领域。例如：百度 Feed、腾讯新闻、今日头条、抖音、微视、微信朋友圈等等。

传统的竞价搜索类平台（如百度、搜狗等）是通过用户输入的关键词触发，用户需求明确，推广比较维度丰富，流量精准度高，搜索结果排名越靠前用户触达概率越高，所以竞价搜索对于企业的核心是"排名"。

而信息流（原生广告）平台是以算法推荐为核心，广告内容的展现形式与平台信息形式相同，平台根据用户标签主动推送，流量精准度比"竞

价搜索"稍低,但用户到达率高、曝光量高,所以信息流的核心是"信息匹配"。

信息流平台通过机器算法的信息匹配来分发内容和广告给用户,那么信息流广告系统的分发依据是什么样的呢?

我们以今日头条为例:

(a)预分配曝光

系统会通过广告主的推广预算进行流量的预分配曝光。预分配的流量和广告开始投放后的自然流量都是动态调整的。系统会不断计算广告曝光给平台带来的收入回报,根据回报来实时调整下一阶段分配给广告主的流量。也就是说,如果你的广告计划带来的回报比其他广告计划高,则代表了用户对你的广告计划的兴趣和认可度高,平台会将其他广告计划的流量逐渐更多地分配给你的广告计划,反之亦然。

(b)预估 CTR

机器算法与 AI 的差别是,算法只能通过历史数据和对比分析来作为机器分发行为的判断依据。今日头条的机器算法主要通过计算广告主账户的历史表现以及同行业(内容)广告的实时投放数据来为某一个广告计划预估一个 CTR,并动态调整广告分发。

所以,持续性的广告投放和尽可能高 CTR 的广告计划是赢得机器算法青睐的法门。在系统进行新广告计划预估 CTR 时,会将新广告计划与账户历史和行业数据进行比对,再结合广告计划本身的质量度等属性给广告分配一个预估的 CTR 值,根据这个值对广告计划进行流量的分配,并在经过一段低分配量的缓冲期后,根据实际 CTR 的变化来增加或减少流量分配。

根据今日头条公开的数据,目前信息流广告的平均 CTR 为 2.3%-2.5%。其中游戏行业 CTR 1.5%,电商 2.5%,APP 下载 2.2%。

(c)广告排序

广告在被机器分发出去后,不是即时曝光在用户的终端上的。所有的广告计划都会在系统中排队等待曝光。广告排序主要是根据账户质量度、计划质量度,以及广告出价来决定。通常情况下出价是由广告主决定的，而账户和计划质量度主要是由点击率来决定。以下三点需要特别说明一下：

• 广告的最终费用消耗跟 CTR 关系更加密切，CTR 越高，平均每次 CPC 的消耗会比你实际的最高出价越低。

• 不要频繁地调整某一条计划的出价，一天 2-3 次调整足够了。当计划开始执行后，等待 5-6 小时的时间，再根据 CTR 去调整出价，如果出价调整后仍没有跑起来量，那么试着调整广告创意重新投放，一味地提高出价并不一定能够提升广告的点击量。

• 广告排序优先级：CTR＞计划创意质量度＞落地页质量度＞账户历史表现。

（d）过滤频次

为了保证平台上用户的正常阅读体验，今日头条对于推送给用户的广告频次有着非常严格的频次算法规则。

• 一个用户终端最多一天推送 6 次大图广告；

• 每一条广告计划，一天内只对一个用户展示不超过 2 次；

• 用户点击"不喜欢"按钮后，账户内的所有广告计划一周内都不再推送给该用户；

• 低于系统建议出价的 ECPM 广告，有可能不被推送。

二、信息流广告投放基础常识

信息流平台的账户开通非常方便，通过代理公司或者自行注册上传资质就可以完成。本节我们先来了解一下信息流广告的基本常识。

（1）账户结构：

各种信息流平台账户结构设置基本大同小异，只有微小的差异。例如：今日头条账户和腾讯系的账户结构都是广告组、广

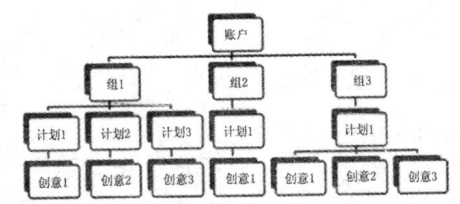

告计划、广告创意三个基本元素,而百度信息流也是广告计划、广告单元、广告创意三个基本元素。所有的信息流平台都支持多创意投放。广告主可以根据产品、定向、素材不同分组搭建。

(2)广告排序和计价方式

我们之前强调过,信息流平台的计费并不是按照你的出价来收取的。也就是说,如果你的 CPC 出价为 1 元,并不是用户每点击一次就收 1 元的费用。每次点击的费用是根据广告计划的排序,按照排序在你的广告计划下一位的其他广告计划的出价来动态调整的。具体如下表:

	排序方式	计费方式
CPM	CPM	下一位 +0.01
CPC	预估点击率 × 点击出价 ×1000	下一位 ECPM/ 本账户的预估点击率 +0.01
OCPM	预估点击率 × 预估转化率 × 目标转化出价	下一位 ECPM+0.01
CPA	预估点击率 × 预估转化率 × 出价	下一位 ECPM/ 预估点击率 × 预估转化率 +0.01

(3)广告投放后台设置

目前比较主流的信息流广告平台有今日头条、腾讯系信息流、百度信息流、360 信息流等,广告投放后台界面差别不大,我们以"今日头条"广告后台为例:

(a)根据推广目的选择相应的推广方式

推广目的：

落地页推广适合收集表单；APP 应用多为下载激活；头条文章多为推广文章增加阅读量；门店推广适合实体店线下体验。

广告组预算设置：

广告主预期的该广告组一天消耗的最高预算，当广告组日消耗达到设置的预算后，广告将自动暂停投放，停止收费。所以广告组预算设置十分重要，广告组的日预算最低为 1000 元。

（b）投放范围和目标设置

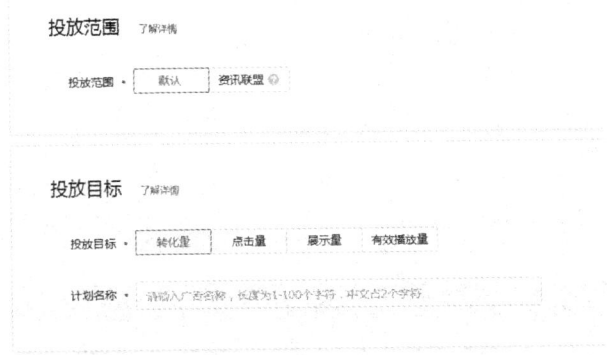

投放目标：

按照广告主不同的目标，对应不同的计费方式。

转化量（OCPM/CPA）OCPM 接近广告主目标出价，CPA 可以理解为按照用户每一次行为，可以是注册、咨询、表单提交等等。

点击量（CPC）按照平均点击单价计费，将广告投放给点击意愿高的用户。

展示量（CPM）按照千次展示计费，让更多的用户看见广告。

（c）投放内容设置

链接地址

"落地页"的链接地址，落地页有两种方式。一种是广告主自有网站页面，另一种是借助今日头条建站工具生成的"落地页"。

注：转化量目标OCPM需要在落地页中植入代码才能实现投放。

CPA必须是今日头条建站工具生成的落地页链接。

（d）用户定向

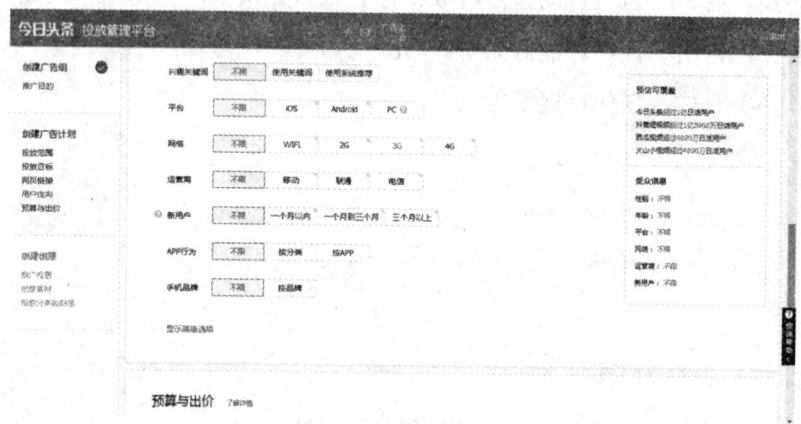

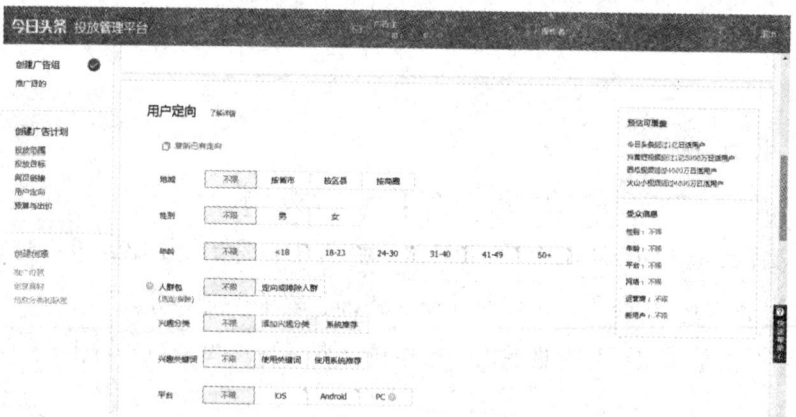

广告主根据自己产品、页面结合用户属性，如地域、性别、年龄、兴趣分类等进行人群定向设置。

（e）预算与出价

广告主可以根据自己的预期设置日预算或总预算。出价按照不同的投放目标设置出价，CPC和OCPM、CPA的出价原则不一样，广告主需注意

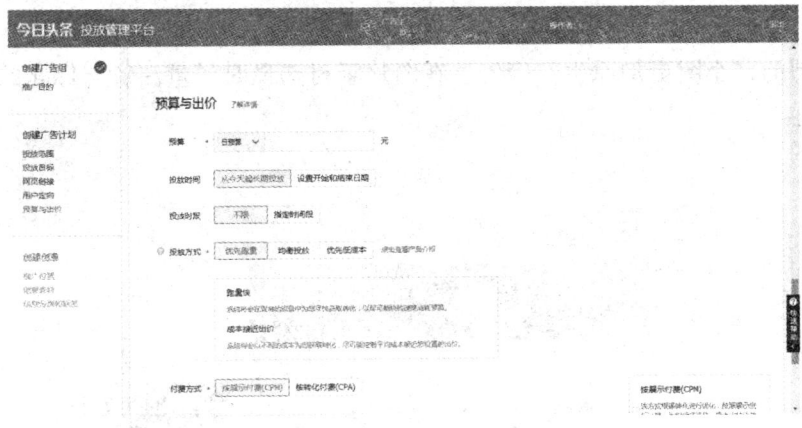

三者只能选择其一。

投放时间一般为产品页面的投放周期，投放时段可以是全天也可以是分时段，根据受众人群特征选择投放覆盖时段。

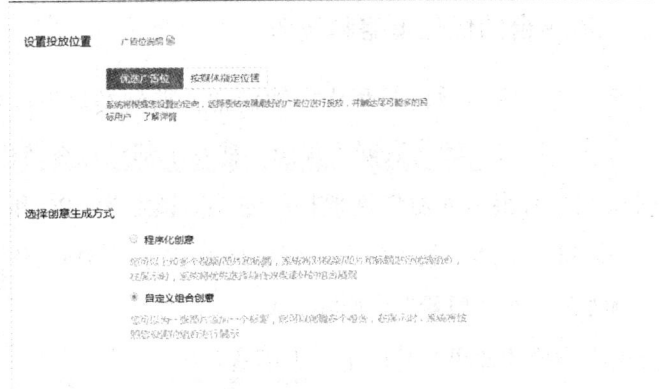

（f）设置投放位置，添加创意素材

优选广告位是为系统认为最佳广告展现位置，是系统智能托管工具；

媒体指定位置是广告主可以自选投放位置，例如：头条系、小视频等；

自定义组合创意是自主上传图片、文案，系统自动生成N×N个对应创意，广告主可以对每一个自动生成的创意进行再设计。

信息流广告创意一般分为以下个样式：

小图、组图、大图,视频格式。常规来说,组图的点击率是要高于大图的,小图更加原生,广告主在图片素材选择时尽量注意与标题的一致性。

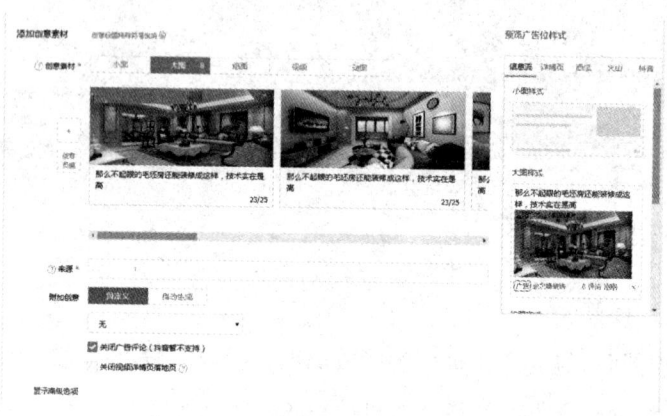

三、信息流平台的优化策略和技巧

在信息流广告日常投放的过程中,我们常会遇到类似投放数据不理想、账户有钱花不出去、转化数据不理想、钱花了却没什么转化等问题。相信这个时候就会有很多人习惯性地将"凶手"锁定为 CPC 和 CTR,一言不合就动手调价。当然在某种情况下调价是可以的,调高出价平台也会为了盈利"牺牲"一些"质量",强制推送。

其实真正影响投放效果的是以下 6 大因素:

(1)定向:

根据属性大致可以分为 3 类:

(a)自然属性:年龄 / 性别 / 地域(省市、区县);LBS(商圈、自定义);终端(iOS、Android、PC);网络(3G、4G、Wi-Fi)

(b)用户兴趣:兴趣关键词;兴趣分类;

(c)自定义:自定义人群包;人群排除包。

广告主可以结合自身产品属性、受众人群特征综合设置定向,一般情况下可以参考如下：

目标受众	定向
地域	根据广告主服务项目合理定向；采用排除人群包排除历史转化数据；商圈定向集中投放；
性别	女性：文化娱乐、影视、美妆、情感、星座、母婴儿童等； 男性：房产、骑车、金融理财、科技数码、体育运动、游戏等；
年龄段	<18、18-23、24-30、31-40、41-49、50+；通常情况下高消费产品受众应在 30-50 之间，这类人群有一定消费基础；激活下载类的在 18-40 之间，这类人群比较年轻容易接受；
兴趣分类/关键词	职场白领：娱乐、电商； 高管/公务员：旅游、读书、军事、金融；家庭主妇：母婴幼儿、生活服务等；
终端/网络	APP 下载/视频播放：Wi-Fi 资讯：3G/4G/Wi-Fi
投放时段	信息流用户浏览时间相对碎片化，但集中在 3 个时间段，上下班路程 7:00-9:00，17:00-20:00；娱乐时间：20:00-23:00

以上参考适用 OCPM、CPC，并不适用 CPA。CPA 转化出价按照转化计费，系统会智能挑选流量。除了自然属性设置定向外，其他可以尽量开放，系统会根据模型学习广告计划的特征进行精准投放。

（2）出价

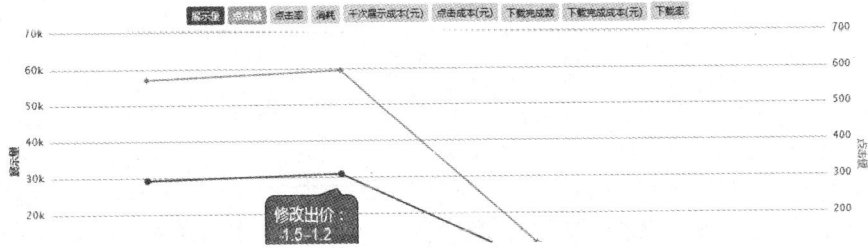

出价和展现量是密切相关的，由上图可见当出价从 1.2-1.5 元，展现量下降了 83%。

出价常见的问题可以总结以下几点：

- 出价低于行业平均出价导致展现量低，从而没有转化；
- 新计划启动期出价过低没有竞争力，导致量跑不出去；

- 小图、组图、大图出价一样，导致展现量低；
- 淡旺季、电商促销季抢量时出价一样，量跑不出去，针对以上问题应该怎么优化呢？
- 充分了解行业平均出价，针对不同的付费方式和定向采用不同的出价；
- 新上计划应提高出价，持续密切的监控数据，待数据稳定后逐步调整出价；
- 大图的出价应高于小图、组图，提高大图的展现量；
- 淡旺季区分，旺季出价高于平时，电商促销季精准定向出价高于平时；
- 提价后展现量依旧低于正常水平，可以考虑调整更换创意素材；
- CPA 付费要明确一个预期转化值，广告主愿意支付的最好成本是多少，以该值为参考线调整出价。

（3）预算

广告主可以根据自己的预期投放计划设置日预算或总预算。当预算较低时系统会默认该条计划预算不足没有竞争力，并自动推送预算较高的计

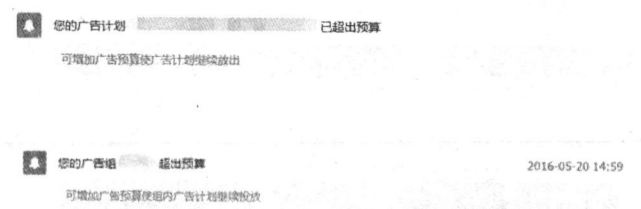

划。所以尽量设置较高的预算，系统会认为该广告预算充足。

有限影响广告跑量通常有两个因素：一个是广告组或计划预算不足，另一个是账户余额不足导致计划停止。

为避免预算不足导致广告计划下线，广告主需实时监控广告消费情况，根据流量需求调整广告组、计划预算。新计划设置初始预算时可以稍

高一点，有一定量稳定后再调整。

根据品牌忠诚度划分人群，品牌忠诚人群可以设置较高预算，潜在人群预算和出价都可以略低些。

（4）创意标题、素材

信息流广告是展现在用户终端设备的 APP 信息流中最不像广告的广告。如何在有限的文字和图片里激发用户欲望、吸引用户点击，写出一个能跑量，转化效果又好的创意，不是买彩票碰运气，需要构造一个让用户置身其中的场景，从而激发用户需求。

（a）创意构思以用户为中心

既然是广告，信息流广告也不例外，一定会有产品有用户。广告圈内有一句话："不以产品和用户为中心的创意都是耍流氓"。如果我们投放时对产品和用户的分析没有做到位的话，剩下的工作都会大打折扣。那么在分析时应该注意哪些呢？

- 清晰的推广目标：目的是什么？是提升品牌曝光度？还是提升转化？
- 了解产品的特征、卖点、受众：产品有什么特征？这个产品能够解决用户什么痛点？产品提供的价值，能满足什么需求？产品的受众人群有哪些？
- 预算情况：不同的产品（落地页）预期收益转化，我们的预算有多少？哪些渠道效果最优？怎样把钱花在刀刃上？

（b）构造场景，激发用户需求

对于用户来说，他们起初是没有需求的，只是恰好看到这条广告"和我相关"才进行点击。大部分情况下信息流广告平台所推送的人群都是"潜在人群"。好的创意会"撩人"，会让用户置身于自己想象出来的场景。就像日常我们追剧，跟着剧情"哭笑不得"，其实就是场景代入。如何让用户看到你的广告脑补出场景，并且代入呢？

- 从用户的角度出发，让用户认为和自己有关。

普通创意：老房装修，××公司×年家装经验，好口碑装修公司！

优质创意："80后"工薪小白领，靠这些成功把 90 m^2 老房装修成豪宅!

- 抽象具体化,更能让用户想象出实际画面。

优质创意:北京人吃水果一星期才花20多元,原来都用这个APP。

"吃鸡"断网怎么破?一招搞定!

在哪里都可以连Wi-Fi,追剧无压力。

(c)干货创意

信息流创意写作也有很有用的"干货",可以借助固定的句式和文字体这些"套路",利用简单的关键词,增加文字的关注度和易阅读感。揭秘体、数字体、福利体、归纳体、消息体、干货体等等。

还要善于利用热点词或者语气词等,当看到这一类词语用户会自然反射,对这些词的关注度会比普通词更高。数字、符号在一群文字当中,也是比较容易"凸"显出来的,容易在第一时间抓住用户眼球,让用户短暂停留。

(d)借助系统优化工具激发灵感

现在常用的信息流平台系统基本都配置了创意优化工具,广告主可以借助"创意搜索"作为文案灵感库,以行业高点击率的原生创意为参考,了解平台用户阅读偏好,发现用户关注点。

(e)说人话,创意文案表达简单易懂

创意是连接产品和用户的桥梁,在用户某个产品或者服务产生行动时,这个文案最起码要让他听懂。"说人话"的文案使人和产品之间的沟通变得更加轻松,使消费者更加容易接受,提升信任。

当然"说人话"不意味着就要把广告这一套成熟的体系东西全抛弃掉。我们可以在"说人话"的基础上保留广告独有的场景化和悬念性。

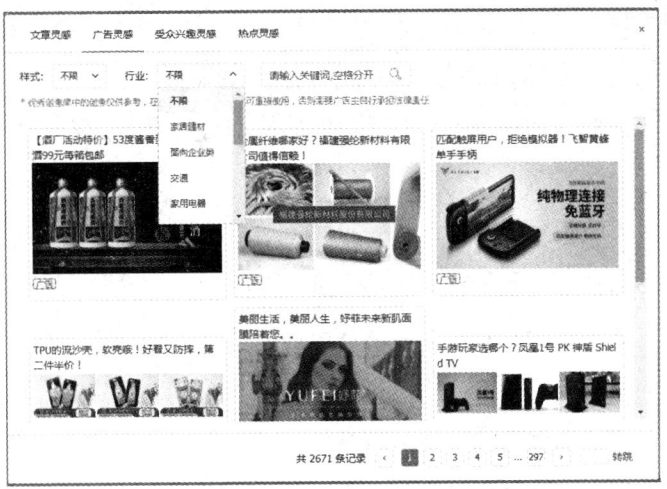

（5）落地页

落地页通常分为品牌活动页和线索收集页两种类型，两种落地页的目标导向也各不相同，前者是为了品牌曝光，后者是为了产品转化，多数情况下我们见的是后者。如果说原生创意是激发用户的需求，吸引用户点击，那么真正促进转化的是落地页。落地页设计应该遵循哪些原则呢？

（a）保持和素材的相关性

创意抛出的问题，落地页来回答。用户被创意图文吸引点击进来，是需要获取相关信息或者解答。如果在落地页中收获不到用户想要的信息或答案，会直接导致页面高跳出率。这也就是为什么点击率高，钱花了，转化量却不尽如人意。

（b）内容逻辑忌繁复无主次

核心卖点的提炼，突出核心卖点。有时候重要的事说三遍并不会加深用户的印象，反而会让用户觉得啰唆。行业内相同的产品很多，产品怎么样才能在竞争中脱颖而出呢？这时候就需要将产品的核心优势表现出来，对用户而言我能得到什么好处？

（c）页面设计、配色

页面内容的合理长度为 3-5 屏，页面太短内容表达不清楚，页面太长、内容太多容易分不清主次。

页面的整体色调尽量统一，色彩过多的落地页虽然看上去色彩丰富，但会给人带来混乱的视觉效果，无法明确识别重点内容，甚至会引起用户的不适。

（d）线索收集目标突出

表单填写流程尽量简化。当用户进入页面后，发现需要填写很多信息时，很容易跳出页面导致流失。虽然用户信息填写越详细，越能够更准确判断用户的价值，但是往往用户在广告环境下停留的意愿并不强烈，所以烦琐的表单也是造成高跳出率的原因之一。

转化率好的落地页总结起来需要注意以下几点：

- 落地页与广告入口处的创意素材相呼应保持一致；
- 首屏头图卖点、品牌 Logo 突出；
- 页面色调风格一致，页面清晰简约，可以适当使用一些留白；
- 页面内容避免使用大段文字，表达简明扼要；
- 表单填写流程尽量简化，可以用设置计数或优惠等方式刺激用户填写。

（6）数据分析优化

钱花了，推广效果怎么样呢？只是简单从展示、点击等数据来说并不足以支撑判定哪一条广告计划好，哪一条广告计划不好。而数据分析的目的是为了对账户进行精准的优化。

数据优化大致可以分为投放数据实时监测优化以及 A/B 测试两个部分。其中投放数据实时监测可以使用平台自有监测工具，也可以借助第三方工具。

（a）投放数据实时监测优化

首先确定投放的平台和类型，一般成熟的平台都有自己的数据监测功能，广告主可以借助平台自带的监测功能做数据监测。例如今日头条，投放页面可以实时监测展示点击率转化等数据，结合实时数据调整出价、定向或时段。

数据报告支持查看前一天的数据，受众分析可以细分为账户、广告组、广告计划等。可以统计广告触达人群的地域、兴趣爱好、性别、使用移动端的占比等等。广告主可以结合前一天的投放数据以及自身产品或落地页特性有针对性地投放广告。

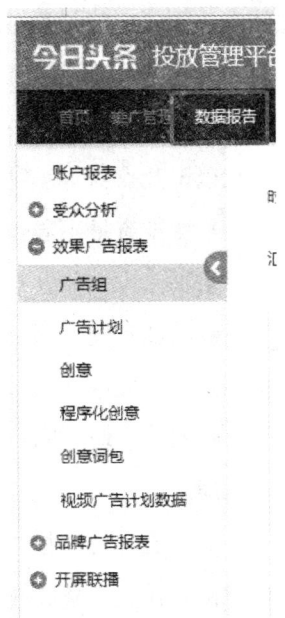

（b）A/B 测试

A/B 测试一般是指同时设计投放 2 个或多个以上不同版本的广告素材，除某些单独变量外，保证这些版本其他完全相同。然后通过投放平台或投放方式实现流量曝光的随机分配，比较后找到更为高转化低成本的广告创意。

信息流广告中有几个元素起着重要的作用，如图片、标题、定向等，所以我们做 A/B 测试的时候也可以从这几个维度入手。

（a）受众人群需求

在做测试之前首先我们要了解落地页的目标受众人群是哪些，需求是什么，例如：产品页面是家居装饰类的，那么它的受众应该是关注家居房产类的，有可能是直接有需求也有可能是潜在需求的用户等等，然后广告主根据目标来制定测试内容和标准。

（b）图文素材定向

确定测试目标后，根据目标人群和需求制作不同版本的内容进行测试。其中这些版本中一次只测试一个变量，其他内容应相同，例如：相同的素材图片搭配不同的创意标题或相同的创意标题搭配不同的素材图片，以及创意标题和素材图片相同，精准定向和模糊定向等等。

（c）数据判定规则

在测试的过程中很可能会产生主观意识，而且容易产生很多误导和分歧。我们可以利用后台数据来帮助作决策。当 A/B 测试广告投放一段时间内达到一定流量后，通过后台的受众分析数据报告会展示不同的广告效果，广告主可以通过结果数据选择更优质的广告。

A/B 测试本身是一个相对的数据分析思路，在日常投放优化过程需要注意以下几点：

- 测试流量不同：流量小有一定的偶然性，样本测试结果就很难代表整体水平。
- 测试时段不同：不同时段的流量也不一样，非同时段获得样本的数据不具有对比性。
- 测试地域不同：不同地域的用户对产品的认知也不相同，用户规模也不同。

信息流广告的投放是一个不断优化的过程，A/B 测试仅仅是其中的一种优化方式。一条高效率高转化的广告需要图文、定向、需求引导等众多因素。很多时候短时间的测试优化结果不一定会大幅度地提升，所以要有足够的耐心才能优化出一条高效率的广告计划。

信息流广告始于 2006 年的 Facebook，如今已经成为互联网巨头们标配的互动式效果营销模式。在如今这个互联网大数据时代，信息流广告在未来的几年里仍将是企业广告主们获取精准用户的最直接平台，我们只有借助优化经验和不断地创新思路，才能够在不断降低营销成本的同时，持续地获取更加有效的可变现流量。

Part 8　创造高转化率的落地页

落地页这个概念可能会让许多人感到陌生，但落地页却无时无刻不出现在我们生活当中。网上商城中每一个商品的详情页、信息流广告打开后的页面、PC网站上的产品宣传页面都可以称之为落地页。每一个落地页的目的都是为了吸引用户的注意，通过页面内容获取用户认同，最终让用户按照页面的逻辑自己完成我们想要的营销结果。

你可能费尽心力地设计并推广了落地页，可感觉转化结果并不太理想，而且页面的跳出率非常高，为什么？根本原因还是我们在页面的设计过程中并没有用乙方心态去传递产品价值，而是用甲方心态去将产品卖点设计成"说明书""硬塞"给用户。这样的页面不可能打动用户，也不可能高效地创造转化。

一、洞悉用户需求

用户需求一直是做营销的人挂在嘴边的"行业术语"。可到底什么是用户需求？用户需求到底如何与我们的产品结合产生可以触动用户的解决方案？

过去的几十年中，我们已经逐渐习惯了生活在充斥着广告的世界中。运营人也好，媒体人也好总会自认为广告使用平面化的表达方式使产品与用户需求形成连接。但在这个大数据时代，广告就是广告，仅仅是品牌形象、产品内容的传递。而面向垂直人群的"窄告"才是用户需求的解决方案。

想要真正洞悉用户需求，我们从以下三个方面来逐步用户的内心世界：

（1）细分人群定位

人群定位是一个很好理解的概念，"以用户为中心、以需求为导向"就是人群定位。简单地说，"用户需求"就是人群定位。

需要注意的是，在互联网时代，往往越小众、越垂直的领域，用户需求反而越容易被满足和实现，而越大众化的需求却往往找不到什么解决方案。这是时代的发展和进步所导致的，也是我们从温饱社会进入小康社会的必然阶段。

人生理的需求无外乎"衣、食、住、行"四个方面。以前我们买衣服，需求是能多穿几年，而现在则是衣服是否让我们的颜值更高。以前我们吃东西，需求是价格实惠量又足，而现在则是精致、营养、环境好、新鲜感……

社会的发展和每个人不同的经历让我们产生了更多细分的需求，对于企业来说，如何满足这众多的细分需求就是产品的细分人群定位。

我们举几个大家身边的例子，如下表：

行业	产品	特点	人群需求
手机	华为 P20pro	三徕卡 4000 万像素镜头	自拍要美、不用修图
	小米黑鲨	独立显卡＋一体式液冷	玩游戏流畅
	OPPO	充电五分钟，通话两小时	手机重度使用者
	iPhone	颜值高，系统不卡顿	颜值控、情怀控
出行	摩拜单车	解决出行"最后一公里"问题	下了地铁不想走回家
	共享充电宝	随借随还、成本低	外出手机充电不方便

所以，即使你的企业只生产一种产品，也不要再将你这一个产品说成"大而全"地满足了各种人群的需求，你可以试着要把这个产品的特点拆分开来，对应不同细分人群的需求设计出更多的落地页，让我们的产品摇身一变，成为众多的"小而美"。

（2）需求层次

在用户需求的挖掘过程中，我们还需要注意用户的浅层次需求和深层次需求。浅层次的需求往往对应的是产品的物理层面、价值层面，而深层次需求是用户需求所对应的心智模式。掌握了用户的心智模式，才能让用户从精神层面对产品产生依赖感。

马斯洛的需求理论将人的需求分为"生理需求""安全需求""感情需求""尊重需求""自我实现"五个层级。但在这五个层级中，前三个层级是浅层次的需求，后两个层级才是用户深层次的需求。

比如：

一群年轻人在路边烧烤摊高谈阔论，他们可能在抱怨工作太累、收入太低，浅层次的需求表现是这群年轻人在社交需求中去抒发对于生活不易的感触，而他们内心深层次的需求则是在通过社交去排解情绪，然后以心甘情愿的态度去面对明天的生活。江小白抓住了这个深层次的需求，于是通过"情怀文案"，让并不好喝的白酒在短短的时间内火便了大江南北。

你很少会看到一个人独坐在路边环境优雅的咖啡馆里，但在"猫屋咖啡"一个人独坐的比例却非常高。用户浅层次的需求可以理解为喜爱宠物，但深层次的需求可能是孤独、需要陪伴。

浅层次的需求往往对应产品本身的价格、价值、特点这些表象因素，深层次的需求对应用户精神层面的心理满足。能让用户心理满足的产品落地页才可能让用户心甘情愿地买单。

（3）从问题一步步探究用户的深层次需求

营销是从提问开始的。虽然问题的本身很多时候只体现了浅层次的需求，但我们通过对问题答案一层一层地剖析，就会越来越接近用户深层次的需求，并通过对深层次的需求进行产品设计。

例如：

用户问题：为什么你们医院挂号这么难？

浅层需求：用户需要挂号；

需求递进：希望能够挂上号；

深层需求：挂号更加方便一些；

用户心理：挂不上号让我白跑一趟，请假扣工资，还浪费一上午时间；

需求解决：微信公众号、小程序预约挂号。

用户问题：我想咨询一下房子装修的事情。

浅层需求：装修房子。

需求递进：用户不了解装修。

深层需求：用户并不清楚装修需要注意什么，通过咨询来为自己提供判断依据。

用户心理：不了解装修，也不想被忽悠，先听听你怎么说，从你的描述来判断你这个公司行不行。

需求解决：多用例证描述公司的口碑，让用户放下戒备心，逐步透露更多需求点。（这类用户尽量不要用优惠折扣来吸引他，会让用户觉得公司急于挣钱，不靠谱。）

用户问题：这件衣服是不是可以再便宜一点？

浅层需求：再便宜一点；

需求递进：用户想要买这件衣服，但想再"占点便宜"。

深层需求：用户和其他不买这件衣服的用户有什么区别。

用户心理：我都基本决定买这件衣服了，你应该给我点不一样的待遇吧。

需求解决：折扣方面公司所有的线上线下都是统一的，但在我的权限里可以送您一张会员金卡，不仅可以积分，积分还可以抵现，生日月份购买任何衣服可以直接打八折。（这类用户尽量不要马上答应便宜一点，会让用户觉得价格体系混乱，即便你给了优惠，用户也会觉得买亏了。）

以上三个小案例比较浅显，我们还可以开动脑筋多添加一些"需求递进"的关系，通过一步一步地递进，我们才能够更加精准地把握到用户深层次的心理需求，最后把这些层次需求提炼成为落地页中的卖点元素，这样才能让用户感受到我们的"与众不同"。

二、内容的场景化创造

用户痛点是每一个运营人都在着力研究的问题，但对于用户的痛点总结，我们不能仅仅从自己所在的行业或者产品本身出发，而应该从用户角度带入不同的场景，场景不同，用户的痛点是不相同的，这个道理非常浅显易懂，但却是运营人经常犯的错误之一。我们认为，不带入场景的落地页设计，都是从"甲方思维"出发的"强买强卖"，而不是"用户思维"出发的"感同身受"。如果说能够解决用户痛点的产品设计代表了运营人的智商，那么场景化的产品设计则代表了运营人的情商。

（1）场景化四要素

任何的场景化都具备"时间""空间""人物""行为"这四个要素。所谓场景化，就是在特定的时间和空间内，在特定的用户身上发生的特定行为。

我们用了四个"特定"来强调场景化的独立性和唯一性，只有这样的场景化内容才能够更加直接地引起用户的心理共鸣，在用户的脑中形成精准而稳定的"画面感"。

比如：

周末下午步行街里坐在咖啡馆看书的女孩（她可能需要一个精美的记事本）；

周末早晨在小区里跑步的男孩（他可能需要一副个性的蓝牙耳机）；

下班后正在从公司走到公交车站过程中的中年男人（他可能需要提前远程打开家里的空气净化器）；

工作日晚上躺在床上刷微博的女孩（她可能需要一个可以手机遥控定时关闭的蓝牙音箱）；

……

这些具备了四要素的特定化场景，很容易使我们产生代入感，并且更加具象地将产品（内容）与用户需求形成强联系。

所以，在我们进行落地页设计的时候，务必用平面化的方式去还原一个特定的场景，然后将你的产品的某一个功能、特性带入进这个场景中。然后思考这个代入感是否足够强、足够理由充分、解决方案是否唯一。如果答案是肯定的，那么这个特定场景化的用户需求带入一定是成功的，你的产品也一定能够被这个场景中的特定用户认同。

（2）痛点、痒点、爽点

从上一节我们对场景化的举例描述中，大家应该可以感受到，对于某一个特定场景来说，解决痛点很容易。你可以分析出来这个场景中特定用户的痛点，其他人也很容易分析出同样的结果。那么如何让我们的落地页的内容能够更加打动用户？

痛点往往解决的是用户价值方面的认同，而痒点和爽点才对应了用户的浅层次需求和深层次需求。所以我们说对于某一类型的同质化产品来说，痛点解决了用户共性的生理需要，而痒点和爽点才是这些产品之间的差异化所在，是解决用户心理需求的根本，也是用户为什么选你而不选别人的原因。所以，落地页中，除了用场景化的描述带入解决用户痛点，还需要植入关于痒点和爽点的差异化内容来促进用户在心理需求得到满足后的转化决策。

痛点、痒点、爽点的需求递进关系

	需求	用户心理	用户行为
痛点	基本需求	必须有	再比较比较
痒点	期望需求	渴望有	再深入了解一下
爽点	兴奋需求	超预期	完美，就他了

从上表中，我们通过递进关系了明白了痒点和爽点是提升落地页转化率的关键。这些概念性的描述过于干涩，我们还是通过两个例子来感受一下：

产品：弱碱性天然矿泉水。

场景：晚上健身房刚健完身的上班族。

痛点：功能性饮料虽然含有维生素和矿物质，但可能造成内脏的消化负担。

痒点：500ml 可中和 1 小时运动所产生的乳酸，纯天然丰富矿物质，无化学添加。

爽点：××健身达人每天都在喝。购买一箱送价值 50 元《上班族如何正确健身》一本。

产品：一站式整体装修套餐。

场景：刚贷款买完小户型的单身都市年轻白领女性通过百度搜索"性价比高的装修公司"。

痛点：没有时间盯装修，想要好的质量又想有品位，还想要少花钱。

痒点：APP 远程监控装修过程、20 年品牌公司口碑有保障、周年促销总价减 15%。

爽点：送 5 平方米衣帽间成品定制、装修信用分期补贴 0 利息 0 手续费 3 天审批放款。

产品：文艺青年电影咖啡馆。

场景：周末步行街逛街谈恋爱的文艺小青年。

痛点：需要一个有情调又有个性的约会地点。

痒点：20 个卡座对应 20 部欧美经典电影场景布置。每个卡座中都摆放 20 个取自电影中的道具营造相同的电影场景氛围。

爽点：不使用手机超过 1 小时的客户赠送专业摄影师拍摄的文艺感照片 1 张。

……

需要说明的是，以上的例子，只代表我们在落地页设计中的需求递进逻辑关系，而非真正的商业成功案例。仅供大家打开思维，设计出通过场景化产生的更具吸引力、转化率更高的落地页。

三、落地页的平面呈现和内容、文字提炼

以上两节都是从思维层面去阐述落地页的产品设计中的用户需求和场景化呈现。相信大家更关心的是如何将这些已经在脑中形成的碎片信息最终组合形成一个肉眼可见的落地页，我们从以下几个细节方面来梳理一下。

1. 平面呈现

虽然每个人的审美会有不同，但高颜值的落地页面呈现一定能够吸引更多的用户注意，还有可能增加落地页的转化率，这一点是毋庸置疑的。

（a）主视觉

主视觉包括落地页画面的图像风格、色彩色系、文字排版方式等整体感觉。视觉是可以传达情绪的，我们一直强调场景的作用，那么主视觉所表现出的情绪感觉必须与产品的场景化相符合，让主视觉的情绪表达使用户快速进入预设的场景中去。

如果你是卖童装的，想营造轻松的童年场景，那么主视觉上，可以使用蓝绿色系、粉红色系色调、图像采用卡通风格、文字字体方面可以使用儿童体字体或者海报体字体。

如果你是卖科技产品的，想营造酷炫的科技感场景，那么主视觉上可以是用灰色或者黑色的纯色系，图像和图片多使用产品内部的细节图片体现出科技感，而字体方面则可以采用兰亭超细黑、汉仪旗黑、综艺体等字体加上外发光的效果。

但在主视觉设计的过程中，有一点是必须注意的，那就是一定要去了解你的竞争对手这个时间段内的落地页的主视觉是什么样的，在我们确定主视觉的时候一定要将"竞品色"从我们的主视觉中剔除。

（b）头图

头图即是落地页的"首屏"，是用户看到的浏览器打开落地页时的第

一屏，头图的好坏，决定了是否能够吸引住用户，让用户产生继续往下看的欲望。重要性不言而喻。

除非你有十足的把握，否则头图的设计切忌标新立异，必须遵循以下几点：

- 首屏视觉中心点处必须醒目地放置页面的主题文字；
- 视觉中心点处不要放置产品图片，你很难用一个产品的图片让用户感到惊艳，用户也并不愿意去猜你的图片代表了什么意义；
- 主副标题的字体可以不一致，但字号需要相差3倍以上；
- 与主题无关的图片元素一个也别要；
- 首屏中必须有企业 Logo 或其他 vi 等信息背书；
- 首屏尽量简洁，文字和图片元素都不需要太多，清晰明了地表达落地页的中心意思就可以了。

(c) 图片化元素

在场景化的营造中，图片能够比文字更加容易调动用户的情绪。很多时候，你绞尽脑汁地用一大段文字来营造出的场景，可能还没有换成一张图片的效果好。

我们这里所提出的"图片化元素"的概念指的是，尽量用图片去替代页面中的文字元素，让可以快速被意会的图片去传递更多信息，而不要在页面中用大段专业的文字去解释复杂晦涩的概念。

比如装修行业中的套内面积这个概念，用户大多是不懂什么是建筑面积什么是套内面积的。与其用大段的专业术语解释，不如用一个剥开皮的柚子作为图片化元素告诉用户，果肉就是套内面积。用户只要能感觉到套内面积比建筑面积小，这个图片化元素就是成功的传递了信息。

比如你要告诉用户你的产品的电池容量大，与其用文字详细介绍产品的容量数字，还不如用一张一大一小两个电池的图片，当然大电池代表了你的产品。

运用好了图片化元素的设计，将极大地提升落地页的内容传递效果。同时能让你的落地页比"友商"的更加令用户印象深刻。

2. 内容逻辑

图片虽然可以传递很多信息,但落地页的营销是否成功,还需要内容逻辑的支持。图片传递了场景化的信息,内容逻辑支持场景化的内容递进,通过递进关系让用户被落地页的营销点占领心智,转化就成为顺理成章的事情了。

落地页的内容逻辑相对场景化和下一节的文字提炼相对简单很多,但可以按照下面这个逻辑展开:

（a）场景描述

我们可能未必能够非常准确地用图片完全传递出场景化的效果,这个时候适当添加一些优美有意境的文字描述,会对场景化的营造起到锦上添花的效果。

比如美容产品的落地页,一张产品的图片旁,你可以配上这段文字:"雕刻你的时光,归来仍是少年。"感受一下,这段文字传递的信息会不会更有意境？

比如健身房的活动推广落地页,一张肌肉男的图片旁,我们配上"你以为男人健身是为了健康？不,他们是为了给爱的人安全感"。

（b）产品特性的痛点、痒点、爽点

切记不要在落地页中仅仅只是把你的产品卖点特性一项一项地展开来描述,那样只能将落地页设计成说明书。

我们应该在落地页中运用产品思维,将产品特性与用户的痛点、痒点、爽点相结合,所有的产品特性都从用户角度去展开去说,从用户需求的角度场景化的植入产品特性对于用户痛痒爽点的解决方案,达到营销层面产品意识形态传递的效果。

也就是说,我们应该将落地页本身当成一个"产品",而不是在落地页中去介绍产品。不要把营销变成推销,一字之差,转化率将天差地别。

（c）信任背书或者促销

信任背书可以是用户评价背书,可以是权威背书（质检报告）、行业背书（获奖证书）、大咖背书（名人推荐）、数据背书（销量、行业排名），等等。

促销的内容应该简单明了具有冲击力，不要设置过多的一层一层的促销，这样会使用户觉得"有坑"。促销突出力度和稀缺性就可以了，过度地渲染促销内容会让用户想起街边两元店的扩音喇叭，拉低身价和可信度。

落地页的后半段，通常需要放置信任背书的内容或者促销内容。千万别觉得这样很俗套。你的背书足够有说服力，促销足够有吸引力，结合着头图和场景化内容逻辑的意识传递，用户会在收到这些信息后用背书的信息去自证落地页的正确性。一旦用户自证完毕开始认同落地页的内容，接下来的就是通过落地页中的报名框或者电话等组件与你产生互动，转化也就开始了。

（d）其他

- 落地页面的长度不宜过长，3-6屏为最佳（电商产品除除外）。低于3屏内容逻辑难以完整地呈现，超过7屏以上会占用用户太多的碎片时间，造成页面的跳出率高。
- 页面内的如报名框、一键拨号、在线咨询等转化组件不宜过多，一个落地页1-2处即可，尽量少的大段用户阅读内容的进度，否则用户会用脚投票。
- 如果是在信息流平台投放的落地页，尽量使用平台提供的建站工具生成落地页，这样不仅能够保证页面的稳定性，提升页面打开速度，比放置在自己的网站服务器上更加安全、维护成本低。
- 必须植入数据监控插件，信息流平台提供的数据报告未必完全准确。同一个落地页面多渠道投放也需要使用数据监控插件来更加详细地分析各个渠道的效率和用户互动行为轨迹。

3. 文字提炼

落地页中的文字应当精练，不能啰里吧唆一大堆。但是对于文字功底较差的运营人来说,往往产品的特点又很难简单的描述,说少了怕说不清楚,说多了又怕用户没耐心看,怎么办?这里有两个小方法。

(a)用场景化的文字引导

中国的汉语言博大精深,而我们的思维意识也习惯了"因果"这个逻辑定式。那么,在文字的表达中,一定要注意,千万不要用劝说式的文字去试图说服用户,要用引导式的文字去描述场景,让用户自己总结出我们想要传递给用户的那个形容词。也就是说,如果我们描述了A这个场景,那么A这个场景引导着用户自己去联想到B这个结果,如果A场景被用户认同,那么B结果一定被用户肯定。

比如设计一款戒烟糖产品的落地页,我们不需要用大量图片和内容的渲染吸烟有害健康这个概念(地球人都知道),也并不需要强调这款产品对戒烟的效果、承诺多少天肯定让用户戒烟,这个A到B是不成立的,因为所有人都知道戒烟仅仅取决于意志力的强弱。

这时,你可以场景化地描述吸烟者在戒烟过程中使用产品所带来的心理和生理上的满足感并用背书加以证明,这种满足感就可以让有过戒烟失败经历的人对产品心存向往、跃跃欲试。

(b)数字化

数字的使用也是我们在落地页文字提炼中必须特别注意的地方。我们经常习惯用形容词来表达场景或者描述感觉。但形容词大多时候是没有说服力的,因为不同的用户对于形容词的理解深度不同,这就造成了形容词所传递效果的差异。同时,从落地页的视觉心理上说,数字对比文字来说,在吸引用户注意力上有着天然的优势,而且用户很少去深究数字的真实性。

所以我们尽量将形容词数字化,并且数字越具体越好,某一方面还能让内容更显得可靠和权威性。

我们耳熟能详的"章丘铁锅""36000次锻打""X飘飘奶茶,一年卖出3亿多杯,能环绕地球1圈",这些简单的数字场景化地让用户产生了联想,让用户自证了铁锅的良心品质,自证了奶茶的受欢迎程度。

内容数字化如果用在对比上，产生的效果也是非常好的。

我们可以将对比一方的数字作为"数字锚点"，这个数字锚点就是用户意识中对于价值的固有判断。因为用户无从判断产品价值高低的时候，会选择他们认同的商品做对比，让自己有一个可以衡量的标准。比如一个打火机的价格是1元，一瓶普通矿泉水的价格是2元，那么这个数字就是"锚点"。

我们可以用"1个新西兰进口鲜橙 =1 瓶普通矿泉水 =1 天维 C 营养"这样的对比数字来强调进口鲜橙的价格低、价值高。

还可以用"01：00 采摘，05：00 新发地批发市场，07：30 送到本店的阳光鲜橙"这样的时间数字来表达水果的新鲜，比只用新鲜这个形容词来强调是不是效果更好？

本章中并没有为大家罗列出来许多图片案例。因为并没有一套完整的模板可以去诠释落地页应该做成什么具体的样子。但读完本章，相信各中碎片化的点都已经在我们的脑中形成，多总结、多练习，加上后期的数据分析，最终才能形成适合我们自己产品思维的个性化落地页。其实对于运营人来说，转化效果的意义也许永远没有形成自己符号化的产品思维的意义大。

Part 9　好文案让网络营销事半功倍

广义来讲，所有用文字进行的信息展示都是文案。一句品牌的slogan、一篇10W+的爆文、一段演讲稿、产品的说明书、一个阶段的工作总结报告都可以称之为文案。

我们这里所指的文案是偏向营销的广告文案。如果说你已经理解了上一章节落地页中的那些内容，那么我们将高转化率的落地页进行文字化的反向输出，就是一篇好的营销型文案。

无论是落地页，还是营销文案，目的都是去影响用户决策，让用户按照我们的预期去做他认为正确的事情。所以说，文案从来不是我们绞尽脑汁想出来的，而是我们感同身受地从用户脑子里找出来的。

一、好文案从好标题开始

麦肯锡公司有一个很知名的电梯测验："乘电梯的30秒内，你能准确地向客户解释你的文案吗？"

互联网中，人们了解信息大多是在碎片时间。在碎片时间这个场景里，即使在基于兴趣推荐的信息流APP中，用户也将面临着从海量的同质化内容中做选择的困扰。那么多的标题呈现在同一个页面中的时候，什么样的文字才能让用户产生想点击进去看一看的欲望？从这个角度来说，好标题的重要性就不言自明了。

好的标题一定能引起用户去阅读文案内容的兴趣。但仅仅引起了阅读的兴趣还不行，还要让这个标题立刻在用户脑中形成某种场景、产生某种期待，然后带着这个期待进入文案的内容中去。这才是一个合格的好标题。

对于文案小白来说，文字功底修养的锻炼不是一朝一夕的事情，需要我们大量地学习和更广地涉猎才能逐渐形成自己的文字风格。不过对于营销型的文案标题来说，学会以下3点"套路"，就能让用户感觉到"眼前一亮"。

（1）明确目的

我们开始写文案的时候，不要着急去分析用户需求、不要急于总结产品卖点、更不要到处搜索网络热点，先静下心来想想写这个文案是为了达到什么目的。

千万不要误认为所有的文案都是以销售产品为目标。其实文案的目的很多，可以是促销卖货，可以是产品价值梳理，可以是竞争力传递，可以是品牌力输出，当然也可以是直接引流。文案阵列的目的是为了全方位地进行产品价值传递，只是以销售为目的的文案仅仅是产品价值整体传播营销策略中的一个小环节而已。

有了明确的目的，才会有针对性地选取更加精准的覆盖人群画像，根据这些画像才可能让我们创造出具有吸引力的标题。最终让我们用有限的文字，在有限的时间里用标题迅速地占领用户的心智。

需要注意的是，目的是唯一的。不要妄图用一个标题去吸引所有的人群，即便是促销类的标题文案，也应该分为男生版、女生版或者分为老用户版（复购目的）、新用户版（拉新目的）。目的唯一、场景单一的标题才能让用户印象深刻。

（2）提炼唯一亮点

文案或者标题的大忌就是大量堆砌产品的亮点、卖点。我们既然已经明确了目的，那就按照目的对应的人群定位，从定位中筛选出主流用户可能最在乎的唯一一个亮点，再围绕这个亮点进行标题创作。

用户只会因为一个理由记住你，我们只需要将产品的唯一亮点用有创意的标题写进用户记忆里即可。理由过多反而会让用户产生怀疑。"金无足赤、人无完人"，完美的产品是不存在的。用某一个点去征服一部分的目标用户就可以了，1000万人知道和10万人拥护，你选哪个？

道理看似浅显易懂，但我们往往发现在实际的工作中却是难上加难。我们经常在众多卖点的选择上取舍难断、犹豫不决。而很多时候，这些纠结让我们会去选择使用一些模糊不清的形容词来创作标题。比如"性价比高""用户口碑好"，这些模糊概念的形容词并不能指代产品的亮点，反而让标题感觉平淡。

（3）创造好标题的4种方法

相对于文案内容的创作，标题的创作相对还算简单，我们掌握以下4种方法，再套用到我们根据目的选择出的唯一亮点中就可以初步创作出还不错的标题了。

（a）与"你"相关

用户的心理有时候挺简单，他们都关注与自己有关的信息，对自己无直接利益关系的事情往往会选择略过。所以我们在标题中加入"你"这个字，会更有可能吸引用户的注意。

例1：新系统将比当前系统少用50%能量

新系统将为你节省50%的成本

这两个标题写的内容和含义是一样的，但是在用词上加了"你"这个字，会让第二个标题更有想看的欲望。

例2：

这两个同样是广告的标题，同样加入了"你"这个词，你会点击哪个呢？

相信你会点击上海银行的广告，因为与你的利益相关，第二个标题名称覆盖的范围太大，没有了针对性。

- 与你相关：体现亮点、收益

确定了跟"你"有关的标题，我们还可以加入对用户群体的共性亮点描述，也就是你的标题的卖点，用这个亮点使得用户产生共鸣并清楚地知道收益点是什么。

标题：柔软轻盈，让双脚更舒适

产品：米家运动鞋

卖点：柔软轻盈

收益点：让双脚更加舒适

标题：更轻更薄，像杂志一样随身携带

产品：小米笔记本

卖点：更轻更薄

收益点：像杂志一样随身携带

- 与你相关：增加人群标签

标题中还可以用标签的形式筛选群体，目的是锁定更加细分领域的用户，我们可以用人群标签（年龄、性别、出生地、居住地、特质、爱好，如：北京人口、美食达人、铲屎官、青少年、"80后"、"90后"等，还可以用行为标签（学英语、减肥、做快手菜、3分钟化妆，如：运动减肥、跑步、没时间学习等）进行人群区分。

标题：中年妈妈装夏雪纺连衣裙40-50中年长款

产品：连衣裙

人群标签：中年妈妈、40-50岁中年

标题：7月21日最新消息，苹果用户首次骑小黄免费！
产品：小黄车
人群标签：苹果用户
收益：免费

我们可以试着分析一下下面这几个标题，看看亮点、收益点、人群标签是什么，相信你就能找到此类标题的创作感觉了。
《给摄影初学者的10条有用的小建议》
《铲屎官，这样的小眼神你熟悉么？》
《潮流人士们的私心电影大推荐！》
《爱吃面的你，一定要收藏这些做法，不然后悔！》

（b）巧用对比

通过举例、对比，让事件的反差明显化，让用户自己理清思维，在潜意识中认同我们想传递的对比结果。

- 常态对比非常态

这类标题往往会比较引人注意，从日常生活角度出发，加上出其不意的反转化元素。

标题：我结婚了，有人送了10万块的大红包……
常态：我结婚了，有人送红包
非常态：10万元的红包

标题：你没错什么，错在你什么都没有做
常态：你没做错什么

非常态：错在你什么都没做

还有如下标题，可以深入体会一下"常态"和"非常态"。

《北京小伙连续100天被拒绝，引500万人围观他丢脸，却从此走上人生巅峰》

《他娶了白百合闺蜜，是全国最性感男人，却只想做一个普通的老公跟爸爸！》

《他差点被逼跳江，亲手毁掉自己的心血，却受人景仰了80年》

《他超越村上春树，21次诺贝尔奖提名，还因偷情和做间谍活成传奇》

《她曾是中国最火美女主持，却在最辉煌时消失十年，为了儿子倾家荡产》

《96岁台湾网红爷爷走了，60年独宠一人感动亿万网友，这大概是世间最好的爱情》

《他被乔布斯、奥巴马奉为偶像，76岁依然魅力十足，他证明了容颜会老去，但灵魂可以永远年轻》

- 之前对比之后

标题：买了一堆才花了300，阿迪全场一折，全家都在抢！

之前：300元买不了多少

之后：一堆才300元，阿迪一折

标题：用了无忧保姆才知道，原来现在请个保姆不挺便宜的！

之前：原来请保姆很贵

之后：现在请保姆很便宜

- 目标人群对比同类人群

标题：你还在微信聊天？他们都用手机学英语。

同类人群：还在微信聊天

目标人群：用手机学英语。

标题：他们都在玩，怎么拍都可爱，2019年不能错过的相机！
同类人群：在用别的相机
目标人群：用拍的可爱的相机

（c）好奇吸引

- 好奇心也许是生物独有的一种心理。我们可以用"如何……""怎么了""为什么"这样的标题勾起用户的认知性好奇，引起用户一探究竟的心理。

例：

《如何优雅地向爸妈要钱》

《听说胖是工伤，如何预防过度劳肥？》

《你知道什么样的人民币不宜流通吗？》

《为什么说雷克萨斯不如奔驰宝马，美国人用行动给你答案！》

《早上起来嘴里发苦是怎么回事？这个你一定要知道》

《4个关于面包的真相，面包店老板不会告诉你！》

- 全新概念

用户总是对新的概念产生求知欲，会迫切地想知道这个标题后的内容到底想要说什么，要表达什么。

例：

《"烟囱领"是什么？反正我看宋茜诗诗和热巴都在穿了！》

《倪妮江疏影都在穿的"吸烟裤"！流行风向标，再不穿你就out啦！》

- 你知道……，但未必知道……

用已知的场景去勾读者探索未知的好奇心，标题间接地透露不为人知的内容简要信息。

例：

《你知道海底捞厉害，可你未必知道它真正恐怖在哪里》

《眼睛近视不只因为过度用眼，这些因素你未必知道》

《你知道 24 节气，单未必知道 24 节气适合喝的 24 种茶》

《柠檬皮的好吃你知道，但是你未必知道全部！》

《你知道要理财，但你未必知道理财到底能带来多少好处！》

- 借助满足目标人群的关注点的 IP

我们在标题中植入目标用户可能感兴趣的 IP，借助 IP 给用户固有的印象用标题的反转，促使用户产生好奇心。

例：

《王菲的最爱不是谢霆锋，而是 TA》

《王菲，才是一个高手级的妈妈》

《杨洋遭遇网络暴力，刘亦菲评价相当拥护》

《梵·高为什么自杀》

（d）善用数字

全世界的语言有 5600 多种，但全世界通用的阿拉伯数字就 1 种。数字能够解决很多语言中的不明确表述。很多时候数字的对比冲击反而会更加引起用户的注意。

- "数字 + 产品"对比"用户认知"

例：

7 粒大白兔奶糖等于 1 杯牛奶

7 个赛百味汉堡不到 6 克脂肪

1 粒小鱼牌维 C 胶囊，胜过吃 30 个柠檬

- "数字 + 问题"引出"数字"

例：

除去 99 种顽固污渍，1 种解决方案

头发 5 大受损，1 个对策

一匙洗净天下污（洗衣魔粉"一匙丽"）

99 次看别人写作，不如自己写一次文案

以上 4 种方法，基本涵盖了目前网络上比较流行的各种标题句式，我们只要在平时的工作中勤加观察，锻炼自己有目的地去把握用户群体的心理特征，逐渐就能发现并总结出符合自己产品各种亮点的标题句式，有了好的标题，我们就可以进入文案内容的创作了。

二、文案的内容创作技巧

好的文案，需要"走心"。这个走心并不是说我们需要用"走心"的态度去创作一篇感动自己的文案，而是要让文案的内容引起用户的共鸣，让用户在情绪共鸣中被文案的内容占据心智模式。

我们基于人生经历、生活阅历而形成了不同的人生观、价值观、世界观。从主观角度来说，在进行文案内容创作的时候，很难说什么样的文案是一定能够打动用户的。但从用户价值角度来想一想，根据文案目的锁定的人群本身就可能存在相似的"三观"，我们只用借助一些技巧，将某一个亮点代入符合这种"三观"的场景中去创造内容，就能生产出符合用户心理的文案。文案的创作，不求华丽完美，但求用户理解。文案要像好友间的聊天，娓娓道来却印象深刻。

（1）说服型文案的 FAB 法则

网络上存在着大量的感性用户，但理性用户也绝不少。理性用户会更在乎文案内容的前后逻辑以及论点与论证是否准确有据。对于理性客户，说服型文案中严谨的逻辑才是征服他们的最佳手段。

FAB 法则是市场营销学中最常用的说服型逻辑。属性（Feature）、作用（Advantage）、益处（Benefit）。"因为……（属性），所以……（作用），这意味着……（用户得到的益处）"这样的内容结构是FAB法则最经常的文案应用方法。这样的逻辑符合中国人固有的因果逻辑，具有较强的说服性，也是我们写文案时最容易形成的一种思维逻辑。

例：因为亚麻衣服透气性好、亲肤性好（属性），所以适合贴身穿着（作用），这意味着一整个夏天身体都会觉得干爽，还没有皮肤过敏的烦恼（益处）。

文案能否最终打动用户，主要取决于逻辑的强关系是否能走通，也就是因果关系（属性和益处）是否唯一、是否具有排他性，如果其他原因也能产生同样的结果，对于文案来说是一个灾难。所以我们一直强调文案的唯一亮点，唯一性才能让我们更容易创造出最完美的因果关系。

说服型文案的逻辑相对简单，也最通俗易懂。大家多多练习就能熟练掌握。

（2）故事型文案的情绪共鸣

故事型文案也是网络上常用的文案写作方式。文案内容以讲述一个故事为开端，通过起承转合的故事情节，逐步调动用户的情绪共鸣，最终通过故事中预设的转折点将用户情绪推向高潮，让用户在看似理性的不理性情绪中被文案营销。

这种文案要的是强感染力，而不是逻辑绝对正确。不同于FAB的因果关系，故事型文案通过场景的共鸣和后期的转折来起到营销传达的目的。所以，重要的是场景和故事创造出的用户代入感有多深、能够引起的用户共鸣有多强、是否能够引起用户的情绪波动，这一点是故事型文案创作的关键。

故事型文案的创作过程中需要注意以下几点：

（a）足够真实

故事可以是真实的事件，也可以是我们创造的故事。但最重要的是，这个故事听起来让用户感觉到真实可信，我们必须让用户在阅读故事的时候，感觉到故事中的人物原型和事件是真实存在的，才有可能激起用户继续听故事一探究竟的好奇心,才能逐渐让用户的情绪随着故事的发展而起伏。否则,一看就是有意为之的故事,用户的戒备心理会越来越强,这个故事就讲失败了。

当然,创造故事的能力不是所有人都有的,毕竟我们说的是故事,而不是天马行空的童话。为了让故事更具真实性,对于文案小白来说,我们可以多关注网络上的热点事件,筛选出符合我们营销目的的热点事件中的某个细节,然后再对这个细节进行更多碎片信息收集工作,最后对这些信息进行打磨,逐渐串成一个真实的故事。

在借助热点的过程中,我们还得注意热点的时效性,时效性越强,故事的价值就越大。同时热点也有大小之分,并不是所有的热点都能为我所用,大热点易传播但未必符合我们的营销目的;小热点传播难但可能更加符合我们目标用户群体,也更便于我们进行营销内容的植入。

(b)高共鸣度

好的故事型文案,不是让用户被故事感动,而是一定要让用户在故事中看到自己的影子,让用户在心里说:"好像曾经'我也是这样的'!"通过这样感同身受的情绪波动,让用户在接下来的故事中把自己变成故事的主角,随着故事的转折而被积极的引导到一个完美的大结局中去。

这样的要求看似难以完成,其实并不困难。我们一直在强调目的和场景的唯一性,唯一性这个限定条件就能让我们并不费力地找到许多可以被我们借用来创造故事的场景。

比如:北漂剩女被家里逼婚。

中年男人职场经历的不顺。

青春期叛逆的孩子让疲于生计的父母手足无措。

总之,我们将寻找故事的目标定位于小众的用户群体,就很容易精准的寻找到小众人群日常生活中的高共鸣度事件,故事的创作也就有了足够吸引人的背景。

(c)转折要惊喜,营销要弱化

转折往往是故事型文案的"高潮"部分,也是最容易让共鸣用户记忆深刻的地方。所谓转折，即是故事的主角做了什么来改变了现状。这里也是故事型文案插入营销点的最佳位置。

转折既然如此重要，既为了避免用户在此处产生不适感或者怀疑其真实性，我们需要让这个转折既在意料之外，又在情理之中。简单来说，这个意料之外便是大多数这个群体的用户做不到或者不具备的条件，而情理之中即是如果这些用户也具备了这些条件，他们也一定会自信得到同样的转折（逆袭）结果。

故事型文案内容中的营销植入，尤其是在故事转折这个过程中，尽量不要硬性地植入产品（强调因为产品导致的转折），这样的植入让文案变成了自说自话的广告，会让用户的共鸣瞬间消失，还有可能让用户觉得自己被欺骗，故事也就直接变成了"事故"。

如果非要加入营销的内容，我们也建议将产品替换为行业特点、特性，只在内容中少量加入一两处关于产品的关键词即可。故事性的文案作用并不是为了直接转化，而在于潜移默化地占领用户心智、产生信任感，然后我们通过其他的文案进行用户行为的引导和变现。

关于转折我们可以分为正反两种方式，虽然正向的小人物通过努力和机遇逆袭成功代表了大多数人的梦想，但高光人物的盛名之下，这样的转折也能让众多人感到唏嘘、引以为戒。

所以，对于故事型文案，确定好目的、选择好人群、放大人群日常生活中的细节、设计令人激动的转折、得到令人艳羡的结果。按照这个套路慢慢练习，很快你就能成为讲故事的"高手"。

（3）引导型文案的心理暗战

我们在参加各种营销培训的时候，总会被培训师用这样一个套路"玩弄"。培训师会说："请跟我说三遍，老鼠、老鼠、老鼠。"然后培训师问："猫怕什么？"大多数的学员会不假思索地脱口而出："老鼠！"然后所有的人哄堂大笑。

看，这就是潜意识的习惯性引导，通过不断的认同，让大脑麻痹产生间歇性的判断盲区，这时候我们大脑并不去判断对错，而是在寻找最熟悉的感觉。这就是我们所说的引导型文案的内容逻辑基础。引导性的文案不需要我们的讲故事，只需要用户在多个内容场景中事件的连续认同，让用户一步一步地被打消心理防线，最终认同文案内容中所给出的结论或观点。

文案能够成功地引导用户，关键点在于阶梯形引导的过程中，每一个场景和小结论（答案）是否能够让用户认同，这就需要我们完全从用户的角度出发去想想用户对于内容的观点会是怎样的，要让用户自然地得出与内容中引导结果相同的结论，而不要强硬地把结论塞给用户。这样才可能让用户从潜意识对我们的营销放松警惕，让我们可以顺利地将最终的营销结果植入用户的大脑中。

从心理学的角度来说，我们抓住以下几个常见的用户消费心理，借助场景化的内容植入，就可以很容易地创造"猫怕老鼠"这样的引导逻辑效果。

（a）从众心理

少数服从多数是我们在工作和生活中做决策时最容易接受的一种心理暗示。我们可能对结果并不满意和完全认同，但基于大多数人的认同，我们通常也可以心安理得地接受这个结果。

很多的文案中会引用用户的真实评价，并通过数字总结来描述大多数人的行为选择结果，这些其实都是在利用用户的从众心理在做营销。

（b）面子心理

都说中国人好面子，其实地球人都好面子。面子其实对应了马斯洛的需求理论中的"尊重需求"。无论职位高低、收入多少，人们心理中都是渴望被其他人尊重的，这种尊重表现在行为上，就是"有面子"。有时候这种面子心理会延伸到"我有你无"这样的心理中，人们会在相互比较中形成"我有，别人没有。我的比别人的好"等心理，认为这样就显得比别人"有面子"，虽然这样的心理并不健康，但却是当今社会消费心理中不争的事实。

所以，在文案中让用户觉得产品或者某个产品的竞争点会让用户比别人有面子是非常容易让用户认同产品的一种营销手段。

（c）认可权威

中国的教育体制，导致了从我们认知世界并开始形成知识体系的过程中，一直是心理上认可权威的。因为求知过程中的信息不对称，让我们从学校里对老师的认可，转移到社会上对权威专家的认可。

文案中多利用行业权威专家甚至是名人名言，都将对文案内容的权威性形成良好的背书，更加容易获得用户的认同。

（d）价格锚点

价格锚点的概念我们在前面的章节中讲解过。对比是人的天性，在用户无法判断商品的价值的时候，会从记忆认知中找同类产品的价值进行对比，让自己的判断可以有一个衡量标准。

价格锚点并不仅仅限于产品的价格，引申开来，还可以设定为稀缺性锚点、竞争力锚点、促销价锚点等等。

"双十一"的疯狂"剁手"就是商家利用价格锚点进行的最好的营销心理引导，"平时100，双11只要50"，这就是用户的购买理由。

引导型文案其实是利用用户的消费心理，用文案内容同用户进行一场心理上的暗战。是否能用内容的引导最终让用户产生"不想损失机会"这个念头，是我们在这场暗战中能否胜利的关键。

Part 10　未来的路

互联网深刻地影响着社会的发展,而且还将更加无声地改变我们的日常生活。我们已经像离不开电一样离不开互联网。

未来商业社会中的企业必然将通过创新驱动产生与互联网的跨界融合,身处这样的"互联网+"时代,洞悉未来的发展趋势,从现在开始学着改变,尝试着用互联网思维去改造自己的思维模式,尝试着用用户思维去进行产品的迭代和创新。拥有了这样的能力,互联网将成为传统企业在新经济模式下持续向好发展的助燃剂。

一、自媒体矩阵前途无量

自媒体的重要性和价值相信已经被所有的企业认可,几乎所有的企业都已经或多或少地开通了自己品牌的自媒体。但有了自媒体并不代表你会运营自媒体,也不代表自媒体会对我们产生多大价值。

实际上,自媒体并不是发发文章就叫运营,也并不是多在几个平台开及个官方号就叫作自媒体矩阵。这只是传统企业惯用的"人海战术"而已。

自媒体矩阵的最终目标,是在互联网中塑造出一个拥有"七情六欲"的企业"人格",用人格去感染用户、吸引用户。有人格的自媒体矩阵,不应着力于营销,但却比任何营销手段都能产生更大的商业价值。

1. 什么是自媒体矩阵

自媒体矩阵目前来说并没有形成一个行之有效的方法论。所谓矩阵,并不是多开通几个自媒体平台定期地发文章,也不是着力于在某一个平台打造 IP，然后将流量引导到其他的自媒体平台。

我们认为，正确的矩阵概念应该满足以下两点：

（a）多元化的人群覆盖

每一个自媒体平台都有自己独特的定位，这个定位或基于同行业的差异化竞争，或基于不同人群对信息载体（文字、图片、视频）的偏爱。这也就意味着每一个自媒体平台都有核心（活跃）用户属性的唯一性，这也就造成平台用户对内容会有着相对统一的"口味"。

企业的产品和服务也是多样化的，很少有只卖一款产品的企业，即便你只销售乌龙茶，茶叶也还有高低贵贱之分吧。所以适应自媒体平台人群属性的多元化人群覆盖是构成矩阵的基础。

也就是说，我们需要在矩阵中的各个自媒体，通过对应的场景构建，输出符合平台人群价值观的内容，在每一个平台吸引这个平台中的特定人群，而不要在每一个平台做大而全的内容输出。

比如，我们可以在微博吸引"90后"、在订阅号吸引中产阶级、在知乎深度分析产品价值、在抖音种草"00后"、在天猫做女性促销专场……

（b）各平台间的协同互补

人群的覆盖做好了，那么在内容输出和推广运营上，我们还需要在各个自媒体平台之间形成协同性的生产动作。如果说多元化是分工，那么协同互补就是合作。

我们先根据自媒体平台对于内容载体和内容形式的喜好不同生产对应的内容，再根据平台的推广属性（社交、SEO、关键词等）进行内容推广"互联"，然后根据原创度要求的高低顺序进行发布排序，最后通过推广人员的优化使得内容之间可以在各个自媒体平台间形成"点、线、面"的物理链接结构。

简单地说，如果你在抖音发布产品的种草视频，同时也应该在网上商城将产品内容与抖音同步，还需要在订阅号的发布产品的推广文案，在微博的为微群中发布转发抽奖任务，在头条号发布故事型文案，网站头图、落地页更换，SEO 关键词优化调整……

这一系列的动作都做到位了，自媒体平台协同互补的效果才会产生，自媒体的矩阵才能够逐渐地显示出作用和价值。

2. 如何构建自媒体矩阵

自媒体矩阵的构建，必须依从于企业自身的特色和特点，同时需要考虑到运营人员的内容持续输出能力，想要做成功并不容易。但既然是未来的趋势和方向，未雨绸缪一下也是必需的。

（a）选择平台

构建自媒体矩阵，首先需要去深度了解各个自媒体平台。前面章节中虽然我们从属性和运营层面分析过一些自媒体平台，但这些分析仅仅是带有个人色彩的意见。在加入了企业产品和服务内容这些因素后，自媒体平台对于企业的运营契合度就会发生一定的变化。

选择哪些平台来组成我们的自媒体矩阵，并不一定要在所有的自媒体平台都要开通账号发布内容，我们只做人群的全覆盖即可。初期可以只选择企业产品的核心人群聚集的自媒体平台，后期通过产品迭代后的属性变化，再去开通覆盖产品"未来"人群所在的自媒体平台。

（b）自媒体"IP"定位

我们一直在强调自媒体运营过程中的"人格化"打造。自媒体运营人员是键盘后的销售，而我们销售的是"人"而不是"产品"。自媒体的IP即是通过运营人员的内容输出，在用户心中形成了一个鲜活的有血有肉的人。就像我们读小说一样，文字可以让小说的主人公在我们眼前浮现出真实的形象。

自媒体的平台人群属性、我们自身产品的特性特点以及自媒体运营人员的内容输出能力，都将影响自媒体IP的打造。不管IP是否能够最终形成，在矩阵建立初期IP的定位是必须先明确下来的。

同时，同一个产品在不同自媒体平台的IP也可以不一样，因为同一个产品在不同的细分垂直领域中所对应的用户需求很可能就是不一样的，所以个性化、多样化的IP定位也是自媒体矩阵运营的基础需求。

我们可以在知乎树立一个"一丝不苟、追求严谨"的 IP 形象，可以在微博树立一个"活泼有趣、有求必应"的 IP 形象，还可以在订阅号中成为"故事大王"，甚至可以在头条号中变成"无所不知段子手"。这众多的 IP 定位，不会让我们的产品使人觉得找不到重点，反而会让你的自媒体在不同的人群都能"人格化"地鲜活起来。

（c）同平台多账号运营

除了多元化人群覆盖和多人格化 IP 定位，除了寻找多个适合产品的自媒体平台开通账号，我们还需要采取同平台多账号方式的自媒体运营方式。也就是说同一个自媒体平台开通几个甚至十几个账号进行同平台自媒体的矩阵式运营。

曾经拿到 1.2 亿元融资的"二更食堂"，通过运营 40 多个内容品牌矩阵，短短几年时间便让粉丝总量超过 5000 万。

同平台多账号的运营是为了抵御用户兴趣转移造成取关的风险，用户的需求都是阶段性的、多样性的，同时需求也是可以被创造的。借助于企业产品竞争力所覆盖的不同需求人群，在同平台多账号运营也可以让产品分布式的获得各个"社群"用户的普遍认同，也更加方便我们进行针对性的内容输出和社群运营。

（d）自媒体矩阵的渐进式运营

自媒体矩阵的构建是一个长期过程，不要总想着憋出 10 万+的爆文，稳定、持续地输出内容，时刻关注如何通过内容形成互动并产生持续的增量关注，才是矩阵能够逐渐稳定发展的基础。心态对了，就不会再纠结于每一篇文章的点击量。

运营自媒体矩阵无论从内容还是从效果来说都应该是一个线性增长的过程，脉冲式的增长（偶尔爆出个 10 万+）过程看似令人兴奋，但却并不能持续，反而容易造成心态上的急功近利。

在矩阵化运营的过程中，应该特别注意以下几点：

- 内容准备

用内容链接用户是自媒体的底层逻辑。不论我们运营多简单或复杂的矩阵，内容的准备都是自媒体运营的基础。

在内容准备阶段，依照本书中文案创作的方法，将准备好的碎片内容按照平台的不同属性分类提炼，不要急于发布内容。先通过几个月的碎片内容积累，逐步建立一个足够丰富的碎片内容库，然后将库中的碎片内容通过关键字形成线状的连接，当这些连接在我们的脑海中可以形成网状逻辑结构的时候，一个可以持续产出高质量文案的内容池就建立完成了，自媒体矩阵也就有了持续输出内容的可能。

- 发布排序

在创造高转化率的落地页一章中，我们强调过 A/B 测试对于转化率优化调整的作用。在自媒体矩阵的运营过程中，为了避免我们主观上的认知误区会影响自媒体的传播效果，同时也为了适应不同平台在机器算法和内容搜索上的不同机制，我们在内容发布的时候需要批次化地发布排序调整。

批次化发布内容时，需要考虑平台对于内容的"原创度"要求，原创度要求高的如头条号、订阅号应该优先于其他平台发布。对于更加有利于搜索引擎收录的平台，如百家号、知乎等平台，发布时间可以靠后一些。对于短视频平台，发布视频时间应该在文字内容自媒体平台之后，这样便于用户搜索视频中相关关键词后的其他矩阵中平台的流量导入。

当然，发布排序也并不是一成不变的，整个运营过程中根据矩阵中不同平台的粉丝量和互动度也可以进行适当的调整，原则是先发布在粉丝量和互动度高的平台，然后 48 小时后再在其他平台进行发布。

- 通过互动迭代内容

分批次发布排序还有一个重要的目的，那就是通过先发布的平台的用户的互动意见反馈，调整已经发布的文案内容，然后再将文案发布到矩阵中的其他平台。

我们在文案的创作过程中，难免会有观点上和内容上的创作瑕疵，这些都可以从与用户的互动中发现。我们要打造自己的自媒体 IP，但并不是自我到不在乎用户的意见和建议，通过互动后及时调整内容，会使得文案质量度和用户认同度变得更高，在其他平台发布后的效果也一定会更好。

这样的精细化内容迭代运营，会比我们使用"一键发布20个自媒体平台"这样的批量发布工具更加符合自媒体矩阵运营的特点，也能体现出运营人对于用户体验的重视。

- 持续更新

持续的更新和维护自媒体是我们都能理解的对于运营人的基础要求，但却是最难做到的要求。在自媒体的红利期逐渐消失后，你有没有发现不少曾经每日更新的自媒体逐渐降低了更新频率？

自媒体的运营，费心、费脑并且短期内看不到结果，这些障碍时刻在磨灭运营人对于自媒体创作的热情和耐心。我们并没有太好的办法解决这个问题，唯有不断地告诫自己，坚持、坚持、坚持。

运营自媒体矩阵之路并不平坦，选择这条路的根本目的并不是为了粉丝流量的直接变现，而是为了企业和产品的 IP 化持续塑造。一旦我们将自媒体矩阵的最终目标确定为营销推广，相信过程中的利欲熏心会使得我们的内容输出变得越来越贪得无厌，这样的 IP 是不会被用户接受的。所以，摒弃流量思维，用媒体思维去渐进式的运营自媒体矩阵，才是初心所在。

具备多平台、多账号、多人格化 IP 这样特征的自媒体矩阵并不是一朝一夕就可构建起来的。在长期的运营过程中，需要我们持续地投入大量的人力、物力、精力。大多数的中小型企业目前都还不具备这样的能力和魄力。但对于有远见的人网络运营者来说，未来已来，你来不来？

二、流量池到用户池的用户价值回归

在互联网快速发展的上半场，大数据、流量池是互联网从业者们津津乐道的话题。这个阶段，我们兴奋于认为数字化的流量所蕴藏的机会为我们创造了无限的想象空间，站在这个风口，大牛们通过各种创新思维成功地将流量转化为"粉丝经济""大 V 经济""共享经济""P2P"等商业模式，互联网成功地孕育出了一大批"新贵"。

然而，从 2018 年开始，随着互联网下半场的到来，我们突然感觉互联网的造富神话不在了。各种倒闭、裁员、跑路的新闻多到不胜枚举。不少人在问:"互联网到底怎么了?怎么会一夜入冬?到底互联网还有未来么?"

任何一个行业,都会经历从萌芽到成长期的高速发展,这个过程中"风口"遍地都是。但任何一个行业,也都会经历从成长期到成熟期的阵痛,这种阵痛会让各种浮躁、各种虚假——现形并让盲目跟风者付出惨痛的代价。潮水退却后,剩下"一地鸡毛"和无数不知所措的"裸泳者"。

互联网的进化不会停止,就如生物的进化从未停止一样。理性、用户、内容、社群、共赢这几个关键词将成为互联网下半场的核心,一个稳定并持续的互联网成熟期已经悄然开始。

对于未来的互联网,流量将不再杂乱无序,流量将不仅仅是流量,而是被赋予了价值的流量,只有加载了价值信息这个底层逻辑的流量,才是"有用"的流量。对于企业来说,只有通过用户价值的传递才可能将流量池转化为用户池,我们才可能凭借用户池的商业价值在未来保持持续的稳定发展。

1. 用运营引导流量

互联网的上半场,流量被片面理解为"用户","得流量者的天下"被认为是互联网的生存法则。这样的思潮下,企业花费巨资通过各种平台购买流量,自媒体人则用各种语不惊人死不休的标题吸引流量,最终流量来了,却又走了。

传统的工业时代机器取代了人,生产效率极大地被提升了。对于众多的传统企业,在面对着越来越大的行业竞争时,生存当然是第一要务。于是片面的"互联网+",用工业时代的思维去理解互联网,习惯性地形成了以效率考核为基础的互联网价值观,这种观念下的流量思维虽然得了流量,却因为缺少了价值的传递,而失了用户。

"流量池"是在大数据这个概念兴起时被常常提及的互联网语言。运营人员通过各种方式将流量引导并最终沉淀在某个地方,百万级粉丝的大V、千万级用户的超级APP、内容信息以亿计的信息流平台都可以被看作流量池。随着运营人员对互联网的不断了解,从流量池中获取流量的能力也都越来越强。

我们经常说,从互联网获取流量从来都不是问题,问题是,怎么获取有价值的精准流量,然后这些流量如何沉淀为活跃的"自有流量"。

在之前的章节,我们曾经强调过流量和流向的问题以及流量中心点的问题。通过运营人员的营销策划能力和场景化产品构建能力,我们很容易获取有价值的精准流量。而在互联网的下半场,如何将流量沉淀为活跃的"自有流量"才是考验我们的难题。

自有流量的沉淀并不是一蹴而就的事情,在目前看来,高质量的内容才是可以让流量沉淀下来的最重要的方式。

2. 用内容连接用户

我们一直不断地在强调内容的重要性,一直在强调企业IP的打造以及品牌的人格化,一直在强调产品基于场景化的核心竞争力。这一切都是为了让我们与终端用户能够形成牢固的连接关系。

在之前的商业活动中,我们只重视产品的销售业绩创造了多少现金流,只重视产品的利润率让我们的收入提升了多少。这样的导向使得我们将企业运营的核心只归结于"引流"和"转化"。在大批新用户不断涌入互联网的时候,因为有着大量的持续的增量用户,这样的逻辑似乎是正确的。

但我们现在面对的互联网是这样的:

新增互联网用户已经寥寥无几;

所有的运营者都在这个大流量池中争抢用户;

营销方式和内容已经逐渐趋同;

用户已经被教育得越来越挑剔;

不规范的行业竞争让用户越来越怕入坑。

……

既然用户的心理和行为已经发生了改变,那么在对于我们来说改变便是迫在眉睫的事情。我们需要从"得流量者得天下"改变为"得用户者得天下"。

回归理性的用户，只会因为内容被沉淀到我们的用户池中。所以在未来，内容创造将是比流量运营更加有意义的事情。对于内容运营人员来说，互联网的春天来了。依托于企业、产品价值传递的内容会比降价促销更能打动用户，只要让用户感觉到价值的存在，价格在某种程度上也就失去了意义。

如何创造有价值的内容，我们在第9章中已经基本阐明，大家可以回过头再去细细品读，相信对如何用内容连接用户会有更深一层的认识。

3. 将流量池沉淀为用户池

数据即是流量，流量池只是数据集合的沉淀，而用户池则是通过运营和内容沉淀的用户集合。

未来，用户才是企业的核心资产。而流量不是资产，是成本。产业化互联网时代，流量似乎已经并不重要，与终端用户的连接和沉淀才是关键。因为流量可以很容易地从流量池中被我们获取，但流量背后的用户是否能够被沉淀到企业的用户池中，才是我们应该深度思考和担心的问题。

互联网的本质是"互联互通互动"，也就是说，一切都是双向的。企业将价值传递到用户端被用户接收，用户将自身需求和价值传递到企业端被采纳，这样的双向连接才算是生态的。企业在构建有价值的内容池的时候，也将吸引到同样需求的用户并最终将用户逐渐沉淀成为用户池（自有流量）。

事实上，用户池这个概念已经开始被越来越多的提及，只不过大多数的中小型企业在生存边缘挣扎的时候无心考虑罢了。这是可以理解的，毕竟生存才是自然界的第一需求。然而，人与其他生物的区别在于人会基于对未来的向往而改变现在的自己，用户不仅仅可以购买我们的产品让我们生存下来，用户还可以帮助我们传播产品让我们生存得更好。

所以，用运营去建立流量池，用价值内容去连接用户沉淀用户池，再用社群体系去运营我们的用户池，让用户池始终处于持续的活跃状态中。这样生态化的运营体系才可以让我们在产业互联网时代步步领先于其他人。

三、用社群盘活存量创造增量

在当前的互联网环境中，持续获得新鲜流量对于企业来说已经变得越来越困难。用户浅层次的自然生理需求只能通过不断提升产品的竞争力（迭代）来获取，但同质化的产品和同质化的运营让同质化的企业在这片红海中的生存环境越来越艰难。而用户深层次的价值需求虽然可以通过社群的运营被创造和培养出来，但长周期的社群运营又让企业如雾里看花一般心存疑虑，虽然这是一片蓝海，却鲜有企业敢于全力投入。

对于用户流量而言，存量资源可以是已经与企业发生互动的用户资源，我们通过社群的运营可以让这些用户与企业之间产生持久的黏性，从而提升产品的复购率。增量资源一方面是存量用户通过对社群内容分享所引起的裂变效应而创造的增量用户，另一方面则是在对存量资源社群运营的基础上产生的新的、更多的用户需求，通过对这些需求的分析可以帮助企业快速地迭代或创新产品，从而获得更多的用户精准需求覆盖。

承接着上一节的流量池到用户池的内容，社群的运营就是让用户池持续活跃并不断扩大的最佳方式。有了这样的用户池，无论对企业还是自媒体人来说，还需要恐惧未来吗？

1. 社群的价值

传统企业往往独宠新用户，愿意为了获取新用户而花费巨大的代价，而对于老用户的服务维护几乎吝啬到不闻不问的底部，有时候因为害怕负面信息的传播，甚至本能地抵触对老用户的服务关爱。

也有不少传统企业会在用户发生咨询和购买行为时，通过主动收集用户的个人信息，或通过用户的购买行为用各种会员体系绑定用户，然后将信息录入 CRM 系统，最后定期地用短信或者其他方式的消息推送将企业动态和优惠信息发送给用户。这样的用户运营并不是社群运营，而是单向的信息告知，即便用户通过推送的消息进行了复购，也并不代表这是互动，不过是传统的广告传播在互联网上的另一种形式罢了。

在社群运营的过程中，我们需要彻底地摈弃以销售目的为导向的流量思维，同时我们必须要明确一个社群的底层思维，"用户不是上帝，而是企业的资产"，建立与用户心与心的交流平台才是社群运营的根本。

社群是企业或者自媒体人与用户互动和内容价值双向传递的平台，是服务的延展。用户不一定要成为客户，社群中用户的价值绝不是为企业创造利润，而是通过服务和价值内容的传递和传播，将用户变成"自己人"。所以服务不是成本而是投资。

社群天生带有"圈层"属性，"圈层"中的用户在进入社群的一瞬间，都有着强烈的精神归属感和内心的荣耀感。虽然圈层具有一定的封闭性，但高阶圈层与低阶圈层之间是有信任链存在的，基于信任链的内容扩散和裂变，会让每个社群中的用户的价值都能被实现和放大。所以，精准的社群营销是运营成本极低的自传播，是投资回报率最高的运营行为。

2. 如何运营社群

任何可以产生互动的平台或者APP都可以成为社群运营的工具。官网论坛、官网用户平台、企业APP用户中心、微信群、QQ群、QQ空间、社区BBS、微博微群、知乎等等都可以成为我们建立和运营社群的载体。

运营一个社群，无论是产品型、兴趣型、品牌型、知识型的社群，都应该记住以下四个核心方向：

（1）着力于价值内容的输出；

（2）着力于服务体系的打造；

（3）着力于互动氛围的营造；

（4）着力于用户在社群中自我价值的实现。

想做好社群的运营，必须从根本上改变传统的以销售为目的的观念。社群中的用户需要有信仰，而运营社群的人员更要有信仰。一旦我们将社群运营的考核用各种结果为导向的KPI来衡量运营效果，社群就不再是社群，就退化成了自带流量的网上商城。

针对这四个核心方向，在社群的具体运营过程中我们还需要在具体实操层面把握住以下技巧。

(1) 精细化标签

在社群体系建立初期，每一个通过内容或者推广渠道与我们发生互动的用户都应该往用户池和社群中去做引导。

社群的本质是某一个群体的社交平台。那么首先我们必须基于对与用户的初始互动结果来对用户的兴趣标签进行判断判断，或者通过用户的某一些主动行为（如购买、多次浏览、评论内容等）对用户进行精细化的标签设置。用户的标签不一而足，越丰富越好，性别、性格、爱好、沟通方式、活跃时间、消费频率、消费金额等都可以作为用户的动态标签。

我们之所以对用户进行如此细致的标签设置，是为了将不同兴趣属性的用户引导到相应属性的社群之中，同时多属性的用户还可以被引导到多个相应属性的社群中去。这样才会让用户产生强烈的归属感。

需要注意的是，在社群的运营过程中，用户的行为一定会发生潜移默化的变化，我们需要不断地收集用户的这些细微变化，及时地调整用户的标签，并及时进行社群成员的更新，这样才能保证社群能够持续的"属性专一"。

(2) 社群六感

想要让用户认可社群，社群的运营必须给用户六个感觉。

• 组织感

群体即是组织，社群同样也是组织，运营社群就是运营一个组织。那么，既然是组织，社群的组织结构和管理结构就是社群建立之初必须明确的事情。社群的管理层级应该怎样？社群有什么样的规则、奖惩机制？社群不同层级成员的权利和义务应该怎样？

我们必须让新进群的用户第一时间感受到这是一个严格的组织，还要让老用户能够自发自觉地维护组织的顺畅运行并帮助新人成长。这样的社群才会有稳固的结构，才可能让用户产生信仰和使命感。

• 仪式感

所谓仪式，简单说就是在固定的时间、以固定的形式、用固定的标准进行的某种仪式性活动。就像结婚时的宣誓和每天上班时需要打卡一样，这些都是仪式的一种表现。而社群的仪式可以多种多样，比如社群的欢迎仪式、升级仪式、感恩仪式、奖励仪式等等。

仪式感是一种庄重的心理暗示，也是一种凝聚群体的手段和方法。人们往往都会在仪式感很强的环境中被感染，进而表露内心最真实的想法，而群体中的成员也会在共同的仪式感中产生同频共振，使得整个社群在这一时刻充满了正能量。

- 参与感

参与既是付出也是表达认同，还是被需要，更重要的是用户自我价值的向外传递。

与企业文化中的团队建设一样，在社群的建设和发展过程中，我们需要通过各种规则的建立，或者激励手段让所有的成员都参与到群的建设和各种线上线下活动中来。

- 归属感

人总是希望自我的价值被别人认同。当社群成员在社群中通过与群成员的交流感受到这个组织对他的包容和认可，就会形成强烈的归属感。这种归属感能够让群成员在这个社群组织中自发、自觉、自愿去维护社群的利益。

- 荣誉感

荣誉感是同归属感一样，是自我价值实现的内在表现，但在层级上却高于归属感。因为归属感是属于大多数人的，但荣誉感只属于少数人。所以，作为一个稀缺资源，在社群运营的过程中，荣誉感的传递可以激励和鼓励更多的群成员形成正向的目标感。

- 安全感

安全感虽然人们最基本的心理需求，没有安全感的人往往没有自信和激情。对于某些群成员来说安全感可能比荣誉感更加重要。一个有安全感的社群，才能让这些人逐渐安定下来，并逐渐地参与到群的建设和互动中来。

3. 社群活跃度

在社群的运营过程中，最让我们头疼的就是社群很难一直保持活跃，一个社群最开始建立的时候成员都非常积极，但很快互动的成员变少了，即使群主不断地抛出各种话题也再没有一呼百应的场景了，这个社群逐渐失去了活力，最终成为"死群"。

想要保持社群的持续活跃并非易事，需要运营人员付出大量的时间和精力。我们可以从以下三个方面着手：

- 持续原创价值内容输出

所有的社群人员，都是希望通过社群能够获得价值才会在社群中长久的"待"下去。那么作为社群的运营人员，需要持续的原创符合社群成员需求的有价值的内容信息。比如化妆品的社群，如果运营人员没有对于化妆品的独到并且原创有价值的内容输出，群成员只能通过"知乎"等平台才能够获取到这样的内容，那么群成员可能在这个社群里长期存在吗？

运营社群的基础就是用有价值的内容去吸引同样需求的人群，通过群中内容体系的逐渐丰富和不断提升，让群成员都能在群中实现自我的成长，并将这种成长归结于这个社群的作用，只有这样才能够让群成员对社群产生依赖，才愿意表达需求和意见。

当然，原创价值内容并不仅仅是群主或者运营人员的工作，我们可以通过各种激励和成长体系去让群成员自发自愿地去原创内容，这样的群才会是持续活跃的有参与感的和荣誉感的社群。

- 适当话题讨论

社群中价值内容的输出可以看作群成员意见的传递，但意见的传递往往具有单向性。凡是单向的内容都不容易形成互动，没有互动也就不会有进一步的内容深化方向，也无法促进群成员之间的相互了解。

所以，在某些时候，由群主或者运营人员根据群成员的个性、兴趣、时下热点等因素，主动的发起话题讨论，通过话题参与成员的意见去提炼出更多的关键词，然后基于这些关键词去细化群成员标签，并通过这些关键词发现更加符合群成员口味的价值内容方向。这样的讨论不仅能增进群成员之间的情感交流，在不断地讨论中还能促进群成员统一价值观的形成。

- "意见领袖"的强化和弱化

初期运营社群的时候，社群中必须有一个"意见领袖"，这个"意见领袖"可以是群主也可以是群成员。通过"意见领袖"的价值内容和意见观点的传递引起群成员与"意见领袖"的纵向沟通，通过这种沟通和表达，让群成员能够在获得有价值内容的同时还可以增进彼此间的了解。

但是，社群不能只依靠"意见领袖"来带动群成员的互动，在很多时候还需要通过各种运营手段来增加群成员之间的横向交流。比如投票、话题征集、任务奖励、聘请嘉宾、诱导互动等形式让群成员都更加愿意表现和表达。这种氛围的形成过程中，群主和"意见领袖"可以适当地"消失"一会儿，给群成员充分的空间去横向沟通。

从某种角度上来说，社群不应完全是自上而下的授课式运营，而是朋友间的线上聚会。群主只是组织者、话题制造者、成员关系维护者。社群不是粉丝经济，粉丝经济的逻辑具有从属关系，也就是"意见领袖"将意见传递给粉丝，粉丝根据领袖的意见进行行为驱动。而社群则是基于互动形成群体成员的统一价值观，进而产生一致性行为的群体。

所以，在社群的运营过程中，一定要灵活地把握好"意见领袖"的中心化和去中心化这两个点，让社群的成员都能持续地保持活跃，让群成员之间的关系越来越像朋友一般越来越融洽。

4. 社群用户的激励成长体系

社群的持续运营想要长盛不衰，必须保持群成员合理的流动性。除了新用户的引进和老用户的自然退出或升级到其他社群，这种流动性主要体现在社群成员在社群中的成长体系。

社群是自带圈层属性的，即使在一个社群中，所有的群成员之间也会逐渐形成一个一个的小圈层。这种不同层级之间的圈层，其实代表了社群成员的生态进化。

我们经常会发现，由于社群中的老用户与新用户之间的信息不对称（代差），在社群运营一段时间后，新用户往往越来越少提出问题，老用户也越来越少主动发表意见，社群变得死气沉沉。如何解决这样的尴尬局面？

我们说，社群的进步靠的是群成员集体的进步，新用户需要成长，老用户同样需要成长。这种成长，需要通过社群的激励成长体系去实现。

作为社群的运营者，一定要建立并明确社群中的成员成长和激励体系。我们可以通过登录频次、互动频次、发文量、点赞评论量、积分值、线上线下任务参与奖励等方式来赋予群成员不同的具有仪式感的激励、荣誉、级别、特权。

成熟而完善的激励成长体系不仅能促进社群的活跃，还能让群成员在不断地学习成长中感受自我价值实现的过程而带来的满足感，让社群更加具有凝聚力。

社群的运营，切忌抱着急功近利的心态，千万不要用利益引导进行裂变传播，而要持续的输出高价值的内容、持续保持社群的活跃度、持续帮助群成员成长、持续提升社群组织的凝聚力。让群成员在社群建设中的"付出"和"收益"之间更加倾向于"付出"，只有这样，才能将群成员转化为社群的"资产"。

四、坚持是成功的不二法门

网络营销想要真正地对我们的未来产生价值，成功的方法只有一个，那就是坚持。对于"坚持"二字，喊喊口号固然容易，但对于企业和自媒体人来说，若不是将网络营销定位未来自己唯一赖以生存的技能的话，相信在重重的困难和阻碍下，放弃是迟早的事情，尤其是在互联网进入下半场，从发展期进入成熟期这个过程中，将有大量的"坑"被我们踩中，有的人掉进了坑里，干脆就不起来了，于是就"被埋了"。但我们若能爬起来，调整完再前行，相信成功就是不远的事情。

1. 坚持学习

互联网的发展之快超乎我们的想象，台式机刚普及没有几年时间，移动互联网就铺天盖地地涌来，智能终端刚开始方兴未艾，物联网就已经开始悄悄改变我们的生活方式，博客从兴起到衰落也不过十几年的时间。没有哪一个行业的变化会如此之快。

对于互联网，我们一直心存畏惧之心，因为她发展变化得太快了，快到每天不学习，便无法跟上她的步伐，尤其是对于传统行业来说，触觉稍微慢一点，便会有一种"洞中只三日，世上已千年"的感觉。

我们已从大数据时代进入 AI 时代。我们在学习的时候，机器也在学习我们。有人说，这是一个可怕的时代，你不学习，你不坚持学习，你有可能很快就被 AI 替代了。无论是"工业 4.0"还是 APP，都大量地取代了传统的人工劳动。所以处于这样的时代，唯有不断地学习，方能让我们时刻保持"与时俱进"，让我们有更多面对"竞争"时的底气和能力。

2. 坚持积累、总结

移动互联网已经把我们的生活完全碎片化了。如今我们随时随地可以用各种终端设备获取信息和知识。但正是这种碎片时间的场景，让我们在享受方便的同时，也逐渐忘记了系统化的积累知识。本书中敲掉过对于知识和信息的积累应该常态化、系统化。所以，我们应该养成一个习惯，那就是在碎片时间发现对自己有用的信息，一定要习惯性地收藏起来。收藏的越多，积累便会越多，一段时间后将信息分类汇总，再花时间和精力去总结，并用自己的语言形成自己的知识体系结构，最后尝试着将自己总结出来的知识体系结构用文字或图形（导图）记录下来，并在结构中的枝节上标注出可以去深度挖掘内容的指导性参考文献。

其实，我们在人生和职场上的每一步成长，都来源于不断地积累和一次一次的总结。通过深度思考的总结，总能让我们的思维一次又一次地精进。只要我们坚定地保持一个节奏，思维的不断提升必将引领我们不断地进取，从而建立起带有我们自己标签的思维体系。同时不断地总结还将加快我们争取思考和形成更完整体系结构的效率，这是从一个成功迈向另一个成功的不二法门。

3. 坚持创新

PC 互联网为我们打开了了解世界之门，移动互联网为我们打开了社交之门，未来的产业互联网将为我们打开万物互联之门。

而受限于思维差异、能力差异、环境差异，我们经常用各种借口来为自己的平庸与懒惰去开脱。不是我们不会创新，而是我们习惯性地去选择好走的路。于是，在创新和东施效颦之间，大多数的人选择了后者。

创新已经成为产业互联网时代的核心关键词。创新并不是让我们去颠覆所有，不是让我们去做前无古人的事情，创新可以很小，也可以很普通，甚至可以仅仅与你自己有关。但人类社会和我们自己的每一次进步，都是源于创新。

飞速且跳跃性发展的互联网并不喜欢守旧，曾经大家耳熟能详的那句格言："简单的事情重复做，做到极致就是伟大。"在未来的互联网上并不适用。互联网早已细分领域、早已重度垂直。我们无法自信在某一个细分垂直领域内一定比别人更有经验、比别人更加优秀。就像《三体》中描述的歌者的降维打击一样，也许你的极致在别人眼里可能仅仅算是平庸而已。我们必须怀着谦卑的心态对自己有清醒的认识。如果没有了创新或者微创新，你将如何保证自己能在未来为自己和社会创造更大的价值？如何有资本让自己的价值最终被用户认可？

我们可以基于与用户的互动改变产品外观、功能、价格、售后等等；我们可以基于生活中的点滴去寻找到某个市场空白点，从而天马行空的创造一个有可能对某些人群产生帮助的产品；我们还可以努力地总结并不断改进自己的知识体系，将总结出来的新内容发布在自媒体上，去帮助更多渴求知识的用户去积累他们自己的知识体系……你看，创新其实并不难吧。

这一切都是创新，都是体现自我价值实现层面的创新，未来的互联网并不缺乏"经验"，缺乏的是通过创新形成的产品和内容。也只有不断地创新，才能让互联网的价值越来越大，而那些坚持创新的人，在互联网不断发展的同时，也必将受到互联网的"礼遇"。

所以，看似简单的坚持，对我们未来的互联网之路其实比想象中更加重要。看似一句口号，但"坚持"二字确是作者这些年总结的心路历程，也是作者敢于将多年实战经验总结出来，奉献于大家的底气所在。

后　记

本书没有讲述电商店铺运营和小视频运营，一个原因是这两个渠道作者只简单接触过，并没有太成功的运营经验，害怕误人子弟。第二个原因是电商运营需要有强大的专业团队，小打小闹自己开个店铺想要盈利几乎是没有希望的，而短视频并不像大家想象的那么容易，拿手机拍个视频就可以成为网红，没有内容创造的能力和持续高质量的视频内容输出，又没有视频编辑的能力，想要持续产生黏性的可能性几乎没有。

互联网每天都会孕育出新的渠道，我们很难精准的把握所有渠道的运营方向，也很难判断哪一个渠道最终会是昙花一现。但互联网运营的底层逻辑不会在短时间内改变。所以本书一直在强调底层逻辑的重要性，所谓万变不离其宗。

本书辞藻不够华丽、语言不够幽默，但诚意十足地将多年的实战经验毫无保留地一一总结。希望每一位读者都能从构建互联网的底层逻辑开始，一步一步了解各个渠道和自媒体的运营体系，再随着本书各个章节进行实战训练。相信不久的将来，你就能够成为一专多能的互联网运营人才。